Michael Shurtleff, *Erfolgreich vorsprechen*

Michael Shurtleff (1920–2007) war Casting Director am New Yorker Broadway; er arbeitete mit Bob Fosse und Andrew Lloyd Webber zusammen und gründete 1962 seine eigene Casting-Agentur *(Casting Consultants)*. Zu seinen »Entdeckungen« gehören u. a. Barbra Streisand, Gene Hackman, Robert De Niro und Dustin Hoffman.

Michael Shurtleff

Erfolgreich vorsprechen

(Audition)

Mit einer Einleitung von Keith Johnstone
und einem Vorwort von Bob Fosse

Aus dem Amerikanischen
von Petra Schreyer

Alexander Verlag Berlin

Für Onna und Keith

*Mein Dank geht an die
beiden außergewöhnlichen Broadway-Produzenten
Stuart Ostrow und David Merrick –
für ihren Glauben an mich und die vielen wunderbaren
Gelegenheiten mit ihnen, die es mir erlaubten,
von ihnen zu lernen.*

Diese Ausgabe folgt der 10. amerikanischen Auflage, die 1978 unter dem Titel *Audition* bei Walker and Company, New York, erschien.

Achte, durchgesehene Auflage

Alexander Wewerka, Fredericiastr. 8, D-14050 Berlin
info@alexander-verlag.com | www.alexander-verlag.com

Satz/Layout/Umschlaggestaltung: Antje Wewerka unter Verwendung eines Fotos von Michael Shurtleff (© Thomas Schlück Agency)
Korrektorat: Sophie Jaede
Druck und Bindung: Bookpress.eu
ISBN 978-3-89581-506-5
Printed in the EU (January) 2023

INHALT

Keith Johnstone

THEATER UND KREATIVITÄT

Wenn ich meinen Schülern sage, dass ich dieses Buch für eines der besten zum Thema Theater und Kreativität halte, sehen sie mich erstaunt an, denn sie sind überzeugt, sein Inhalt bewege sich in einem sehr begrenzten Rahmen. Später begreifen sie, dass es davon handelt, wie eine passive Darstellung von einer aktiven abgelöst wird, und dass es seine Leser stimuliert, herausfordert und ihr Leben angenehmer machen kann, auch wenn sie keine Schauspieler, sondern Schriftsteller, Kellner, Vertreter oder Büroangestellte sind.

Michael Shurtleff ist ein New Yorker Casting Director, der Tausende von Schauspielern hat untergehen sehen, in die Tiefe gezogen von Rettungsringen aus Blei. Er weiß, wie dies verhindert werden kann, und kennt viele effektive Techniken, um über Wasser zu bleiben.

Ich habe ihn nie kennengelernt, es ist aber offensichtlich, dass er den echten Wunsch verspürt, alles zu tun, um Leuten zu helfen. Viele Experten ähneln eher jenem sizilianischen Messerkämpfer, der auf seinem Totenlager Tränen vergoss, weil er seinem Lieblingsschüler so wenig beigebracht hatte; dieser Autor hingegen hält mit seinem Wissen nicht hinter dem Berg; er versucht nicht, seine Überlegenheit herauszustreichen oder geheimnisvoll zu sein; bei ihm gibt es nichts von dieser zweifelhaften Theorie von der linken und rechten Gehirnhälfte; er erklärt einfach die Strategien, durch die sich die Sieger von den Verlierern unterscheiden, und er macht den Unterschied an zahlreichen lebendigen und überzeugenden Beispielen deutlich. Er weiß, dass wir den Namen Beckett nie gehört hätten, würden die Figuren Becketts nicht um etwas Positives kämpfen, und er weiß, dass Anthony Hopkins nie den Oscar (für seine Rolle als Hannibal Lecter in *Das Schweigen der Lämmer*) bekommen hätte, wenn wir nicht das Gefühl hätten, er fühlte sich zu Clarice Starling hingezogen.

Wenn Sie bis hierher gelesen haben und immer noch kein Interesse daran haben, wie man »richtig vorspricht« (vielleicht sind Sie ja kein Schauspieler), schlagen Sie doch gleich das zweite Kapitel mit den zwölf Wegweisern auf (das erste können Sie später lesen); oder Sie lesen den wunderbaren Abschnitt über *Die Reifeprüfung* (Seite 167)! Hier ein paar Zitate, um Ihnen Appetit zu machen:

»Ich frage Schauspieler, warum Sie solch fade, nüchterne Entscheidungen getroffen haben … sie geben mir zur Antwort, sie hätten nicht übertrieben spielen wollen. … Dabei ist doch beinahe alles, was ich zu sehen bekomme, untertriebenes Spielen.«
»Ein Ausdruck von Gefühl hat keinen Wert, außer er kollidiert mit dem, was die andere Person in der Szene möchte. Kommt die Kollision körperlich zum Ausdruck, umso besser.«
»Das Negative steht immer schon geschrieben … es ist die Aufgabe des Schauspielers, das Positive hineinzubringen.«
»Jede Szene ist eine Liebesszene. … Das heißt nicht, dass es in jeder Szene um Liebe von der Romeo-und-Julia-Art geht; häufig handelt die Szene von dem Fehlen oder dem Entzug von Liebe. Durch die Frage »Wo ist die Liebe?« werden Sie eine Antwort finden, die Sie auf direktere Art emotional in die Szene verwickelt, als wenn Sie diese Frage nicht stellen.
Die Beschreibung einer Figur bedeutet für die meisten Schauspieler, zu sagen, was ihre Figur nicht tun würde.«

Das Buch ist sehr amerikanisch, was es noch interessanter macht, da es Einblicke in die exotische Welt des amerikanischen Theaters erlaubt. Es endet mit einer Reihe persönlicher Anekdoten (darunter einige reichlich bizarre). Ich hoffe, das Buch ist für Sie genauso spannend und anregend, wie es für mich gewesen ist.

Oktober 1999

Bob Fosse

VORWORT

Ich habe noch nie ein Vorwort geschrieben und weiß daher nicht, welche Bedeutung ein Vorwort hat. Ich rief einige meiner gebildeteren Freunde an und fragte sie: Was genau soll ein Vorwort bezwecken? Übereinstimmend meinten sie, ein Vorwort solle auf die eine oder andere Art dem Leser voraussagen, was ihn auf den folgenden Seiten erwartet. Das klang vernünftig, doch hatte ich das Gefühl, es sei nicht alles. Ich habe immer den Verdacht, dass meine Freunde mich in die Irre leiten – mir jedenfalls nur einen Teil dessen erzählen, was ich wissen sollte. Natürlich kann man von seinen besten Freunden nichts anderes erwarten.

Aus diesem Grund las ich die Vorworte einer Reihe von Ratgeberbüchern, sogar die einiger Romane. Ich lernte daraus nicht viel. Ganz im Gegenteil waren die meisten meiner Meinung nach zu lang, zu akademisch; in einigen Fällen schien es mir, als konkurriere der Autor des Vorworts mit dem Autor des Buchs und wollte diesen sozusagen aus dem Feld schreiben. Es war wie ein Ausscheidungskampf im Schreiben über fünf Runden. Der Vorwortschreiber landete mit der Linken ein obskures Verb am Kinn seines Gegners, unmittelbar gefolgt von einem siebensilbigen Adjektiv – eins, das mich umgehend zum nächsten dicken Wörterbuch laufen ließ.

Mit all diesen Verfahren für das Schreiben eines Vorworts wollte ich nichts zu tun haben, und ich zwang mich, selbst darüber nachzudenken (etwas, was ich immer so lange wie möglich hinausschiebe), was ich über Michael Shurtleff und dieses Buch gern sagen würde.

Als Erstes erkläre ich – und man darf mich zitieren –, dass ich dieses Buch für jeden aufstrebenden, auch nur mäßig ehrgeizigen Schauspieler für absolut unentbehrlich halte. Es gibt meines Wissens KEIN Buch, das einem Schauspieler solch erstklassigen, einleuchtenden, sachlichen Rat erteilt. Es wurden weiß Gott sehr viele Bücher über die Schauspielerei und das Theater geschrieben, doch keines von denen, die ich gelesen habe, ist so schnörkellos und praktisch wie dieses – und von so großem Nutzen.

Ich habe viele talentierte Schauspieler gesehen, die eine Rolle nicht erhielten, einfach weil sie schlecht vorsprachen. Nicht nur beim Theater, auch beim Film passiert es nur allzu häufig.

Michael Shurtleff erläutert dem Leser alle denkbaren Konstellationen und Zwickmühlen, mit denen ein Schauspieler rechnen muss. Am wichtigsten aber ist, dass er in verständlichen Worten erklärt, wie der Schauspieler damit umgehen soll. Selbst mit Details wie der passenden Kleidung beschäftigt er sich. Nicht wichtig, sagen Sie? Ach, nein? Lesen Sie weiter!

Obwohl dieses Buch darauf ausgerichtet ist, Schauspielern zu helfen, erfolgreich vorzusprechen (erfolgreich heißt, ein Engagement – eine Rolle – zu erhalten, etwas, was heutzutage extrem schwierig ist. Hat die Schauspielergewerkschaft 80 oder 90 Prozent arbeitslose Mitglieder?), fing ich an, darüber nachzudenken, wie mit ein wenig Fantasie, durch eine kleine Verschiebung im Geist des Lesers dieses Buch auch für Menschen außerhalb des Theaters von Nutzen sein kann. Schließlich ist auch ein Vorstellungsgespräch in einem bürgerlichen Beruf eine Art von Vorsprechen, nicht wahr? Oder eine erste Verabredung. In der heutigen Welt scheint mir alles ein einziges langes Vorsprechen zu sein.

Ich möchte ein paar Worte über den Autor Michael Shurtleff sagen. Ich hoffe, er wird dies nicht lesen, denn ich weiß, dass meine Zuneigung und meine Bewunderung ihn in Verlegenheit bringen würden. Es gibt am Theater niemanden, zu dem ich größeres Vertrauen hätte. Wann immer ich unschlüssig bin über ein Skript, über einen Schauspieler oder irgend etwas anderes, das mit einer Show oder einem Film zu tun hat, weiß ich, dass ich Michael um seine Meinung bitten kann und immer eine ehrliche, vernünftige Anwort erhalten werde. In einem Gewerbe, in dem die meisten äußerst vorsichtig agieren – es könnte ja etwas schiefgehen –, ist dies tatsächlich eine seltene Eigenschaft.

Wahrscheinlich hat er mehr Schauspieler vorsprechen sehen als irgendjemand sonst. Er hat dazu beigetragen – und in vielen Fällen war es allein sein Tun –, mehr unbekannten Schauspielern zum Durchbruch zu verhelfen als irgendjemand, den ich kenne.

Michael Shurtleff engagiert sich mit Leib und Seele. Ich glaube, in den vergangenen fünfzehn Jahren hat er jedes Theaterstück, jedes Musical am Broadway, Off-Broadway, Off-Off-Broadway gesehen – die auf Dachböden, in Studios, in Hinterzimmern von Läden und, davon bin ich überzeugt, sogar die in den Wohnzimmern. Er liebt Schauspieler (was nicht immer leicht ist; Michael macht sich aber tatsächlich etwas aus ihnen). Wie oft habe ich es bei Besetzungssitzungen erlebt, wie er sich nach einem schlechten oder mittelmäßigen Vorsprechen eines bestimmten Schauspielers oder einer Schauspielerin unter Schmerzen windet. Ich sah seinen Gesichtsausdruck (eigentlich nicht wirklich ein Sichwinden; Michael windet sich nicht; doch er hat einen Gesichtsausdruck, der dem sehr nahe kommt und als ein Sichwinden durchgehen könnte) und fragte ihn: »Warum?« Gequält gab er zur Antwort: »Ich weiß nicht, warum dieser Schauspieler es auf diese Weise gemacht hat. Er hat wirklich Talent. Ist ihm nicht klar, dass er sich eben selbst in die Pfanne gehauen hat?« Dann, nach einer Pause: »Könnten Sie ihn nicht noch einmal lesen lassen?« In den meisten Fällen stimmte ich zu – ich verlasse mich wirklich auf seinen Instinkt.

Es besteht kein Zweifel, dass Michaels Qualen echt waren. Ich nehme an, dass es diese Qual und sein tiefer Wunsch, jungen Schauspielern zu helfen, waren, die ihn veranlassten, das vorliegende Buch zu schreiben.

Noch eine Eigenschaft von Michael halte ich für erwähnenswert. Ich jedenfalls fand sie immer ungewöhnlich. Als Casting Director und in seinem unermüdlichen Bestreben, dem Regisseur zu helfen, hielt er stets Ausschau nach dem »ausgefallenen« Schauspieler. Dem Schauspieler, mit dem Sie normalerweise diese Rolle nicht besetzen würden, der aber über irgendeine ganz besondere Eigenschaft verfügt – eine Eigenschaft, die eine gewöhnliche Rolle in eine brillante Rolle verwandeln würde. Natürlich ist es nicht immer einfach, dem Regisseur einen »ausgefallenen« Schauspieler anzudrehen. Regisseure neigen zu stereotypen Besetzungen. Natürlich nicht ich, aber all diese anderen Burschen.

Ich glaube, ich habe genug gesagt. Ach ja, noch eins: Aufgrund meiner erwähnten Sympathie für Michael möchte ich, dass dieses Buch sich gut verkauft, und weil ich mir über den Zeitgeist-Geschmack im Klaren bin, sollte ich noch das recht drastische erotische Kapitel gegen Ende des Buchs erwähnen. Nur weil Michael Shurtleff immer ehrlich ist, brauche ich es nicht auch zu sein.

1978

PROLOG

I.

Wissen die meisten Menschen eigentlich, dass das Leben eines Schauspielers mühselig ist – die meiste Zeit wenig glanzvoll und voller Enttäuschungen und Ablehnungen und harter Arbeit? Wir, die wir unser ganzes Leben am Theater gearbeitet haben, wissen es so gut, dass wir fälschlicherweise glauben, auch der Rest der Welt wüsste Bescheid. Offensichtlich stimmt das so nicht, denn sonst würde keiner mehr die Sicherheit eines bürgerlichen Berufs verwerfen, um sich der Welt der Schauspielerei zu verschreiben. Es sind viele. Der Traum besteht weiter: der eigene Name in Leuchtschrift, das eigene Gesicht da oben auf einer Riesenleinwand, die Bewunderung des Publikums, Romantik, Glanz und Ruhm.

Die Wahrheit sieht so aus, dass auf jeden Schauspieler, der die Rolle kriegt, fünfzig oder hundert oder zweihundert Schauspieler kommen, die sie nicht kriegen. Ein Schauspieler bemüht sich immerzu um eine Rolle; ein Schauspieler wird immerzu abgelehnt, ohne dass er weiß, warum; sie wollen ihn einfach nicht. Das Leben eines Schauspielers ist nicht beneidenswert. Es besteht zum großen Teil daraus, zu verlieren und abgelehnt zu werden. Für die meisten von uns wäre ein solches Leben unerträglich. Ich werde nie verstehen, wie Schauspieler es aushalten weiterzumachen.

Mehrmals in der Woche, manchmal – wenn es um Werbung geht – mehrmals am Tag muss ein Schauspieler sich um einen Job bewerben. Das heißt, er muss *vorsprechen*, und das heißt, er muss eine Szene aus einem Skript nehmen, sie durchlesen, aufstehen und eine Darstellung geben. Und dennoch ist ein Schauspieler – auch nach Jahren des Studiums, nach Jahren des Trainings und all seinen Erfahrungen am Gemeindetheater,

College-Theater, Repertoiretheater und Regionaltheater, am Off-Off-Broadway und am Off-Broadway, ja sogar am Broadway – durch nichts auf diesen unendlichen, in den meisten Fällen ein Leben lang währenden Prozess des Vorsprechens bei der Bewerbung um eine Rolle vorbereitet.

Denn um zu spielen, ist es notwendig, für die Rolle vorzusprechen – es sei denn, Sie sind ein Star oder ein dicker Freund des Regisseurs. Handelt es sich um ein Musical, gehört zum Vorsprechen auch Singen und unter Umständen Tanzen und dann das Sprechen der Rolle. Handelt es sich um ein Theaterstück, gibt es zwar auch ein Einstellungsgespräch, doch alles hängt vom Vorsprechen der Rolle ab. Das Leben eines Schauspielers besteht aus Vorsprechen – warum gibt es in seiner Ausbildung nichts, was ihn darauf vorbereitet? Was muss er tun, um den Job zu bekommen?

Schauspieler besuchen die Schauspielschule. Schauspieler haben eine Ausbildung, genau wie Musiker oder Tänzer. Es gibt immer ein paar, die sich als »Naturtalente« bezeichnen und ihre Berufung unter keinen Umständen als Handwerk verstanden haben wollen; die meisten Schauspieler aber wissen, dass sie ein Handwerk brauchen und sich eine Technik aneignen müssen. Spielen ist zu einem kleinen Teil Inspiration (einem kleinen, aber sehr erfreulichen Teil), zu einem viel größeren Teil besteht es aus harter Arbeit. Doch alles Training der Welt nützt nichts, wenn es dem Schauspieler beim Vorsprechen nicht gelingt, die Auditoren davon zu überzeugen, dass er die Rolle spielen kann.

Berühmte Schauspieler haben oft behauptet, sie hätten den Job niemals bekommen, hätten sie vorsprechen müssen. Ruth Gordon hat sich mir gegenüber in diesem Sinne geäußert, genau wie Katharine Cornell. Ich glaube nicht, dass das stimmt; es bedeutet nur, dass sie in der glücklichen Lage sind, nicht vorsprechen zu müssen; müssten sie es doch, wären sie professionell und fantasievoll genug, einen Weg zu finden. Hinter ihrer Aussage steckt einfach das Wissen, dass Vorsprechen eine furchteinflößende Angelegenheit ist. Es ist nicht das Gleiche wie das eigentliche Spielen. Es ist eine andere Fähigkeit, die der Schauspieler sich aneignen muss.

Dieses Buch sagt Ihnen, wie man es macht.

II.

Es begann damit, dass ich die Broadway-Produktion von *Der Löwe im Winter* besetzen sollte. Das war natürlich lange bevor Katharine Hepburn und Peter O'Toole in der Filmversion den Esprit und die Leidenschaft von Jim Goldmans Figuren herausarbeiteten; die New Yorker Schauspieler, die zum Vorsprechen kamen, hatten also kein Vorbild, und sie sprachen, wie sie – unglücklicherweise – stets in »historischen« Stücken sprachen: geradeheraus, ernsthaft, laut. Nach drei Wochen drehte sich der Regisseur, der Engländer Noel Willman, zu mir um und fragte: »Haben amerikanische Schauspieler denn gar keinen Humor?«

Natürlich haben amerikanische Schauspieler Humor!, dachte ich. Jemand muss ihnen nur beibringen, ihren Humor einzusetzen! So fing ich als Lehrer an.

Seit Jahren war ich Casting Director für Broadway-Produktionen (darunter *Becket* mit Laurence Olivier und Anthony Quinn, *Gypsy* mit Ethel Merman, *Rosenkranz und Güldenstern sind tot, Lili, Pippin, Ein seltsames Paar, Chicago, Bitterer Honig*) und Filme *(Meine Lieder – meine Träume, Jesus Christ Superstar, 1776, Kanonenboot am Yangtse-Kiang, Ein Schmetterling flog auf, Die Reifeprüfung)*; zu meiner Arbeit gehörte es, Schauspieler überall dort spielen zu sehen, wo in New York Theater gemacht wird: in Kirchen, Cafés, in Kneipen, Kellern, Dachböden, im kleinen Theater eine Treppe tiefer, im kleinen Theater eine Treppe höher, am ELT (Equity Library Theatre), Off-Broadway, Broadway – an den ungewöhnlichsten Orten. Für gewöhnlich ging ich acht- oder neunmal in der Woche ins Theater; am Wochenende sah ich manchmal bis zu fünf oder sechs Aufführungen am Off-Off-Broadway. Die Leistung eines Schauspielers, die ich dort sah, war in so vielen Fällen nicht das, was ich sah, wenn er zum Vorsprechen für eine Broadway-Produktion oder einen Film kam, dass mir klar wurde: die Schauspieler wussten nicht, was von ihnen bei einem Vorsprechen verlangt wurde. Vor allem, wenn es um Humor ging.

Ich begann damit, den Schauspielern beizubringen, wie sie den Humor in der Rolle, für die sie vorsprachen, aufspüren konnten. Doch da Humor nicht isoliert betrachtet, sondern nur bei der Arbeit an der Figur und der Szene erkundet werden kann, entwickelte ich die *zwölf Wegweiser*, die dem Schauspieler helfen sollten, sich beim Vorsprechen auf die richtige Weise einzusetzen. Und da sie beim Vorsprechen helfen, helfen sie ihm auch bei den Proben und den Aufführungen – sein Leben lang.

Es gibt für den schöpferischen Akt keine Regeln – es ist die Ausnahme von der Regel, die uns am meisten interessiert –, doch es gibt eine Reihe von klar definierten Fragen, die der vorsprechende Schauspieler sich stellen muss. Die *Antworten* auf die Fragen, die die Wegweiser aufwerfen, fallen für jeden verschieden aus, denn es gibt keine zwei Menschen, die völlig gleich sind. Wenn wir annehmen, dass Schauspieler noch unterschiedlicher und unangepasster sind als andere – denn warum würden sie sonst Schauspieler sein? –, wird klar, dass die individuellen Antworten einzigartig ausfallen können.

Das macht Schauspielern Angst. Schauspieler, die stolz sein sollten auf ihre Einzigartigkeit, versuchen unaufhörlich, jemand anderes zu sein. Es ist nicht notwendig, dass ein Schauspieler sich selbst mag – Eigenliebe fällt den meisten von uns schwer –, doch Sie müssen lernen, Vertrauen zu haben in das, was Sie sind. Es gibt niemanden, der Ihnen gleicht.

Die Wegweiser sind Fragen, die der Schauspieler stellen soll. Sie sind keine Regeln. Sie sind keine Technik. Sie sind dazu da, den Schauspieler zu seinen Gefühlen zu führen. Es gibt neben seinen eigenen Gefühlen wenig, was der Schauspieler beim Vorsprechen als Quelle verwenden kann.

Jahrelang lehrte ich diese Wegweiser in meinen Kursen über das Vorsprechen. Schauspieler sagen mir, dass die zwölf Wegweiser nicht nur ein strukturiertes und praktisches Verfahren darstellen, das Problem des Vorsprechens in den Griff zu bekommen, sondern für ihr gesamtes Berufsleben von Nutzen sind: eine Synthese des Trainings und der Erfahrungen aus der Lebensarbeit eines Schauspielers. Die Wegweiser verwerfen eine frühere Ausbildung nicht, auch nicht in Teilen; vielmehr geben sie dem Schauspieler ein Instrument an die Hand, mit dessen Hilfe er sein gesamtes Training für die tagtägliche Bewerbungsroutine einsetzen kann. Ein Instrument, das ihm auch bei der Darstellung der Rolle hilft – wenn er sie erst hat.

III.

Mit der Schauspielerei anzufangen ist, als würde man sich für einen Aufenthalt in einer psychiatrischen Anstalt bewerben. Jeder darf sich bewerben, doch nur diejenigen, die beweisen können, dass sie verrückt sind, dürfen hinein. In meiner Schauspielerkartei sind fünfzigtausend Schauspieler registriert. Wenn ich sage, dass fünfhundert von ihnen ihren Lebensunterhalt mit dem Spielen verdienen, greife ich wahrscheinlich noch viel zu hoch. Und selbst bei diesen stammt ein großer Teil ihres Einkommens aus der Werbung, und das sind ja keine »richtigen« Rollen, nicht wahr? Also wird auf Anhieb klar, dass es unter einem rationalen Blickwinkel betrachtet ein Akt des Wahnsinns ist, wenn jemand Schauspieler wird. Warum einen Beruf erlernen, in dem die Chancen, den Lebensunterhalt damit zu verdienen, gegen null gehen?

Der Beruf des Schauspielers ist voll von Widersprüchen. Die meisten werden Schauspieler, um aus sich herauszugehen, von ihrem langweiligen Alltagsselbst wegzukommen und jemand anderes zu werden: jemand, der glanzvoll, romantisch, ungewöhnlich, anders ist. Und auf was läuft es dann hinaus? Dass Sie das eigene Selbst einsetzen. Dass Sie damit arbeiten, was in Ihnen ist: nicht jemand anderes sein, sondern Sie selbst sein in unterschiedlichen Situationen und Zusammenhängen. Nicht vor sich selbst fliehen, sondern das eigene Ich einsetzen – nackt und ausgeliefert –, sei es auf der Bühne oder auf der silberglänzenden Leinwand.

Ich war immer der Meinung, dass es besser ist, die geistige Gesundheit über Bord zu werfen. Geben Sie einfach in aller Gelassenheit zu, dass Sie verrückt sind, oder Sie würden nicht Schauspieler sein wollen. Sie haben herausgefunden, was Spielen eigentlich heißt und wie gering die Chancen sind, und dennoch wollen Sie weitermachen: darin liegt der Beweis für Ihre Verrücktheit. Akzeptieren Sie es. Die meisten Schauspieler machen sich unglücklich, indem sie nach geistiger Gesundheit streben und auf ihrer Normalität beharren; das ist ein großer Fehler. Das Leben eines Schauspielers ist ein wenig leichter zu ertragen, wenn Sie zugeben, dass Sie nicht alle Tassen im Schrank haben.

Doch mit dem Eingeständnis der eigenen Verrücktheit ist man der Härte des vor einem liegenden Weges noch lange nicht entkommen. Die Härte besteht darin, das eigene Selbst beim Spielen einzusetzen, ohne ihm irgendwelche Grenzen zu setzen. Schauspieler sind – und das gehört zu ihren auffälligeren Eigenheiten – süchtig danach, über ihre »Figuren« zu reden. »Ich spiele diese Figur, die im zweiten Akt verrückt wird«, oder: »Meine Figur ist ein hingebungsvoller Gatte und Vater, er würde sich niemals von einer anderen Frau verführen lassen.« Schauspieler verschwenden eine Menge Vorsprech-Zeit, wenn sie über ihre »Figuren« nachdenken, denn das heißt oft nichts anderes, als vor dem geforderten Einsatz ihres Selbst davonzulaufen. Vorsprech-Zeit ist kostbar. Nur ganz wenig davon wird Ihnen zur Verfügung gestellt; bei weitem nicht genug, um sich an die Analyse dieser Figur zu machen. Der Druck ist groß, dass die »Figur« aus dem Inneren des Schauspielers kommen muss – und zwar sofort.

Als Erstes müssen Sie einen Grundsatz Ihrer Darstellungsmethode abändern, um richtig vorsprechen zu lernen: Sie müssen die »Figur« vergessen und sich selbst einsetzen.

Als ich Vorsprechen unterrichtete, stellte ich fest, dass der Erfolg eines Schauspielers beim Vorsprechen direkt proportional zu seiner Bereitschaft ist, die Analyse der Figur aufzugeben und sich selbst einzusetzen. Sie müssen bedenken: Wochenlange intensive Proben sind notwendig, um eine »Figur« zu formen. Wie können Sie das leisten, wenn Sie das Skript gerade mal über Nacht in den Händen haben oder – wie es an den Broadway-Theatern so oft der Fall ist – wenn Sie nur zehn oder fünfzehn Minuten Zeit haben, sich eine Szene anzusehen, bevor Sie auf die Bühne müssen, um sie vor den Auditoren zu sprechen? In zehn Minuten wollen Sie eine voll entwickelte Figur aus dem Hut zaubern? Niemals!

Lernen Sie, sich selbst einzusetzen.

Missverstehen Sie mich nicht, wenn ich von *selbst* spreche. Ich meine damit nicht Ihr wirkliches, Ihr Alltagsselbst, denn Theaterstücke handeln nicht vom Alltäglichen, sondern von *ungewöhnlichen* Situationen, in denen das, was geschieht, außerhalb des Gewohnheitsmäßigen liegt; daraus folgt, dass Ihre Reaktionen auf das, was geschieht, ebenso außerhalb des Gewohnheitsmäßigen liegen. Kein Mensch hat Lust, fünfzehn Dollar zu bezahlen, um das Alltägliche zu sehen – nicht einmal fünf Dollar; das hat er an der Straßenecke, bei sich zu Hause oder im Fernsehen. Was wir bei einem Vorsprechen sehen wollen, ist Ihr wirkliches Ich, wie es auf eine außergewöhnliche Situation in einer außergewöhnlichen und einzigartigen Art und Weise reagiert. Es gibt auf der ganzen Welt nur eine *einzige* Person, die so ist wie Sie. Wagen Sie es, diese Person wahrheitsgemäß und mit Fantasie einzusetzen.

Ich habe die Erfahrung gemacht, dass Schauspieler in vielen Situationen die »Figur« als Begrenzung benutzen. Ich frage: »Warum verliebst du dich nicht in ihn?«, und die Schauspielerin antwortet: »Es ist nicht möglich. Meine Figur würde sich niemals in einen Mann wie ihn verlieben.«

Es geschieht so häufig, dass ich inzwischen überzeugt bin, es handelt sich um eine Tatsache: Die Beschreibung einer Figur bedeutet für die meisten Schauspieler, zu sagen, was ihre Figur *nicht* tun würde. Sobald ein Schauspieler seine Arbeit einer solchen Beschränkung unterwirft, ist er *weniger* als er selbst: eingeschlossen in eine Zwangsjacke aus Verneinungen. Wie kann ein Schauspieler ein gutes Vorsprechen geben, wenn er seine Freiheit, zu fühlen, dermaßen einschränkt? Schieben Sie die Beschränkungen, die eine Figurenbeschreibung automatisch mit sich bringt, beiseite; lassen Sie zu, dass *alles* möglich ist; entscheiden Sie sich für Dinge, die Ihnen eine *maximale* Möglichkeit bieten, sich einzusetzen. Wenn es eine Möglichkeit gibt – sei sie noch so unwahrscheinlich, sei sie noch so entfernt –, dass Sie die andere Figur in der Szene lieben, sagen Sie Ja zu dieser Möglichkeit. In einer möglichen Liebe steckt mehr Emotion als in der Unmöglichkeit, den anderen zu lieben. Emotion ist das, was ein Schauspieler sucht; warum nicht das wählen, was am meisten bietet?

»Was machen Sie mit der anderen Figur in Ihrer Szene?«, frage ich einen Schauspieler. Er antwortet: »Ich will nicht mit ihr zusammen sein; ich will weg von ihr.« Ich frage ihn: »Warum gehst du dann nicht? Steh einfach auf und geh weg. Diese Freiheit haben wir schließlich alle.« Bei der Hälfte der Vorsprechtermine, die ich erlebe, sehe ich Leute, die wünschten, sie wären nicht hier. Wer will mit Leuten zusammen sein, die wünschten, sie wären nicht hier? Wen interessiert dieser Widerwille? Ich will einen Schauspieler sehen, der Grund hat, hier zu sein, und dessen Beziehung zur anderen Figur in der Szene so geartet ist, dass er einer Begegnung mit ihr nicht ausweicht.

Davon handelt dieses Buch: Einen Grund zu finden, warum Sie dort auf der Bühne stehen sollten; einen Grund dafür, ihre tiefsten Gefühle auszudrücken, sodass sie wahrhaftig und bedeutungsvoll wirken, und all die Möglichkeiten, die in einer Beziehung stecken, zu bejahen. Glücklicherweise funktionieren Menschen nicht nach den Regeln der Vernunft (wäre das der Fall, würde niemand Schauspieler werden). Was Menschen motiviert, sind ihre Träume. Träume von Liebe, von Erfüllung, Träume von Erfolg, von Schönheit und Macht. Das, von dem wir wünschen, dass es geschieht, lässt uns all das tun, was wir tun.

Dieses Buch handelt davon, den Traum in sich zu entdecken und zu lernen, ihn dort oben, mitten auf der Bühne, für jedermann sichtbar zu machen.

Sie müssen, Gott sei Dank, verrückt sein, um das zu wollen.

1. PRAKTISCHE ASPEKTE DES VORSPRECHENS

Als Erstes möchte ich einige praktische Aspekte des Vorsprechens in Augenschein nehmen. Beim Vorsprechen sind zwei *physikalische* Komponenten wichtig, die Schauspieler gern vergessen: gesehen zu werden und gehört zu werden.

Gesehen zu werden ist ein Problem, denn die amerikanischen Gewerkschaften erlauben nicht mehr als ein Arbeitslicht mit einer einzigen Glühbirne beim Vorsprechen. (Eine richtige Beleuchtung würde Hunderte von Dollars kosten; Schauspieler sollten sich bei den Gewerkschaften der Bühnenarbeiter und Beleuchter beschweren und nicht bei den armen Produzenten.) Alle schöpferisch tätigen Leute, die an einem Vorsprechen beteiligt sind, leiden. Wenn Sie als Schauspieler glauben, es sei hart, auf die dunkle Bühne zu treten, um in einem kleinen, schwach beleuchteten Kreis vorzusprechen, bedenken Sie die Lage, in der sich die bedauernswerten Auditoren befinden: Stundenlang müssen sie dasitzen und angestrengt durch die Dämmerung spähen, um zu erkennen, wie die Schauspieler, die für sie vorsprechen, eigentlich aussehen. Da die Beleuchtung so mickrig ist, ist es wichtig, dass der Schauspieler im Lichtkegel steht – nicht einen Meter links davon oder im Bühnenhintergrund. Deshalb mein Vorschlag, dass der Schauspieler eine der beiden Fragen stellt, die ich bei einem Vorsprechen für legitim halte: »Bin ich im Licht?« Auditoren sind immer bereit, Ihnen genau zu sagen, wo das Licht ist, denn es ist viel leichter, Sie zu sehen, wenn Sie im Licht stehen, als Sie in der Dunkelheit zu suchen. Sie müssen aber *die Antwort auch wirklich hören* und dann noch einmal checken, ob Sie wirklich im Licht stehen. Ich habe die Erfahrung gemacht, dass die Hälfte der Schauspieler, denen ich erkläre, wo genau unser funzeliges Licht sich befindet, nicht hört, was ich sage, und sich ins Dunkel stellt statt ins Licht.

(Einer der Gründe, warum Auditoren so ungern Fragen beantworten, die ihnen Schauspieler stellen, liegt darin, dass nur wenige Schauspieler – nach ihrem Verhalten zu urteilen – an der Antwort interessiert zu sein scheinen. Ich nehme an, durch die alles verschlingende Nervosität der Situation ist es für einen Schauspieler sehr schwer, Informationen, die ihm geliefert werden, zu verarbeiten. Mein Vorschlag: Ein exzellenter Ausweg aus der allgemeinen Nervosität besteht darin, das, was zu einem gesagt wird, auch tatsächlich *zu hören.*)

Vergessen Sie auch nicht, dass sich die Lichtquelle in vielen Fällen direkt über Ihrem Kopf befindet, es demgemäß vielleicht nicht ausreicht, Ihre Füße in den Lichtkreis auf dem Boden zu bringen, damit Ihr Gesicht gesehen wird. Fragen Sie: Können Sie mich sehen? Noch besser: Üben Sie zu Hause mit einem *hohen* Deckenlicht, und lernen Sie, von dem Lichtkreis auf dem Fußboden ausgehend, einzuschätzen, wo Sie stehen müssen, damit Ihr Gesicht beleuchtet wird.

Sie müssen auch gehört werden. Ich wage zu behaupten, dass 64 Prozent der Schauspieler, die für die Bühne vorsprechen, nicht gehört werden können. Immer wieder fragen mich Regisseure: »Werden wir sie hören können?« Vielleicht liegt es daran, dass wir im Zeitalter des Fernsehens und des Syndroms der »flüsternden Naiven« leben, deren heiseres Wispern sexy sein soll (Was hat Marilyn Monroe den jungen Schauspielerinnen Amerikas bloß angetan!), von den jungen Männern können aber genauso viele nicht gehört werden. Dieser Tatsache müssen Sie besondere Beachtung schenken: Praktisch kein Schauspieler ist zu laut, doch über die Hälfte von ihnen ist zu leise, um bequem gehört zu werden.

Denken Sie daran, dass Sie in Ihrem Wohnzimmer üben! Können Sie das einfach auf die Bühne eines großen Theaters übertragen? Bedenken Sie die Verstärkung, die Sie brauchen. In den Jahren, in denen ich unterrichtete, habe ich etwas Interessantes festgestellt: Bei 98 Prozent der Schauspieler arbeite ich nicht mehr an der Verstärkung, ich kämpfe nicht mehr darum, dass sie lauter sprechen; denn wenn ein Schauspieler wirklich den Wunsch hat, seine Gefühle demjenigen zu vermitteln, der mit ihm auf der Bühne ist, wird er auch gehört werden. Ein Schauspieler, der nicht kommuniziert, wird nicht gehört. Wenn ich daran arbeite, dass ein Schauspieler auch wirklich kommuniziert – stark, eindringlich –, wird er in den meisten Fällen auch gehört.

Und die restlichen zwei Prozent? Meiner Erfahrung nach gibt es einige wenige Menschen, die es vorziehen, nicht gehört zu werden, die auf keinen Fall kommunizieren wollen. Vielleicht bringen ihnen die Proteste ihrer potentiellen Zuhörer mehr Aufmerksamkeit ein, als wenn man sie hören könnte. Denken Sie darüber gut nach, wenn Sie zu den Schauspielern gehören, die nicht gehört werden.

Doch für die 98-Prozent-Mehrheit gilt, dass ein Schauspieler gehört wird, wenn er gehört werden will. Und das hängt von der Tiefe seines Bedürfnisses ab, das, was er denkt und fühlt, der anderen Person auf der Bühne mitzuteilen.

Ich habe gesagt, es gebe zwei legitime Fragen, die ein Schauspieler bei einem Vorsprechen stellen darf. Von der einen habe ich gesprochen: Sie dürfen nicht nur fragen, Sie sollen fragen, ob Sie sich im Licht befinden. Hier ist die zweite:

Wenn Sie gebeten werden, »kalt« zu starten, das heißt, den Text zu lesen, ohne das Skript vorher gesehen zu haben, fragen Sie, ob es möglich sei, dass Sie die Bühne kurz verlassen, um das Skript zu überfliegen. In den meisten Fällen wird man Ihnen gestatten, hinter der Bühne einen Blick darauf zu werfen.

Erwidern die Auditoren jedoch: »Nein, warum lesen Sie es nicht einfach?«, sagen Sie: »Ohne es durchgelesen zu haben?« Damit zwingen Sie sie, offen mit Ja zu antworten. Dann bleibt Ihnen nichts übrig, als sich mit Ihrem beherztesten Lächeln auf unbekanntes, auf keiner Karte verzeichnetes, unwirtliches Terrain zu begeben. Durch Ihre Frage machen Sie allen klar, dass Sie nicht die geringste Ahnung haben; eine Tatsache, der Ihre Zuhörer Beachtung schenken müssen. Hinzu kommt, dass Sie Ihre Bereitschaft ausgedrückt haben, alles zu tun, was man von Ihnen verlangt – auch wenn es tollkühn ist.

Wenn Sie nicht darum bitten, einen Blick auf das Skript werfen zu dürfen, werden die meisten Auditoren Sie einfach da oben stehen lassen und zusehen, wie Sie zappeln. Bitten Sie um Zeit; in 90 Prozent der Fälle werden Sie sie bekommen. Doch wenn Sie die Zeit nicht bekommen, schmollen Sie nicht; seien Sie tapfer.

Wer leitet das Vorsprechen?

Ihr Publikum beim Vorsprechen kann aus einem Menschen bestehen, aus zehn oder aus fünfzehn Leuten. Normalerweise ist der Regisseur anwesend und/oder der Casting Director, denn in den meisten Fällen ist es der Regisseur, dessen Stimme ausschlaggebend ist bei der Entscheidung, mit wem eine Rolle besetzt wird. Auch der Produzent hat in Besetzungsfragen häufig ein Wort mitzureden. In Broadway-Aufführungen ist der Autor des Stückes ein wichtiger Auditor, da er laut Vertrag der Besetzung zustimmen muss. Hinzu kommen im Falle eines Musicals der Musikdirektor, der Choreograf, der Librettist, der Komponist, der Buchautor und ihre jeweiligen Assistenten. Auch der Inspizient wird bei der Besetzung gelegentlich herangezogen. Beim Fernsehen sind die Produzenten der Sender und die Sponsoren zu berücksichtigen – und ein ganzer Schwarm anderer, die ihren Senf zur Rollenbesetzung dazugeben. Doch ob es einer ist, der Ihrem Vorsprechen beiwohnt, oder ob es dreißig sind – Sie geben jedes Mal alles, was Sie haben, gleichgültig, wie oft Sie für dieselbe Rolle vorsprechen.

Ich habe Schauspieler erlebt, die sich weigern, für eine Rolle vorzusprechen, für die sie sich bereits mehrmals beworben haben. Ich halte das für dumm. Sie würden nicht wieder gefragt werden, wenn nicht Interesse an Ihnen bestünde. Welchen Unterschied macht es, ob Sie für zwölf verschiedene Rollen vorsprechen oder zwölfmal für die gleiche Rolle? Beide Male handelt es sich um zwölf Chancen, einen Job zu bekommen. Beim dreizehnten Mal bekommen Sie die Rolle vielleicht.

Soll ich fragen, wer die Auditoren sind?

Bitte tun Sie das nicht. Wenn die Auditoren wollten, dass Sie wissen, wer sie sind, würden sie sich vorstellen. Oft wollen sie nicht, dass Sie wissen, wer sie sind; sie ziehen es vor, das Vorsprechen so anonym wie möglich abzuhalten. Manchmal haben sie durchaus nichts dagegen, dass Sie wissen, wer sie sind, aber keine Lust, sich vierzigmal am Tag durch das Ritual des Sichvorstellens zu quälen. So etwas kann sehr ermüdend sein für Leute, die ihre kostbare Zeit lieber darauf verwenden, herauszufinden, wer *Sie* sind.

Es gibt Schauspielerinnen (Schauspieler seltsamerweise viel weniger), die sich mit breitem, aufgesetztem Lächeln an die Auditoren wenden und fragen: »Für wen spreche ich vor?«, um diese so zu zwingen, sich vorzustellen. Mit solchen Manövern zieht sich die Schauspielerin oft nur den Unwillen der Auditoren zu, da sie sie in eine unangenehme Lage gebracht und ihre wertvolle Zeit und Energie verschwendet hat.

Es ist sowieso besser, wenn Sie nicht wissen, für wen Sie vorsprechen. Diese Information macht Sie nur noch nervöser und irritierter.

Wie finden Sie heraus, was die Auditoren wollen?

Sie können es nicht herausfinden. Sie brauchen es nicht herauszufinden. Reine Zeitverschwendung. Was die Auditoren wollen, ist jemand, der in jeder Rolle sehr interessant ist und großes Talent beweist. Das ist alles, worüber Sie sich Sorgen machen sollten.

Ich glaube, viele Schauspieler, vor allem in New York, verbringen ihr halbes Leben mit dem Versuch, herauszufinden, »was *die* wollen«. Sie hören irgendein vages Gerücht oder eine bruchstückhafte Information, die sie zu dem Versuch verleiten, in der Rolle »etwas« sein zu wollen statt nur sie selbst. Und dieses Etwas zwingt sie, ihre Haarfarbe zu verändern oder die Nase operieren zu lassen oder ein Bein abzuschneiden oder dreißig Zentimeter hohe Absätze zu tragen oder auf den Knien zu laufen – alles wertlos für das Vorsprechen.

Bedenken Sie, sage ich den Auditoren immer wieder, dass Schauspieler nur aus dem wählen können, was da ist. Die Idee von jemand »einfach Wunderbarem« muss nach und nach in die Wirklichkeit eines lebenden, atmenden menschlichen Schauspielers umgesetzt werden. Und der kann von dem, was den Autoren ursprünglich vorschwebte, weit entfernt sein. Es könnten Sie sein.

Als ich an der Besetzung des Films *Die Reifeprüfung* arbeitete, beauftragte der Regisseur Mike Nichols mich, einen jungen James Stewart zu finden, groß, Basketballspieler, Eliteuniversität. Sie schickten mich nach Princeton und Yale und Harvard, um einen Laien zu finden. College-Sportler und College-Schauspieler aus dem ganzen Land strömten nach New York, um vorzusprechen. Die Suche dauerte Monate. Und wer bekam die Rolle? Der kleine Dustin Hoffman, der nicht von einer Eliteuniversität kam und nicht Basketball spielte.

Und wie hat Dustin Hoffman die Rolle bekommen? Indem er für eine Rolle in einem Broadway-Musical vorsprach, die er nicht bekam. Als ich für Mike Nichols und den Produzenten Stuart Ostrow das Musical *The Apple Tree* besetzte, versuchte ich Dustin Hoffman (zu der Zeit ein unbekannter Schauspieler, der in zwei Ronald-Ribman-Stücken am Off-Broadway mitgewirkt hatte) zu überreden, zum Vorsprechen für die Hauptrolle zu kommen (die letztendlich Alan Alda bekam). Dustin sagte zu mir, er habe im Ganzen nur sechs Gesangsstunden gehabt, und ich erwiderte: »Nehmen Sie noch zwei, und kommen Sie zum Vorsprechen.« Wir ließen jeden Tag vorsprechen, und ich schrieb Dustin Hoffman auf meine Liste, doch er erschien nicht (er hatte Angst vor dem Vorsingen). Es wurde zum stehenden Witz: »Kommt denn der berühmte Dustin Hoffman heute?« Nach wochenlangen Überredungsversuchen kam der unbekannte Dustin Hoffman tatsächlich zum Vorsprechen. Er hatte recht gehabt: Er konnte nicht singen. Doch er las die Rolle ganz wunderbar: mit Fantasie, Intelligenz und Humor, und Mike Nichols vergaß es nie. Der Produzent von *Die Reifeprüfung* erzählte mir später, wie schockiert er war, als er erfuhr, dass Mr. Nichols Dustin für die Rolle des Elitestudenten ausgewählt hatte. Er konnte es nicht glauben. Die Rolle machte Dustin Hoffman zum Star.

Die Moral der Geschichte: 1. Gehen Sie zu jedem Vorsprechen, zu dem man Sie lässt, auch wenn Sie glauben, Sie seien für die Rolle nicht geeignet. 2. Die Person, die sich die Auditoren für die Rolle vorstellen, kann sich in ihr völliges Gegenteil verkehren. Ein begabter und interessanter und engagierter Schauspieler hat größere Chancen, die Rolle zu bekommen, als jemand, der »richtig« ist.

Besetzungsfehler entstehen, weil die Auditoren die Rolle jemandem geben, der ihnen »richtig« erscheint, statt jemandem, der zwar von ihrer Vorstellung abwich, aber talentiert war.

Was erwarten die Auditoren vom Vorsprechen?

Eine Premieren-Leistung. Mehr nicht.

Regisseure und Produzenten leugnen das natürlich. Zu Recht, denn sie sollten nichts anderes tun, als beim Vorsprechen herauszufinden, wer Sie sind und was Sie der Rolle geben können. In einer Bob-Fosse-Produktion zum Beispiel ist die Show, mit der wir auf dem Papier beginnen, niemals die Show, die wir am Ende senden, denn Bob Fosse nutzt die Proben und Probevorstellungen, um die Show genau dem Talent der Leute anzupassen, die in ihr auftreten werden. (Dies ist einer der Gründe, warum es so schwer ist, eine Fosse-Show wieder zu besetzen – der andere liegt darin, dass so wenige Darsteller den hohen Anforderungen im Tanzen entsprechen.)

Was die Auditoren von einem Vorsprechen ohne Einschränkung erfahren müssen, ist, wer Sie sind und was Sie können. Ein Schauspieler kann bei einem Vorsprechen die gleiche Freiheit im Gebrauch seiner selbst erreichen, die er in einer Vorstellung hat. Es hängt davon ab, ob er weiß, wie er sich selbst optimal einsetzt, wie er seine Fantasie anwendet, von seiner Bereitschaft, Risiken einzugehen.

Es ist gleichgültig, was die Auditoren zu wollen *vorgeben;* Ihre Aufgabe als Schauspieler ist es, ihnen zu zeigen, wer Sie sind und wie gut Sie sich in die Rolle einfühlen können.

Warum spiele ich gut, wenn ich in einem Stück mitwirke, aber schlecht, wenn ich vorspreche?

Sie können beim Vorsprechen genau das leisten, was Sie in einer Aufführung leisten. Es hängt davon ab, wie fähig Sie sind im Gebrauch Ihrer selbst, und davon, die richtigen Fragen zu stellen. Ich habe in meiner Arbeit etwas Interessantes festgestellt: Wenn ich die Fragen stelle, finden Schauspieler für gewöhnlich die richtigen Antworten. Das heißt nichts anderes, als dass der Schauspieler lernen muss, sich selbst die richtigen Fragen zu stellen.

Die zwölf »Wegweiser« in den folgenden Kapiteln verhelfen Ihnen zu den richtigen Fragen. Sind die Antworten auf diese Fragen präsent, wenn Sie die Rolle lesen, erleben Sie ein gutes Vorsprechen.

Der Hauptgrund, warum ich begonnen habe, Schauspielern das Vorsprechen beizubringen, liegt darin, dass ich in meiner Arbeit als Casting Director oft erlebe, wie ein Schauspieler, den ich in einem Off-Broadway oder Off-Off-Broadway-Stück, in einem Kirchen- oder Kellertheater oder am ELT sehe und zum Vorsprechen für ein Broadway-Stück oder einen Film einlade, plötzlich das Talent, das er bei seinem Auftritt zeigte, verloren zu haben scheint. Mir wurde klar, dass viele Schauspieler nicht wissen, wie man vorspricht; denn sie konnten beim Vorsprechen nicht das leisten, was sie in der Aufführung leisteten.

Warum nennen Sie das Vorsprechen einen Krieg zwischen den Schauspielern und den Auditoren?

Schauspieler fühlen sich, als würden sie sich aufs Schlachtfeld begeben, wenn sie zum Vorsprechen gehen müssen. Offenbar sehen sie die Auditoren als »den Feind«. Wenn es sich um einen Krieg handelt, sollten Sie sich klarmachen, dass die Auditoren alle Macht auf ihrer Seite haben. Ein Schauspieler kann den

Krieg nicht durch Feindseligkeit gewinnen, sondern nur indem er den Feind umwirbt. Kämpft er gegen den Feind, wird er die Schlacht verlieren.

Vielleicht fragen Sie sich, warum ein Schauspieler beim Vorsprechen Feindseligkeit zeigt. Wahrscheinlich liegt es gar nicht in seiner Absicht, doch seine Nervosität, seine Unsicherheit, das Gefühl, im Rampenlicht zu stehen und beurteilt und höchstwahrscheinlich abgelehnt zu werden – all dies zusammengenommen vermittelt ihm den Eindruck, die Auditoren hätten es auf ihn abgesehen. Die Spannungen erzeugen das Gefühl, ungerecht behandelt zu werden; daraus entsteht Feindseligkeit – und dann braucht es bloß einen Auslöser, dass es zum Ausbruch kommt. Den meisten Regisseuren und Produzenten, mit denen ich gearbeitet habe, liegt es fern, grob oder verletzend zu sein, aber manchmal sind die Spannungen auch auf ihrer Seite des Grabens so groß, dass sie ein bisschen kurz angebunden sind. Ein Schauspieler sollte sich daran erinnern, dass Regisseure und Produzenten Angst haben vor Schauspielern: Das leuchtet ein, da ihre berufliche Existenz von Schauspielern abhängt. Mit so vielen Ängsten auf beiden Seiten ist mit einem gelegentlichen Ausbruch von Feindseligkeit zu rechnen – immer zum Nachteil des Schauspielers. Ich gebe allen Schauspielern den Rat: Halten Sie Ihre Feindseligkeit unter Kontrolle. Ich habe erlebt, wie Schauspieler gute, für ihre Karriere wichtige Rollen verloren, weil sie es fälschlicherweise für angebracht hielten, sich feindselig oder aufgebracht zu zeigen. Es verschafft Ihnen vielleicht vorübergehende Erleichterung in einer Situation, in der Sie sich – vielleicht zu Recht – ungerecht behandelt fühlen, doch das ist es nicht wert. Sie verlieren.

Als ich eine Broadway-Komödie für einen der erfolgreichsten Regisseure des Broadways, Joshua Logan [1908–1988, A. d. Red.], besetzte, der auch einer der nettesten Regisseure der Welt ist, suchten wir für die männliche Hauptrolle, das Gegenüber unseres weiblichen Stars, einen Schauspieler. Nach wochenlangem Vorsprechen hatten wir mehrere Kandidaten in der engeren Wahl – einige bekannte, einige vergleichsweise neue Namen –, doch es war ein völlig unbekannter Schauspieler, der ganz oben auf unserer Liste stand. Josh wollte dem Neuling jede erdenkliche Chance geben und arrangierte es so, dass unser Kandidat am letzten Tag (Vorsprechen vor dem Produzenten und dem weiblichen Star), nach zwei Dritteln der Zeit an die Reihe kam: spät genug, dass unsere Diva andere, weniger beeindruckende Bewerber zum Vergleichen hatte, aber nicht so spät, dass sie müde sein und vom Vorsprechen die Nase voll haben würde. Dieser letzte Tag ist immer sehr anstrengend, da das ganze Projekt davon abhängt. Die Luft knistert vor Nervosität und Anspannung.

Wir wollen unseren unbekannten Schauspieler, den Josh und ich für eine aufregende Neuentdeckung hielten, Kandidat A nennen. Für Kandidat A könnte die Hauptrolle als Gegenüber eines bekannten Stars einen Riesenschritt in seiner Karriere bedeuten – wenn er gut sein würde, wenn das Stück erfolgreich sein würde und all die anderen Wenns, aus denen das Showbusiness besteht. Zufällig erhielt unser Kandidat A am gleichen Tag die Aufforderung, für einen Werbespot vorzusprechen. Er kam zu früh zu uns und erklärte dem Inspizienten sein Problem; der schob ihn netterweise auf die Bühne, damit er als Erster las. Der Regisseur war gerade in ein Gespräch mit dem Star vertieft – es ging darum, wie die männliche Hauptrolle *ihrer* Ansicht besetzt werden sollte –, als er aufblickte und seinen Kandidaten auf der Bühne sah. »Oh, nein, nein, nein«, rief er, »das ist ein schrecklicher Irrtum! Könnte Kandidat A bitte in der Kulisse warten?« Da die anderen Bewerber sich hinter der Bühne drängten, konnte niemand Kandidat A erklären, warum er gebeten wurde, später wiederzukommen. Er ging, um das Vorsprechen für den Werbespot hinter sich zu kriegen. In einer Pause bei den Werbeleuten kam er zurück und sagte, er müsse jetzt sofort für uns vorsprechen. Wieder wird er auf die Bühne geschoben, genau zu dem Zeitpunkt, wo der Produzent mit dem Star und dem Autor in einen hitzigen Streit geraten ist, während Mr. Logan zu vermitteln versucht. Hätte Kandidat A in diesem Moment gelesen, hätte ihn niemand bemerkt. Noch einmal ruft der Regisseur: »Nein, nein! Es tut mir leid, aber noch nicht, bitte!« und winkt den verwirrten Schauspieler von der Bühne. Eine Stunde später scheint der richtige Zeitpunkt gekommen zu sein. Mr. Logan bittet Kandidat A zu lesen; der hat sich in der Zwischenzeit hinter den Kulissen in immer größeren Zorn gesteigert, überzeugt davon, er habe die Rolle in dem Werbespot *und* unsere Rolle verloren. Kandidat A kommt auf die Bühne; er sieht sehr feindselig aus und fängt an zu lesen. Plötzlich pfeffert er das Skript auf den Boden und schreit: »Ich will dieses verdammte Ding nicht lesen! In meinem ganzen Leben bin ich nicht so schlecht behandelt worden! Sie können sich Ihr verdammtes Stück sonst wo hinstecken!« Und damit marschierte er aus dem Theater.

Mr. Logan war wie vom Donner gerührt. Ihm war nichts anderes bewusst, als dass er den ganzen Tag versucht hatte, Kandidat A zu schützen, ihm die beste Gelegenheit, die bestmöglichen Umstände und den bestmöglichen Zeitpunkt zu verschaffen. Und belohnt wurde er mit dem rüpelhaftesten Verhalten, das er von einem Schauspieler beim Vorsprechen je hinnehmen musste. Von den Schwierigkeiten des Schauspielers erfuhren wir erst viel später – zu spät, um etwas zu ändern. Unnötig zu sagen, dass der Schauspieler die Rolle nicht bekam. Die Welt des Theaters ist klein, sein Wutausbruch sprach sich schnell herum und hat seiner Karriere für lange Zeit geschadet. Das ist vielleicht nicht gerecht, doch der Schauspieler war nicht fähig gewesen, eine schwierige Situation mit Takt oder Diplomatie zu meistern.

Moral: Wenn Sie glauben, jemand habe es auf Sie abgesehen, versucht er vielleicht nur, Ihnen zu helfen.

Halten Sie Ihren Zorn zurück, bis Sie zu Hause sind; seinen Gefühlen bei einem Vorsprechen Luft zu machen, schadet nur. Gehen Sie nach Hause und werfen Sie das Abendessen aus dem Fenster oder verprügeln Sie Ihre Mutter oder werfen Sie ein Messer auf Ihren Mann – doch Sie dürfen nicht erwarten, dass Sie gewinnen, wenn Sie die Auditoren anschreien. Die Auditoren haben die ganze Macht, Sie haben keine.

Es ist für niemanden leicht: Die Auditoren müssen so oft so viele Leute ablehnen. Für die Schauspieler scheint jede Ablehnung ein persönliches Scheitern zu sein.

Ausschließlich kurz vor und kurz nach dem Vorsprechen hat ein Schauspieler durch sein Betragen zu zeigen, was für ein Mensch er ist. In diesen Phasen sind die Auditoren tatsächlich sehr empfindsam gegenüber den kleinsten Anzeichen von Widerstreben, Unwillen oder Feindseligkeit, und ein Schauspieler tut gut daran, solche Gefühle, wenn er sie hat, auch mit äußerster Anstrengung zu vertuschen. Häufig fragen mich Regisseure: »Was wissen Sie über ihn? Kann man mit ihm leicht zusammenarbeiten? Befolgt er die Anweisungen?« Es ist ganz wichtig, dass der Schauspieler den Auditoren das Gefühl vermittelt, er würde alle diese Fragen mit einem großen *Ja* beantworten: »Mit mir kann man gut zusammenarbeiten; ich bin umgänglich und vernünftig; ich befolge alle Anweisungen; ich bin fantasievoll und kooperativ; ich schmolle nicht; ich bin nicht feindselig.«

Produzenten und Regisseure müssen mit dem Temperament ihrer Stars zurechtkommen. Sie brauchen Ihres nicht auch noch.

Die leichteste Art und Weise, zu vermitteln, wie gesellig und liebenswürdig Sie sind, besteht darin, ein Spiel daraus zu machen. Denken Sie daran, was auf dem Spiel steht, also nehmen Sie das Spiel ernst: Niemand spielt gern mit einem Teilnehmer, der es nicht ernst meint. Die meisten Schauspieler gehen völlig verschlossen zum Vorsprechen, weil sie sich schützen wollen. Sie müssen lernen, sich zu öffnen, sodass sie die Erfahrung *aufnehmen* können. Immer wieder bin ich erstaunt, wie vorteilhaft die Wirkung auf die Auditoren ist, wenn ein Schauspieler sich öffnet. Sie suchen Schauspieler, die sie mögen können; sie können einen Schauspieler nicht mögen, der sich vor ihnen versteckt, um sich zu schützen. Bringen Sie Ihre Bereitschaft zum Ausdruck, die Auditoren zu mögen, um es ihnen zu ermöglichen, Sie zu mögen.

Warum essen die Auditoren während meines Vorsprechens Sandwiches und trinken Kaffee?

Sie essen und trinken Kaffee während jedermanns Vorsprechen. Anscheinend nehmen Auditoren in der Welt draußen nichts zu sich: Sie sitzen in einem halbstündigen Vorsprechen, und sie lassen sich etwas zu essen bringen. Nehmen Sie's nicht persönlich; es richtet sich nicht gegen Ihr Vorsprechen; die Auditoren sind bei allen Bewerbern nervös.

Seien Sie nicht beunruhigt, wenn Sie bemerken, dass Ihre Auditoren unter den Zuschauersitzen herumkriechen. Sie verbringen einen großen Teil ihrer Zeit da unten, um nach Stiften oder nach Feuerzeugen oder Streichholzschachteln zu suchen, die sie fallen lassen haben. Und wenn sie den Inhalt ihrer Kaffeebecher verschütten, gehen sie auf die Knie, um ihn aufzuwischen, denn der Hausmeister sieht es gar nicht gern, wenn der Fußboden versaut wird.

Wie gestalte ich am besten meinen Auftritt und Abgang?

Hier haben Sie Gelegenheit, sowohl Ihre Sachlichkeit als auch Ihren Charme und Ihre Offenheit zu beweisen. Die meisten

Schauspieler konzentrieren sich ausschließlich auf den Horror, der vor ihnen liegt, statt auf den Versuch, den Auditoren zu vermitteln, welch angenehme und offene Menschen sie sind.

Was antworte ich auf die Frage: »Was haben Sie schon gemacht?«

Ihre beste Chance ist, auszudrücken, wer Sie sind, statt einfach nur aufzuzählen, was Sie gemacht haben. Sie sollten die Antwort auf diese Frage so üben, als wäre sie ein persönlicher Einakter, der speziell über Sie verfasst wurde. Das bloße Aufzählen von Tatsachen bringt nichts. Mit den sachlichen Informationen müssen Sie Ihren Humor, Ihren Charme und Ihre Persönlichkeit verknüpfen.

Arbeiten Sie an diesem Einakter. Schreiben Sie ihn, führen Sie ihn auf, proben Sie ihn. Seien Sie bereit, ihn, immer wenn Sie gefragt werden, aufzuführen. Es kann vorkommen, dass Ihre Präsentation dessen, was Sie schon gemacht haben, genauso wichtig ist wie das Vorsprechen.

Was mache ich, wenn mein Lebenslauf nichts Bemerkenswertes enthält und ich nur wenig Erfahrung habe?

Was Sie tatsächlich gemacht haben, ist nicht so wichtig wie die Art und Weise, in der Sie es präsentieren. Ich habe erlebt, wie Broadway-Schauspieler auf die Frage, was sie gemacht haben, antworten: »Ach, ich habe nur fünf Broadway-Produktionen gemacht und drei Rollen in Soap-Operas und zwei Filme und ein bisschen Fernsehen.« Sie haben eine Menge Erfahrung und lassen es wie nichts klingen. Es liegt an Ihnen, auf das stolz zu sein, was Sie gemacht haben, zu vermitteln, dass es bedeutungsvoll und gewinnbringend war. Wenn Sie von Ihrer Erfahrung nichts halten, werden auch die Auditoren nichts davon halten.

Gleichgültig, wie wenig es ist: die meisten haben irgendetwas gemacht. Sie haben studiert, Sie haben gespielt – wo auch immer. Präsentieren Sie es mit Stolz. Machen Sie etwas draus. Glauben Sie nicht den Auditoren, wenn die Ihre Erfahrung nicht schätzen; glauben Sie an Ihren eigenen Wert.

Jeder muss irgendwo anfangen. Barbra Streisand hatte lediglich zwei kurze Engagements in einem Nachtklub in Greenwich Village vorzuweisen, als sie für die Rolle der Miss Marmelstein in *I Can Get It for You Wholesale* vorsang. Nachdem sie gesungen hatte, wurde sie nach ihren Erfahrungen gefragt. Sie sagte ihnen nicht, wie wenig sie gemacht hatte. Sie improvisierte eine brillante kleine Szene, die alles enthielt, was sie konnte. Sie nahm ein Risiko auf sich: Es machte sich bezahlt.

Ich hatte sie in einem Village Club singen hören und bat sie zum Vorsingen in ein Theater, da viele Klubsänger im Theater nicht zu hören sind. Sie kam in einem zu großen Waschbärmantel auf die Bühne und sah sich um, sah hinauf zu den Balkonen. »Ich soll in diesem ganzen Riesenhaus zu hören sein?«, fragte sie. Dann sang sie, und sie war zu hören. Bei ihrer zweiten Nummer ließ sie den Waschbärmantel zu Boden gleiten und sagte: »Es gefällt mir hier.« Und dann fing sie mit dieser langsamen Version von »Happy Days Are Here Again« an, für die sie später berühmt wurde. Hier war eine Frau, die es verstand, vorzusprechen; ich glaube aber, dass sie sich aufs Intensivste vorbereitet und wenig dem Zufall überlassen hatte.

Am wichtigsten aber war, dass sie die ganze Zeit über vermittelte: Ich bin gerne hier, ich gehöre hierher, ich will hier sein, ich will gesehen werden, ich will Reaktionen.

Was mache ich, wenn ich zu spät zum Vorsprechen komme?

Erkundigen Sie sich beim Inspizienten oder der Sekretärin, ob die Auditoren nach Ihnen gefragt haben oder ob sie bemerkt haben, dass Sie zu spät gekommen sind. Wenn Sie mit Ihrem Zuspätkommen niemandem Ungelegenheit bereitet haben, sagen Sie nichts davon.

Fühlen sich die Auditoren durch Sie jedoch gestört, brauchen Sie eine Erklärung für Ihre Unpünktlichkeit. Sagen Sie: »Tut mir leid, dass ich zu spät komme. Ich musste woanders vorsprechen, und das hat mich aufgehalten.« Das ist eine der wenigen Unwahrheiten, für die ich bei Schauspielern plädiere, denn 1. erspart sie andere, umständliche Erklärungen über Ihre Gesundheit oder das Nahverkehrssystem, die die Auditoren nicht interessieren; 2. handelt es sich um eine Ausrede, die die Auditoren verstehen und akzeptieren, da sie selbst so oft gezwungen sind, Schauspieler warten zu lassen; und 3. deuten Sie damit an, wie begehrt Sie sind, denn jemand anderes wollte Sie ebenfalls zum Vorsprechen haben.

Zu Ihrer Gesundheit: Am besten begreifen Sie es gleich am Beginn Ihrer Karriere, dass Ihre Gesundheit niemanden auf dieser Welt interessiert außer vielleicht Ihre nächsten Angehörigen, und auch die wahrscheinlich bloß, damit sie Sie im Gegenzug mit *ihren* Krankheitsgeschichten belästigen können. Fremde sind an Ihrer Gesundheit nicht interessiert, und sie wollen nichts davon hören. Wenn Sie auf Krücken und mit Gipsverband ankommen, tun Sie es leichthin ab: Bis Probenbeginn sei das alles wieder okay. Behelligen Sie die Auditoren nicht mit irgendwelchen anderen Problemen, die Sie hatten: dass Sie im Verkehr steckengeblieben sind oder die U-Bahn zusammengebrochen ist oder dass Sie Ihr krankes Meerschweinchen zum Tierarzt bringen mussten.

Sie erzählen Ihre kleine Notlüge: dass Sie sich wegen eines

anderen Vorsprechtermins verspätet haben, und sollte jemand nachfragen, wofür Sie vorgesprochen haben, erklären Sie, Sie seien abergläubisch und würden lieber nicht sagen, was es ist. Die Auditoren sind auch abergläubisch; sie werden Sie verstehen und nicht weiter bedrängen.

Soll ich das Skript auswendig lernen?

Niemals. Reine Zeitverschwendung.

Es geht ums Vorlesen, also lesen Sie vor. Vergeuden Sie nicht Ihre wertvolle Zeit damit, ein Skript auswendig zu lernen, wenn diese Zeit viel gewinnbringender mit dem Studium meiner Wegweiser ausgefüllt werden kann. Außer in sehr seltenen Fällen erwartet kein Mensch von Ihnen, dass Sie das Skript auswendig lernen. Ganz im Gegenteil: Wenn Sie ohne Skript auf der Bühne erscheinen, werden die Auditoren Ihre Darstellung beurteilen und nicht Ihr Vorlesen – und darauf sind Sie nicht vorbereitet. Wie gut Sie auch immer auswendig lernen, es kann immer passieren, dass Sie eine Zeile vergessen oder dass Sie sich zu sehr auf das Erinnern der Zeilen konzentrieren, statt sich mit den Dingen zu befassen, die beim Vorlesen wirklich zählen.

Lernen Sie, das Skript als Ihren Freund und Verbündeten zu sehen. Die Blätter in Ihren Händen besagen deutlich: »Ich lese hier vor, das ist keine Darstellung.« Freuen Sie sich über ein Skript, statt zu versuchen, es loszuwerden. Nachdem Sie es akzeptiert haben, hilft es Ihnen und behindert Sie nicht länger. Immer wieder höre ich Schauspieler ausrufen: »Ach, wenn ich bloß dieses Skript nicht halten müsste!« Doch das Vorlesen findet vor den Proben statt, bevor Sie mit einem Regisseur oder Kollegen zusammengearbeitet haben, also *brauchen* Sie das Skript. Mit dem Skript zu arbeiten bringt Ihnen größere Freiheit als alle Bemühungen, es loszuwerden.

Es gibt vereinzelt Schauspieler, die so leicht auswendig lernen, dass sie das Skript ein- oder zweimal durchlesen und den Text können. Diesen rate ich: Nehmen Sie das Skript dennoch mit. Geben Sie vor, dass Sie hineinsehen, auch wenn Sie es nicht nötig haben. Sie werden feststellen, dass Sie es häufiger brauchen, als Sie denken, und dann ist es gut, wenn es jederzeit griffbereit ist. Eine Aufführung benötigt jede Menge Proben; vorsprechen können Sie ohne große Vorbereitung, vorausgesetzt, Sie haben gelernt, sich selbst den Ausführungen der zwölf Wegweiser gemäß einzusetzen, und wissen, worauf Sie sich konzentrieren müssen.

Auswendig gelerntes Vorlesen hört sich an wie Musik aus der Konserve. Das Auswendiglernen führt leicht zum Zeilenlesen, wodurch es weniger Möglichkeiten zur Kommunikation gibt. *Vorlesen sollte einer Improvisation mehr gleichen als einer fertigen Darstellung.* Alles, was passiert, sollte zum ersten Mal passieren.

Was ist, wenn der Regisseur mir beim Vorlesen Anweisungen gibt?

Hören Sie ihm zu. Vergewissern Sie sich, dass Sie ihn richtig verstanden haben. Ergänzen Sie dann die Ideen Ihrer eigenen Vorbereitung mit dem, was er gesagt hat.

Daran müssen Sie stets denken: Ihre eigene Vorbereitung *ergänzen.* Meiner Erfahrung nach *ändern* die meisten Schauspieler ihr Vorsprechen den Anweisungen des Regisseurs gemäß – und sie kriegen den Job nicht. Der Regisseur schüttelt den Kopf und sagt: »Schade. Kann keine Anweisungen befolgen.« Auch wenn der Regisseur Sie auffordert, Ihre Lesung zu *ändern,* meint er damit, dass Sie das, was er sagt, dem, was Sie tun, *hinzufügen* sollen. Was er nicht meint, ist, dass Sie alles, was Sie gemacht haben, über Bord werfen sollen; sonst hätte er gar nicht mit Ihnen geredet und Sie favorisiert, indem er Ihnen Anweisungen gibt.

Wie beurteile ich mein Vorlesen? Wie finde ich heraus, warum ich nicht angenommen wurde?

Es hat keinen Wert, herauszufinden, warum Sie nicht angenommen wurden; die Wahrheit erfahren Sie sowieso nur selten. Alle Kriterien für eine Besetzung sind relativ – was sollte es Ihnen also bringen, herauszufinden, dass Sie für die weibliche Hauptrolle zu klein oder für die männliche Hauptrolle zu groß sind? Die Lösung wäre, nach Hause zu gehen und sich die Beine abzuhacken oder auf Stelzen zu laufen; das nützt Ihnen beides nichts. Rollenbesetzung ist natürlich ein sehr subjektiver Prozess für die Auditoren, auch wenn sie objektive Kriterien anlegen. Gleich gute Leistungen vorausgesetzt, entscheiden Sie sich eben für eine Schauspielerin, »weil sie mir gefällt«. Es gibt nichts, was Sie dagegen tun können, deshalb ist es besser, sich darüber erst gar keine Gedanken zu machen. Die Gründe für die Ablehnung sind zahllos und komplex; sie reichen von der Tatsache, dass Sie zu sehr wie eine Schauspielerin aussehen, die bereits eine Rolle in der Produktion hat, über die subjektive Reaktion, dass Ihr Aussehen oder der Klang Ihrer Stimme nicht gefällt, bis zu dem, dass Sie einen der Auditoren an seine erste Frau erinnern – Gründe, die Sie nicht kontrollieren oder ändern können.

Was Ihre eigene Beurteilung Ihres Vorlesens betrifft, urteilen Sie nicht danach, ob Sie das erfüllten oder nicht erfüllten, von dem Sie annehmen, dass die Auditoren es wollten. Urteilen Sie danach, wie weitgehend Sie fähig waren, Ihre eigenen Emotionen – der Figur und der Situation gemäß – auszudrücken. In den folgenden Kapiteln werden die zwölf Wegweiser diskutiert: Nehmen Sie *diese* als Richtschnur für die Beurteilung Ihrer Leistung.

Wie komme ich zum Vorsprechen?

Am besten über einen Agenten.

Es gibt andere, unsicherere Wege. Sie können zum Beispiel Ihr Bild an einen Produzenten oder Regisseur oder Casting Director senden und einen fantasievollen Brief dazulegen, um ihr Interesse an Ihnen zu wecken. Viele Schauspieler drehen die Runden durch die Produktionsbüros, um dort alle so lange quälen, bis sie eine Chance zum Vorsprechen bekommen. Manchmal funktioniert diese Methode – vorausgesetzt, Sie haben viele Paar Schuhe und eine dicke Haut, sodass es Ihnen nichts ausmacht, persönlich abgewiesen zu werden. Meines Erachtens lässt sich das gleiche Ergebnis mit Hilfe der Post erzielen – auf eine für beide Seiten weitaus angenehmere Weise. Die Energie, die Sie aufwenden, um in Produktionsstudios einzudringen, verwenden Sie viel besser für die Suche nach einem Agenten.

Wenn Sie erst einmal einen Agenten haben, können Sie sich zurücklehnen und darauf warten, dass er Sie anruft. Doch muss ein Schauspieler weiterhin die Fachpresse lesen und über das, was los ist, informiert sein, um seinem Agenten Tipps zu geben, für welche Projekte er sich selbst als geeignet betrachtet und gern einen Termin haben würde.

Schauspieler ist ein Vierundzwanzig-Stunden-Job; über die Hälfte der Zeit wird mit dem Bemühen verbracht, eine Rolle zu bekommen, statt sie zu spielen.

Sollen Schauspieler zu den offenen Terminen gehen?

Am Broadway verlangt die Schauspielergewerkschaft Equity, dass für jede Produktion unter der Leitung des Produzenten ein sogenannter offener Termin abgehalten wird, damit jedes Equity-Mitglied die Chance hat, sich zu bewerben. Schauspieler beklagen sich laufend bei mir, dass sie zu Terminen für Rollen gehen, die schon lange besetzt sind. Das ist wahr. Beschweren Sie sich nicht beim Produzenten, beschweren Sie sich bei Equity;

der Produzent erfüllt nur die Equity-Auflagen. Diese Auflagen hatten das noble Ziel, Equity-Mitgliedern bessere Chancen zu bieten, das Ergebnis ist aber oft nur Zeit- und Energieverschwendung. Wenn Sie zu offenen Terminen gehen, wird in den meisten Fällen nichts von Wert für Sie dabei herauskommen, außer dass Sie Gelegenheit hatten, andere Schauspieler zu treffen, zu jammern und den neuesten Klatsch durchzuhecheln.

Ich hatte allerdings auch schon Schüler, die bei einem offenen Termin eine Rolle bekamen – es kann sich also lohnen. Wie es im Theater so oft der Fall ist, sind die Chancen allerdings minimal.

Was tut mein Agent für mich?

Nicht viel.

Agenten können Ihnen Termine zum Vorsprechen vermitteln. Nicht immer, aber oft. Sie verhandeln Ihren Vertrag (und verhandeln Sie manchmal geradewegs aus Ihrer Rolle heraus). Doch Sie können Ihnen keine Rollen verschaffen.

Agenten sind Geschäftsleute. Ich glaube, nachdem ich zwanzig Jahre lang mit ihnen zu tun hatte, kann ich mit einiger Autorität sagen, dass die meisten Agenten dem Schauspieler gegenüber ziemlich kalt und unsensibel sind. Ihr Ziel – als Mittler zwischen Geschäft und Kunst – ist Geld und Macht, obwohl einige von ihnen eine Neigung zum Bemuttern haben. Doch jemand, der übermäßig sensibel ist, könnte kein Agent sein – Liebe, Fürsorge oder Loyalität suchen Sie deshalb besser anderswo.

Ein Agent ist gut, wenn Sie im Geschäft sind, aber nicht gut, wenn Sie nichts zu tun haben.

Ein Agent ist eine Notwendigkeit. Ohne ihn kann ein Schauspieler im amerikanischen Theater-, Film- oder Fernsehgeschäft nichts werden.

Ist der Inspizient der Freund des Schauspielers?

Inspizienten sind den Nöten des Schauspielers gegenüber oft aufgeschlossen, doch ist es gut, im Gedächtnis zu behalten, dass sie zum Lager des Feindes gehören. Wenn Sie hinter der Bühne eine Szene machen, können Sie darauf zählen, dass der Inspizient dem Produzenten, dem Regisseur und anderen Auditoren darüber Bericht erstattet. Sie müssen an allen Orten im Theater charmant und freundlich sein – hinter der Bühne genauso wie auf der Bühne. Wutanfälle sparen Sie sich für zu Hause auf.

Wofür soll ich vorsprechen? Was soll ich tun, wenn es sich um eine Rolle handelt, die nicht zu mir passt?

Ich finde, ein Schauspieler sollte jede Chance zum Vorsprechen wahrnehmen. Wenn Sie dreiundzwanzig sind und blond, und Sie erhalten die Gelegenheit, für die Rolle einer achtzigjährigen brünetten Großmutter vorzusprechen, gehen Sie los und sprechen Sie vor. Wenn die Rolle einen Zweimetermann erfordert, und Sie sind einsfünfzig, gehen Sie hin und sprechen Sie vor. Sprechen Sie am Off-Off-Broadway vor und am Off-Broadway; sprechen Sie fürs ELT, fürs Repertoire- und fürs Regionaltheater vor; lesen Sie überall, wo man Sie lesen lässt. Sie brauchen die Übung.

Sagen Sie nie von vornherein, Sie wollten eine Rolle nicht haben. Schauspieler wissen nicht, was zu ihnen passt. Wie viele Schauspieler musste ich dazu überreden, für eine Rolle vorzusprechen, von der sie glaubten, sie »passe« nicht zu ihnen, während sie nach dem Vorlesen sich und die Rolle in einem völlig anderen Licht sahen! Sie sollten wenigsten die Informationen über die Rolle, die Ihnen nur ein Vorsprechen verschafft, nicht verschmähen. Wenn Sie dann absolut sicher sind, dass Sie die Rolle nicht spielen können (und wenn Sie nur das Geringste als Schauspieler taugen, haben Sie wahrscheinlich sowieso unrecht), lehnen Sie sie mit der zweiten der einzigen beiden Unwahrheiten, die ich Schauspielern zugestehe, ab: Sagen Sie ihnen, Sie hätten eine andere Rolle, für die Sie davor vorgesprochen haben, angeboten bekommen. Ich finde, Sie sollten das aus Höflichkeit sagen, denn wenn Sie sagen, Sie mögen die Rolle oder das Skript nicht, verletzen Sie die Gefühle der Auditoren. Abgelehnt zu werden gefällt anderen genauso wenig wie Ihnen, also tun Sie's auf nette Art.

Warum finden Sie Bewerbungen durch die Post besser als in Person?

Weil eine schriftliche Bewerbung in den Auditoren oder dem Agenten den Wunsch wecken kann, Sie zu sehen. Wenn jemand Sie sehen will, sind Sie in einer viel stärkeren Ausgangsposition, als wenn er gezwungen ist, Sie zu sehen.

Weil ein Brief vom Auditor aufgemacht und gelesen werden kann, wann es ihm passt; wenn Sie einfach hereinschneien oder anrufen, kann das zu einer ganz unpassenden Zeit und höchst unwillkommen sein. Bei meiner eigenen Arbeit etwa weiß ich, dass ich während des Tages keine Zeit habe, mich mit Schauspielern abzugeben, da ich mit Agenten und Produzenten und Regisseuren zu tun habe, um Vorsprech-Termine vorzubereiten und durchzuführen. Nachts, wenn mein Telefon aufhört zu klingeln, habe ich Zeit, meine Post – und darunter vielleicht Ihren Brief – zu lesen. Ich bin in einer aufnahmebereiten Stimmung. Rufen Sie mich hingegen während des Tages an, bin ich unwillig, denn Sie stehlen meine Zeit, die bereits für andere Dinge reserviert ist.

Weil es einfacher ist, per Post abgelehnt zu werden, als in Person.

Weil Sie einen brieflichen Bewerbungsfeldzug unendlich weiterführen und dabei immer fantasievoller werden können.

Nach einer gewissen Anzahl von persönlichen Besuchen und Telefonanrufen werden die Leute Ihren bloßen Anblick oder Ihre Stimme hassen. Sieben Monate lang schickte ich David Merrick jede Woche einen Brief, bevor er mich anrief, dass er sich mit mir treffen wolle. In keinem dieser Briefe beklagte ich mich; ich schrieb über seine Arbeit und mein Interesse daran. Schließlich empfing er mich. Auf diese Weise bekam ich den Job, den ich wollte.

Weil es eine rücksichtsvollere Art und Weise ist, den Auditoren um den Bart zu gehen. Weil Sie so stets genug Zeit haben, zu überlegen, bevor Sie etwas sagen.

Das ist meine Meinung. Wenn Sie gerne Löwen in ihrem Käfig rasieren, nur zu. Aber rechnen Sie damit, gebissen zu werden.

Was mache ich bei einem Vorstellungsgespräch?

Die meisten Schauspieler kommen zu einem Vorstellungsgespräch mit einer undurchdringlichen Maske vor dem Gesicht: Sie verschwenden ihre ganze Energie darauf, sich zu schützen. Es ist harte Arbeit, mit jemandem ein Gespräch zu führen, der wild entschlossen ist, sich versteckt zu halten. Es ist viel schwerer, jemanden zu befragen, als befragt zu werden. Wenn Sie bedenken, wie schwer es der Interviewer hat, gelingt es Ihnen vielleicht, sich zu entspannen und ein bisschen hilfsbereiter zu sein. Versuchen Sie's mit ein wenig Mitgefühl. Helfen Sie dem Interviewer! Er braucht Ihre Hilfe!

Versuchen Sie, zu geben. Versuchen Sie, sich zu öffnen. Versuchen Sie, zu verstehen, wer der Interviewer ist. Ich habe es oft erlebt, dass ich einen ganzen Tag lang mit Schauspielern Gespräche führte – mit dreißig oder vierzig hintereinander; wenn ich in der Mittagspause oder nach Feierabend einem davon auf der Straße begegnete, grüßte ich ihn, und er starrte mich mit leerem Blick an, als wäre ich ein Taschendieb. Ich hatte mit dreißig Leuten geredet, und sie hatten nur *ein* Gespräch geführt und wussten nicht, wie der Mensch, der sie befragt hatte, aussah.

Sprechen Sie über etwas anderes als über Ihren Lebenslauf und den Zweck des Vorstellungsgesprächs. Achten Sie auf die Reaktionen des Interviewers; wenn das, was Sie sagen, ihn langweilt, wählen Sie etwas anderes. Garson Kanin ist der beste Interviewer, den ich je gesehen habe. Er bringt Menschen dazu, sich zu öffnen und sich zu enthüllen, denn er ist wirklich auf jeden einzelnen Menschen, der zu ihm ins Zimmer kommt, neugierig, und er spricht *wirklich* mit ihnen: übers Kochen, über Baseball; können Sie nähen?, was halten Sie von Ehe und Kindern?, leben Sie gern allein? – alles, was ihm durch den Kopf geht und was ihn oder sein Gegenüber interessieren könnte. Während des Interviews geht es ihm weniger um das, was Sie gemacht haben, als darum, wer Sie sind und was Sie von diesem oder jenem halten, weswegen er von diesem oder jenem spricht statt über Ihren Lebenslauf. Den Lebenslauf kann er später immer noch lesen.

Auch Bob Fosse ist jemand, der dem Schauspieler bei einem Vorstellungsgespräch jede Chance einräumt und eine Beziehung zwischen Gleichen herstellt, nicht die Beziehung zwischen König und Untertan. Er gibt etwas von sich selbst, sodass der Schauspieler Gelegenheit erhält, etwas von sich zurückzugeben. Die meisten Schauspieler sitzen da mit hochgehobenen Fäusten und einem Gesichtsausdruck, als erwarteten sie, jederzeit geschlagen zu werden. Ja, ja. Ich weiß. Sie alle werden mir sagen, wie gemein der Interviewer ist. Das liegt daran, dass Sie mit dieser geplagten Seele so wenig Mitgefühl haben. Sie wollen geschlagen werden – also schlägt er Sie.

Ich sehe Schauspieler, wenn sie von einem Gespräch mit Kanin oder Fosse kommen. Sie sind überrascht, sie strahlen, sie sagen: »Er war so *nett.*« Was sie meinen, ist, dass er Interesse gezeigt hat.

Warum versuchen Sie nicht, Interesse am Interviewer zu zeigen? Das würde ganz bestimmt dazu beitragen, das Eis zu brechen.

Öffnen Sie sich. Reden Sie. Riskieren Sie etwas. Sie haben nichts zu verlieren. Wenn Sie während des Gesprächs dasitzen wie eine Mumie, verlieren Sie so oder so. Viel besser ist es, ein Risiko einzugehen und mit der Person, die hinter dem Schreibtisch sitzt, zu kommunizieren. Behandeln Sie sie wie einen möglichen Freund statt wie einen Henker. Es könnte funktionieren.

Was soll ich zum Vorsprechen anziehen?

Tragen Sie, was angemessen ist.

Wenn Sie für T. S. Eliots *Cocktail Party* vorsprechen, sollten Sie nicht in Blue-Jeans erscheinen. Und wenn Sie für eine Rolle in *The Indian Wants the Bronx* vorsprechen, kommen Sie nicht im Frack.

Als ich die Musical-Version von *Picnic* besetzen sollte, ließen wir einen Schauspieler für viel Geld extra aus Kalifornien einfliegen, um für die Rolle des Hal vorzusprechen. Er kam in einem schicken schwarzen Seidenanzug an, der so elegant war, dass ihn Sky Masterson in *Guys and Dolls* hätte tragen können. Nichts hätte der Rolle des Hal weniger entsprechen können. Für die armen Auditoren ist es schwer genug zu entscheiden, ob Sie für die Rolle richtig sind – Sie brauchen es ihnen nicht noch extra schwer zu machen. Als wir den jungen Mann baten, das Jackett auszuziehen und die Ärmel hochzukrempeln, damit wir uns Hal besser vorstellen könnten, weigerte er sich: »Ich habe für diesen Anzug dreihundert Dollar bezahlt, und ich werde ihn tragen!« Wir hatten ihm gerade das Ticket für den Flug bezahlt und hätten eine andere Antwort verdient.

Ich will nicht sagen, dass Sie Kostüm tragen sollten, sondern nur, dass Sie sich entsprechend kleiden, wenn Sie die Rolle kennen. Kennen Sie sie nicht, tragen Sie etwas Unauffälliges, sodass die Auditoren *Sie* sehen statt Ihre Kleider.

Beim zweiten (und all den folgenden, und seien es noch so viele) Vorsprechen sollten Sie stets das Gleiche tragen wie beim ersten. Aus welchem Grund? Häufig notieren sich die Auditoren – geistig oder auf Papier –, was Sie getragen haben, um Sie leichter zu identifizieren. Wenn Sie Ihre Kleidung ändern, verwirrt das die Auditoren. Jerome Robbins fragte mich am Ende eines langen Vorsprechtages, warum ich das Mädchen im orangefarbenen Pullover nicht wieder hereingenommen hätte. Ich hatte, doch sie trug diesmal ein lila Kleid. Ich glaube nicht, dass wir die Sache jemals völlig klären konnten. Sie können den Auditoren helfen, indem Sie bei jedem Vorsprechen das Gleiche tragen.

Warum müssen wir uns der Tortur des Vorsprechens aussetzen?

Weil bislang niemand einen besseren Weg gefunden hat, eine Rolle zu besetzen. Wenn Sie einen kennen, lassen Sie's uns wissen.

Auch wenn die Auditoren einen Schauspieler kennen, auch wenn sie mit ihm schon zusammengearbeitet haben, ist es viel leichter, herauszufinden, ob er der Richtige ist, wenn er für die Rolle vorspricht. Es ist natürlich keine hundertprozentige Methode, wie könnte eine so subjektive Sache das auch sein? Es ist ein langer und schwieriger Prozess, und es ist sehr teuer und in vieler Hinsicht viel härter für die Auditoren als für die Schauspieler, doch es ist die einzige Methode, die uns zur Verfügung steht.

Es ist für einen Schauspieler möglich, sich in einen Gemütszustand zu versetzen, in dem er das Vorsprechen tatsächlich genießt. Vorsprechen verschafft ihm die Gelegenheit, die Rolle auszuprobieren, zu zeigen, was er kann, sein Handwerk zu verbessern, das euphorische Gefühl zu erleben, das sich einstellt, wenn man etwas Neues ausprobiert und ein Risiko eingeht und eine Herausforderung annimmt, wie ein Bergsteiger, der einen neuen Berg entdeckt.

Die auf den folgenden Seiten beschriebenen Wegweiser helfen Ihnen dabei.

Die zwölf Wegweiser

WEGWEISER NR. 1: BEZIEHUNG

Beziehungen herzustellen ist der Kern der Schauspielkunst. Es ist grundlegend. Es ist wesentlich.

Beginnen Sie mit folgender Frage: In welcher Beziehung stehe ich zu dieser anderen Figur in der Szene, die ich gleich spielen werde? Fakten allein reichen nicht aus, auch wenn sie dabei helfen, einen Anfang zu finden. Stellen Sie fest, ob Sie der Sohn sind und Ihr weibliches Gegenüber die Mutter, Sie der Liebhaber und sie die Geliebte oder Sie der Gatte und sie die Gattin. Nachdem *die Fakten* einer Beziehung Ihnen bekannt sind, sind Sie in der Lage, zu erkunden, welche *Gefühle* Sie gegenüber dem oder der anderen hegen – denn Tatsachen allein liefern Ihnen keine Emotion, mit der Sie arbeiten könnten. Viele Schauspieler geben sich mit dem Faktischen zufrieden: Ich bin ihr Sohn, ich bin ihr Mann. Dabei lernen sie daraus überhaupt nichts, womit sie als Schauspieler arbeiten könnten. Sie müssen sich weiter vorwagen – ins Reich der Gefühle.

Sie müssen sich Fragen über Ihre emotionale Einstellung zu der anderen Figur in der Szene stellen: Lieben Sie sie? Hassen Sie sie? Verachten Sie sie? Wie sehr? Wollen Sie ihr helfen? Wollen Sie sich ihr in den Weg stellen? Was wollen Sie von ihr? Was wollen Sie, dass sie Ihnen gibt? Das sind die Hauptfragen, die Sie stellen sollten. Die Antworten machen es möglich, dass Sie in der Szene emotional funktionieren. Das ist das Ziel.

Oft bekommen Schauspieler nicht das gesamte Skript zu sehen, sondern nur eine Szene oder den Teil einer Szene; oft ist es schwierig, daraus die faktische Beziehung zu erkennen. Es steht nicht auf der Skriptseite, ob die andere Person Ihr Bruder ist oder Ihr Ehemann. Das ist nicht wichtig. Sie müssen natürlich eine Wahl treffen – doch es ist nicht wichtig, ob Sie das Richtige treffen: Wichtig ist, dass Sie sich dem Gefühl, das Sie wählen, ganz und gar hingeben. Die Tatsachen allein helfen Ihnen nicht, nur die emotionale Einstellung. Was nützt es Ihnen, zu wissen, dass die andere Person Ihr Bruder ist, wenn Sie sich nicht entscheiden, welches Gefühl Sie ihm in dieser Szene entgegenbringen? Denken Sie an Ihren Bruder: Es hat Zeiten gegeben, in denen Sie ihn geliebt haben, und andere, in denen Sie so wütend auf ihn waren, dass Sie ihn hätten umbringen können. Und es hat Zeiten gegeben, wo beide Reaktionen in einer Szene auftauchten!

Ich frage eine Schauspielerin, nachdem sie die Szene gelesen hat: »In welcher Beziehung stehst du zu ihm?«, und sie antwortet: »Er ist mein Mann.« »Na und?«, frage ich.

Sie ist verblüfft. »Er ist mein Mann« ist alles, was sie sich überlegt hat. Es ist nicht genug. Die Tatsache, dass Sie mit einem Mann verheiratet sind, sagt noch gar nichts darüber aus, wie Sie sich ihm gegenüber in diesem Moment in dieser Szene fühlen. Das ist es, was Sie herausfinden müssen. Aus diesem Grunde bleibt die *faktische* Beziehung für den Schauspieler wertlos, solange sie ihn nicht veranlasst, das Gefühl für die Beziehung *in diesem Moment* zu erkunden. Nicht, wie es war, als Sie Hochzeit feierten, und nicht, wie es war, als er seine erste Gehaltserhöhung bekam, sondern wie Sie sich jetzt fühlen. Dieses *Jetzt* ist der Imperativ, den Sie erfüllen müssen.

Beispiel:
Mitten in der Nacht von Paddy Chayefsky
Nehmen wir die Szene zwischen der jungen Frau und ihrem Mann. Sie hat einen jungen, gutaussehenden Kerl geheiratet, und sie haben ein wunderbares Sexleben. Ihr ist jedoch klar geworden,

dass die Beziehung in anderer Hinsicht oberflächlich und wenig gewinnbringend ist. Der Ehemann fährt wegen seiner Arbeit nach Las Vegas; die Frau lernt einen viel älteren Mann kennen und verliebt sich in ihn. Mit ihm erlebt sie Zärtlichkeit und Verständnis, wie sie es bislang in ihrem Leben nicht erfahren hat. Sie schreibt ihrem Mann, sie wolle sich von ihm scheiden lassen, um den älteren Mann zu heiraten. Der Ehemann kommt nach Hause, um herauszufinden, warum sie sich von ihm scheiden lassen und einen Mann heiraten will, der ihr Vater sein könnte, und um sie zurückzugewinnen. Die Frau ist zerrissen zwischen der sexuellen Anziehung, die zu ihrem Ehemann noch besteht, und ihrem Wunsch nach einem besseren Leben mit dem älteren Mann. Beinahe jede Schauspielerin, die diese Szene vorspricht, lässt die sexuelle Anziehung zum Ehemann weg und betrachtet das Ende der Ehe als ein Fait accompli: Ich bin mit dieser Ehe fertig; lass mich in Ruhe; ich bin nicht an dir interessiert; ich werde einen anderen, älteren, klügeren, netteren Mann heiraten. So lauten die Worte. Doch wenn die Schauspielerin die körperliche Anziehung, die zwischen ihr und ihrem Mann immer noch besteht, einfach weglässt und das Gefühl, das er immer noch in ihr erregen kann, nicht zum Einsatz bringt, wird die Szene flach, kalt, ohne Emotion. Es gibt keinen Konflikt, es gibt keine Menschlichkeit; die Szene berührt uns nicht.

Der Autor stellt der Schauspielerin die Worte nicht zur Verfügung; die Figur sagt nicht: »Ich fühle mich immer noch von dir angezogen, obwohl ich von dir frei sein will.« Stattdessen nutzt sie die abweisenden Worte fast ausschließlich dazu, die Tatsache, dass sie sich angezogen fühlt, zu verbergen. Würde sie der Anziehung nachgeben, würde sie sich noch einmal in dieser seichten Beziehung verlieren; deshalb kämpft sie dagegen mit *Worten,* um Gefühle zu verbergen. Natürlich kann die Szene so gelesen werden, als handele sie ausschließlich von Abweisung und Hass; so lesen die meisten Schauspielerinnen sie. Doch so funktioniert sie nicht.

Wenn Sie diese Figur fragen würden, ob sie an ihrem Mann immer noch sexuelles Interesse hat, antwortet sie höchstwahrscheinlich: »Nein! Habe ich nicht!« Aus diesem Grund muss die Schauspielerin mehr wissen als die Figur.

Wie findet man es heraus? Indem Sie sich selbst – eine junge und attraktive Frau – in die Lage der Figur versetzen. Sie haben einen Ehemann, der sehr sexy ist, mit dem Sie im Bett jedes Mal eine tolle Zeit hatten; stellen Sie ihm den älteren Mann gegenüber, der für Sie eine Vaterfigur ist, mit dem Sie nie im Bett gewesen sind, den Sie aber respektieren und mit dem Sie eine große Nähe und Wärme erlebt haben, mit dem Sie reden können, wie Sie mit Ihrem Ehemann nie reden konnten. Legen Sie beide Gefühle in die Szene: Erzeugen Sie den Konflikt zwischen dem *Begehren* für Ihren Mann, dem Wunsch, jetzt gleich mit ihm ins Bett zu gehen, und Ihrer Entschlossenheit, mit dem älteren Mann eine bessere, bedeutungsvollere Beziehung einzugehen. Erzeugen Sie die Emotionen so, wie Sie fühlen, nicht, wie Ihrer Meinung nach die Figur fühlen würde (das führt Sie zu weit weg von Ihren eigenen Gefühlen, und die werden Sie in der Szene einsetzen müssen, auch wenn Sie *die Figur* noch so sehr studieren und analysieren).

Diese Szene aus *Mitten in der Nacht* belegt meine These, dass jede Szene eine Liebesszene ist. Der Schauspieler muss in jeder Szene fragen: »Wo ist die Liebe?«, sonst kann er den tiefsten emotionalen Gehalt nicht finden. Das heißt nicht, dass es in jeder Szene um Liebe von der Romeo-und-Julia-Art geht; häufig handelt die Szene von dem Fehlen oder dem Entzug von Liebe. Durch die Frage: »Wo ist die Liebe?«, werden Sie eine Antwort finden, die Sie auf direktere Art emotional in die Szene verwickelt, als wenn Sie diese Frage nicht stellen. Als Schauspieler sollten Sie stets nach der direktesten Möglichkeit eines emotionalen Engagements in der Szene Ausschau halten: Wie werde ich *in diesem Moment* emotional verstrickt sein – nicht morgen oder nächste Woche.

Ich stelle der Schauspielerin und dem Schauspieler, die gerade für diese Szene aus *Mitten in der Nacht* vorgesprochen haben, Fragen:

MS: *Wo ist in dieser Szene die Liebe?*

FRAU: *Ich liebe meinen Mann nicht mehr. Ich liebe den älteren Mann. Nein, ich bin mir nicht sicher, ob ich den älteren Mann liebe. Ich habe große Zweifel. Ich* ***würde*** *ihn gerne lieben, aber ich glaube es eigentlich nicht.*

MS: *Also gibt es in der Szene keine Liebe?*

FRAU: *Eigentlich nicht.*

MS: *Dann gibt es kaum etwas, womit Sie arbeiten könnten. Beantworten Sie jede Frage nach der Liebe in der Szene mit Ja – und dann sagen Sie mir, was Sie fühlen.*

FRAU: *Sie meinen, ja, ich liebe meinen Mann, und ja, ich liebe den älteren Mann? Ich liebe sie beide?*

MS: *Ist das nicht viel lebendiger? Erzeugt das nicht einen Konflikt in Ihnen, und ist nicht Konflikt genau das, was ein Schauspieler beim Vorsprechen anstreben sollte? Um etwas Substantielles zu haben, mit dem er arbeiten kann? Natürlich müssen Sie die Fragen nach der Liebe immer mit Ja beantworten! Dadurch erhalten Sie eine tiefe emotionale Verstrickung. Wie können Sie etwas bekommen, womit Sie arbeiten können, wenn Sie Nein sagen?*

FRAU: *Wie kann ich zwei Männer gleichzeitig lieben?*

MS: *Sie haben heute eine Entdeckung gemacht: Leute können in zwei Menschen zugleich verliebt sein. Vielleicht denken alle so wie Sie: Das darf nicht sein, ich kann nicht zwei Menschen gleichzeitig lieben. Doch es kommt vor.*

FRAU: *Macht mich das nicht oberflächlich, wankelmütig?*

MS: *Nicht, wenn Sie nicht beschließen, dass es so sein soll. Ich würde darüber keine Entscheidung treffen. Ich würde entscheiden, dass ich dringend Liebe brauche, dass ich die richtige Wahl treffen muss, dass ich zwischen den beiden Männern zerrissen bin und dass ich den wählen möchte, mit dem ich glücklich werden kann.*

FRAU: *Liebe ich sie auf die gleiche Weise?*

MS: *Nein, natürlich nicht. Nennen Sie mir die Unterschiede.*

FRAU: *Ich liebe den älteren Mann, weil er freundlich und aufmerksam ist und sanft. Ich kann mit ihm reden. Ich respektiere ihn. Doch ich liebe meinen Mann, weil er jung und sexy ist und irgendwie aufregend, nehme ich an.*

MS: *Nehmen Sie nicht an. Sagen Sie Ja.*

FRAU: *Ja, ich finde ihn aufregend im Bett. Aber wenn wir nicht gerade im Bett sind, haben wir uns nichts zu sagen, was der Grund dafür ist, warum die meisten Ehen scheitern. Sex allein reicht nicht.*

MS: *Gut. In der Liebe zu Ihrem Mann steckt von Anfang an ein Konflikt; das verschafft Ihnen reichlich Material, mit dem Sie arbeiten können.*

FRAU: *Auf der anderen Seite frage ich mich, wie mein Sexleben mit dem älteren Mann aussehen würde. Er ist nicht besonders attraktiv, und er spricht mich sexuell nicht an. Kann man eine Ehe auf Respekt und Rücksichtnahme allein gründen, ohne dass Spannung hinzukommt?*

MS: *Ausgezeichnet.*

FRAU: *Aber wie werde ich mich entscheiden?*

MS: *Das kommt am Ende des Stücks. Vielleicht ist eine Entscheidung in dieser Szene überhaupt nicht relevant. Wichtig ist, diese Fragen beim Vorlesen* ***aktiv*** *werden zu lassen: Stellen Sie die Fragen immer wieder. Eine Entscheidung zu wollen ist aktiver, als zu entscheiden.*

FRAU: *Also versuche ich diesen Konflikt in dieser Szene mit meinem Mann zu lösen, richtig? Ich versuche, die vernünftigste Lösung zu finden. Ich weiß bereits, dass eine Wahl aufgrund sexueller Anziehung für mich nicht funktioniert hat, also will ich mich für den älteren Mann entscheiden, deshalb sage ich: »Geh weg«, und »Ich gehe jetzt ins Haus«, und bleibe trotzdem draußen mit ihm.*

MS: *Der* ***Prozess,*** *eine emotionale Entscheidung herbeizuführen, ist immer dramatischer, als das Ziel zu erreichen.*

Dann stelle ich dem jungen Ehemann ein paar Fragen:

MS: *Wo ist in dieser Szene die Liebe?*

JUNGER EHEMANN: *Als ich die Szene las, dachte ich, es handelte sich ausschließlich um einen Egotrip dieses Typs, der sich in seinem Stolz verletzt fühlt, weil seine junge, attraktive Frau ihn wegen eines älteren Mannes verlassen will. Doch nachdem ich Sie mit ihr habe reden hören, fange ich an zu verstehen, dass ich ein viel tieferes Gefühl erziele, mit dem ich arbeiten kann, wenn ich wähle, dass ich sie liebe.*

MS: *Richtig.*

JE: *Also, ich liebe sie und bin nach Hause gekommen, um sie zurückzugewinnen.*

MS: *Werfen Sie Ihre Idee mit dem Egotrip nicht über Bord. Ergänzen Sie sie um die Idee, dass Sie sie lieben.*

JE: *Ah. Sie meinen: Du kannst mich doch nicht mit einem älteren Mann vergleichen – natürlich bin ich begehrenswerter als er.*

MS: *Genau.*

JE: *Und ich bin überzeugt, dass sie nachgeben wird, wenn ich sie in die Arme nehme. Wenn ich das mache, werde ich sie ins Bett bekommen, und sie wird so geblendet sein, dass sie den alten Mann ganz vergisst.*

MS: *Eine gute Auswahl. Und wo ist der Konflikt?*

JE: *Sie will jemanden Vernünftigen heiraten, der ganz anders ist als ich.*

MS: *Richtig. Mehr.*

JE: *Mehr Konflikt? Oh. Sie hat mich betrogen, während ich in Las Vegas arbeitete. Wie konnte sie mir das antun?*

MS: *Ausgezeichnet. Mehr.*

JE: *Ich bin besser im Bett als er.*

MS: *Gut. Mehr.*

JE: *Auch wenn ich dich zurückhaben will, glaube bloß nicht, du könntest mich festbinden. Ich will dich festbinden, du musst mir treu sein. Aber ich als Mann muss mich austoben, und du kannst von mir nicht erwarten, dass ich dir treu bin.*

MS: *Gute Auswahl. Jetzt hat die Szene viele Konfliktebenen für Sie beide.*

Nehmen Sie irgendeine Szene zwischen Mutter und Tochter in Shelagh Delaneys *Bitterer Honig*; auf dem Papier sieht es aus wie ein einziger langer Kampf, in dem die Tochter bei jeder Wendung gegen die Mutter kämpft. Auf die Frage: »Wo ist die Liebe in dieser Szene?«, antworten die meisten Schauspielerinnen, es gebe keine; ihre Wiedergabe der Szene ist dann auch gereizt, kalt, zurückgenommen – und deshalb weder angenehm noch interessant. Man muss sich vergegenwärtigen, dass die Tochter sich nach der Liebe der Mutter sehnt, immer das Gefühl hat, sie nicht zu bekommen, und dennoch weiter darum kämpft. Dann erhalten Sie eine Szene, in der Jo aktiv und emotional statt kalt und losgelöst ist. Vergegenwärtigen Sie sich, dass die Mutter sich sehr schuldig fühlt, weil sie der Tochter nicht so viel Liebe schenken kann, wie sie sollte; dass auch sie sich immer wieder bemüht, auch wenn sie scheitert; dass sie bei jedem Besuch kämpft, die Tochter auf ihre Seite zu ziehen. Da die Mutter es gewohnt ist, von den Männern gemocht zu werden, will sie auf die gleiche

Weise von der Tochter gemocht werden, und sie versucht Jo unter Einsatz aller Mittel zu gewinnen, so wie sie gewöhnlich Männer gewinnt. Machen Sie sich darüber hinaus klar, dass die Mutter sehr charmant und komisch ist und dass auch Jo sie charmant und komisch findet, und Sie erhalten eine Szene, die warm und komplex ist. Die meisten Schauspielerinnen vergessen die Liebe in *Bitterer Honig*, und wir sehen Szenen voller Verdrießlichkeit und Geschrei, die alle auf einer einzigen Ebene spielen: der eines ermüdenden Küchendramas. Legen Sie Liebe hinein, und es kann komisch und warmherzig werden.

Oder nehmen Sie Chance Wayne und die Prinzessin in *Süßer Vogel Jugend* von Tennessee Williams. Es ist eindeutig, dass Chance die Prinzessin manipuliert, um in Hollywood eine Chance zu bekommen und selbst ein Filmstar zu werden.

Sie benutzt ihn, weil er ihr vorübergehend Vorteile verschaffen kann. Wo ist hier Liebe? Er will, dass sie ihn liebt, denn dann wird sie alles tun, um seine Filmkarriere zu fördern. Sie will, dass er sie liebt, damit sie sicher sein kann, dass er hier ist, wenn sie ihn braucht. Keiner der beiden gibt Liebe, beide fordern Liebe vom anderen. Es ist eine gehaltvolle Liebesszene. Obwohl beide völlig narzisstisch und egoistisch sind, wollen sie Liebe. Nichts anderes würde ihnen das bieten, was sie brauchen, um an ihr Ziel zu gelangen.

Was mich oft überrascht hat, ist die Tatsache, dass die meisten Schauspieler (und, wie ich annehme, die meisten Leute) Liebe als etwas überwiegend Idealistisches und Altruistisches sehen. Wenn ich von Helen und Jo in *Bitterer Honig* oder von der Prinzessin und Chance in *Süßer Vogel Jugend* spreche, sagen sie: »Also das würde ich nicht als Liebe bezeichnen!«, weil sie es nicht gutheißen können. Solange Sie Ihre Vorstellung von Liebe nicht erweitern und all die merkwürdigen oder perversen Formen einbeziehen, die Liebe in menschlichen Beziehungen annehmen kann, werden Sie es als Schauspieler sehr schwer haben, sich in einer Szene emotional zu engagieren. Der Wunsch nach Liebe – Liebe zu schenken oder Liebe zu empfangen, am liebsten beides gleichzeitig – ist die Hauptantriebskraft des Menschen. Ein Schauspieler tut gut daran, zu begreifen, dass Liebe in allen möglichen Formen in Erscheinung tritt – in viel mehr Formen als nur in jenen, die er selbst gutheißt.

Ein Schauspieler kann nicht spielen, wenn er zu der anderen Person, die mit ihm auf der Bühne steht, keine Beziehung herstellt. Manche Schauspieler – Glückspilze – tun es instinktiv. Doch wenn die Instinkte nicht funktionieren, wie sie sollen, muss ein Schauspieler als Erstes eine Reihe von Fragen zu dieser Beziehung stellen und auf Antworten bestehen, die hundertprozentig emotional sind und ihn zu einem hundertprozentigen emotionalen Engagement führen.

Dieses hundertprozentige Engagement ist es, was eine gute Darstellung ausmacht. Eine Beziehung aus Bedürfnis und Liebe herzustellen macht die Szene für die Zuschauer glaubwürdig.

Wegweiser Nr. 2:

WOFÜR KÄMPFEN SIE? KONFLIKT

Schauspieler, so heißt es, haben die Angewohnheit, eine Szene in »beats« zu unterteilen und dann für jeden Beat, das heißt für jeden Abschnitt, ein Motiv und ein Ziel zu finden. Auch wenn ich mit dieser Methode einverstanden bin, finde ich, dass sie nicht weit genug geht. Wenn ich einen Schauspieler frage, was in einer Szene sein Ziel ist, erhalte ich häufig die Antwort: »Ich will von dieser Person wegkommen. Ich will aus dem Zimmer laufen.«

Ich frage: »Warum laufen Sie dann nicht? Was hält Sie hier?« Die Antwort auf diese Fragen ist das, was einen Schauspieler in der Szene überzeugend wirken lässt. Will ein Schauspieler weglaufen, schiebt er sich immer mehr zur Tür heran; trotz allen emotionalen Engagements ist er praktisch nicht auf der Bühne, wenn Weglaufen sein Ziel ist. Und das ist es oft!

Deshalb schlage ich vor, statt von *Ziel* oder *Motiv* zu sprechen oder einen der anderen gebräuchlichen Begriffe zu verwenden, lieber zu fragen: »Wofür kämpfe ich?« Der Schauspieler muss eine positive Motivation finden, da sie ihm eindringlichere, stärkere, emotionalere Möglichkeiten bietet als eine negative Wahl. Wirkt eine Figur an der Oberfläche zum Beispiel negativ oder träge, kann sich der Schauspieler mit dieser äußeren Erscheinung nicht zufriedengeben; er muss tiefer eindringen in die stärksten, die positivsten Motive der Figur. Die Geschichte von Tschechows *Drei Schwestern* handelt nicht von drei Schwestern, die es nicht schaffen, nach Moskau zu gehen; sie handelt davon, wie sie durch das ganze Stück hindurch unter Einsatz aller Kräfte darum kämpfen, nach Moskau zu kommen.

In vielen Tschechow-Stücken sagt eine Figur: »Ich langweile mich«, doch ein Schauspieler kann Langeweile nicht spielen, ohne langweilig zu wirken. Er muss herausfinden, was die Figur anstelle des gelangweilten Zustands, in dem sie steckt, haben will; und darum muss er kämpfen. Ich verwende das Wort *kämpfen,* denn der Schauspieler muss das stärkste, positivste Ziel finden. Etwas, was darunter liegt, reicht nicht aus.

Ein Schauspieler muss in jeder Szene etwas wählen, was so aktiv wie irgend möglich ist. Es gibt keine passive Szene, keine Szene, die einer anderen Figur gehört, wenn Sie in ihr sind; keine, in der Sie die Nebenrolle spielen und der andere der Star ist: das sind veraltete Vorstellungen vom Showbusiness, die nicht zu einer wahrhaftigen und harmonischen Produktion beitragen. Nur wenn jeder Schauspieler in jeder Szene sich innerhalb dessen, wofür *er* kämpft, für die stärkste Möglichkeit entscheidet, erwacht ein Stück zum Leben.

Wie aber erreichen wir Ausgewogenheit, wenn jedermann auf der Bühne steht und sich mächtig ins Zeug legt für das, wofür er kämpft? Durch Beziehung. Durch das Geben und Nehmen einer Beziehung, durch Rücksichtnahme auf die andere Figur in der Szene, durch Sensibilität für ihre Reaktion auf das, wofür Sie kämpfen, durch eine erhöhte Aufmerksamkeit für die anderen und Ihre Wirkung auf sie und ihre Wirkung auf Sie: eine Aufmerksamkeit für andere Menschen, die schärfer ist als jene, die Sie ihnen im normalen Leben entgegenbringen.

Ein Schauspieler sucht den Konflikt. Konflikt ist das, was Drama erzeugt. Dramen werden nicht über unser alltägliches Leben geschrieben oder über Momente der Ruhe und Gelassenheit, sondern über das Außergewöhnliche, das Aufsehenerregende, die Höhepunkte. Immer wieder bin ich überrascht, wenn ich sehe, wie Schauspieler versuchen, den Konflikt, der unter der Oberfläche einer Szene lauert, herauszubügeln, ihn flach zu machen, statt ihn zu vertiefen. Vielleicht haben die Schauspieler es durch ihre Alltagserfahrung ganz und gar verinnerlicht, Schwierigkeiten zu vermeiden, und es ist ihnen nicht bewusst, dass sie danach suchen müssen. Je mehr Konflikt sie finden, desto interessanter ist die Wiedergabe des Stücks.

Wonach Sie Ausschau halten müssen, ist maximaler Konflikt. Wer versucht Sie daran zu hindern, das zu bekommen, wofür Sie kämpfen? Kämpfen Sie mit ihm, streiten Sie mit ihm, machen Sie ihm den Hof, betören Sie ihn, beschimpfen Sie ihn. Versuchen Sie so viele *Wege* wie möglich zu finden, an das zu kommen, wofür Sie kämpfen. Je mehr Möglichkeiten Sie finden, desto interessanter wird Ihre Darstellung. Schließlich liegt in der Abwechslung die Würze des Lebens.

Wir kämpfen unser Leben lang: Immer *wollen* wir etwas. Noch in tiefster Verzweiflung, kurz bevor wir uns vom Empire State Building stürzen, wollen wir etwas, und jemand oder etwas verhindert, dass wir es bekommen. Wir wissen, das Leben ist voller Hindernisse; und darüber werden Dramen geschrieben. Was wie eine Niederlage aussieht, ist immer nur eine andere Art zu kämpfen. Der Selbstmörder kämpft gegen die ganze Welt, weil sie ihm nicht gab, was er wollte; der Mörder bringt nur einen um. Doch da wir immer etwas wollen, kämpfen wir immer, gleichgültig, wie versteckt es geschieht. Der Schauspieler muss herausfinden, was für jede Figur in jeder Szene der grundlegende Kampf ist. Die verschiedenen *Art und Weisen,* in denen dieser Kampf ausgetragen wird, erhöhen das Interesse.

Denken Sie daran: Alle Wegweiser sind Möglichkeiten, eine Beziehung herzustellen und sie auszuleben. Es gibt keine lebendigere Möglichkeit, eine Beziehung herzustellen, als sie mit dem zu füllen, für das Sie kämpfen!

Beispiel:
Wofür kämpfen Sie in der Beziehung?
Die Glasmenagerie von Tennessee Williams
Amanda kommt nach Hause, nachdem sie erfahren hat, dass ihre verkrüppelte Tochter Laura seit einigen Wochen nicht mehr an dem Sekretärinnenkurs teilgenommen hat, in den Amanda sie eingeschrieben hatte und für den sie die Gebühren bezahlt. Laura verließ jeden Morgen das Haus, angeblich, um zur Schule zu gehen; doch sie kann nicht hingehen, weil sie sich der Schule schämt, genau wie sie sich ihres verkrüppelten Beins schämt. Stattdessen verbringt sie ihre Tage im Park oder in der Bibliothek. Ich befrage die beiden Schauspielerinnen, die die Szene gerade vorgetragen haben.

MS: *Laura, welche Beziehung haben Sie zu Amanda?*
LAURA: *Sie ist meine Mutter. Deshalb liebe ich sie natürlich sehr. Ich will, dass sie glücklich ist.*
MS: *War es richtig von ihr, Sie zur Sekretärinnenschule zu schicken?*
L: *Ja. Es war sehr böse von mir, nicht hinzugehen.*
MS: *Dann hast du also ganz und gar unrecht?*
L: *Ja. Ich sollte lernen, meinen Lebensunterhalt zu verdienen. Sie versucht, mir zu helfen.*
MS: *Ist die Sekretärinnenschule die einzige Möglichkeit für Sie, zu lernen, Ihren Lebensunterhalt zu verdienen?*
L: *Ja.*
MS: *Wenn Sie so schuldig und im Unrecht sind, wann haben Sie dann überhaupt einmal recht?*
L: *Ich liebe sie und meinen Bruder.*
MS: *Was wollen Sie für sich selbst?*
L: *Meine Mutter zufriedenstellen.*
MS: *Gut. Was noch?*
L: *Das ist alles.*

MS: *Wollen Sie sich nicht selbst zufriedenstellen?*

L: *Wenn meine Mutter zufrieden ist, bin ich auch zufrieden.*

MS: *Gut. Einverstanden. Doch Sie müssen mehr wollen, etwas für sich selbst.*

L: *Aber das ist alles, was ich will.*

MS: *Sie begrenzen die Figur zu sehr. Haben Sie keine Träume?*

L: *Ah, ich verstehe. Ich träume von Jim, dem Gentleman-Verehrer, der kommt und mich heiratet. Das würde meine Mutter glücklich machen und mich auch.*

MS: *Dann brauchten Sie nicht Maschinenschreiben zu lernen.*

L: *Genau.*

MS: *Also könnte Ihre Mutter doch unrecht haben, wenn sie Sie zwingt, tippen zu lernen. Sie gehen in die Bibliothek, in den Park, Sie betrachten die Blumen im Schaufenster. Sie könnten in einem Blumenladen arbeiten oder in der Bibliothek; dann müssten Sie nicht Maschinenschreiben lernen.*

L: *Aber dann würden die Leute mich sehen, und sie könnten sehen, dass ich hinke.*

MS: *Sie sehen Sie jetzt auch, wenn Sie in den Park oder in die Bibliothek gehen; auch dort gibt es Leute, die Sie sehen.*

L: *Aber sie wissen nicht, wer ich bin.*

MS: *Wollen Sie nicht, dass man Sie kennt?*

L: *Nein. Ich bin sehr schüchtern.*

MS: *Ah, hier liegt das Problem! Sie sind sehr schüchtern. Wie gehen Sie als Schauspielerin damit um?*

L: *Ich habe Angst, Leute anzusehen, mein Blick richtet sich zu Boden, ich umklammere meine Hände, ich spreche sehr leise.*

MS: *Haben Sie verstanden, was Sie eben sagten? Eine ganze Liste negativer Handlungen, von denen keine einzige Ihnen auch nur einen Deut beim Lesen der Rolle hilft. Bei der Probe könnten diese Dinge brauchbar sein, weil sie körperlich Schüchternheit zum Ausdruck bringen – das müsste mit dem Regisseur genau* *ausgearbeitet werden. Doch beim Vorlesen hindern sie Sie nur. Nichts, **für** das Sie arbeiten könnten – nur eine Liste von Negationen.*

L: *Aber Laura ist sehr scheu, sie hat schreckliche Angst vor ihrer Mutter; andere Leute jagen ihr **wirklich** Angst ein.*

MS: *Stimmt alles. Nützt Ihnen aber beim Vorsprechen alles nichts. Wollen Sie wissen, was ich gesehen habe? Eine Schauspielerin, die zu Boden sieht, mit nach innen gedrehten Füßen, die ich nicht hören konnte. Eine Schauspielerin, die halb tot, lustlos aussah, ohne Humor, ohne Charme, ohne Ausstrahlung. Erwarten Sie, dass ich eine solche Schauspielerin für meine Produktion haben möchte?*

L: *War es wirklich so schlecht?*

MS: *Es war so schlecht. Fast immer lesen Schauspielerinnen die Rolle der Laura so, weshalb sie so schwer zu besetzen ist. Diese Rolle enthält eine Menge Fallen, und Sie sind in alle hineingetappt.*

L: *Was muss ich anders machen?*

MS: *Alle diese negativen Merkmale, die Sie aufgezählt haben, können nur wirksam sein, wenn sie einen **Gegensatz** bilden zu einem Bedürfnis in Ihnen, für das sie **kämpfen.** Die Laura, die Sie beschreiben, hat den Kampf schon lange aufgegeben; sie ist tot. Wer will ein Stück über ein innerlich totes Mädchen ohne Hoffnung sehen? Und doch ist das die Laura, die Schauspielerinnen am liebsten präsentieren. Sagen Sie mir, wofür Sie kämpfen könnten.*

L: *Liebe.*

MS: *Von wem?*

L: *Dem Gentleman-Verehrer.*

MS: *Schön und gut. Der ist aber leider nicht in der Szene. Ihre Mutter ist es.*

L: *Aber sie liebt mich doch.*

MS: *Auf die richtige Art und Weise?*

L: *Ah! Sie sollte mich auf die Art und Weise lieben, wie ich von ihr geliebt werden will?*

MS: *Richtig. Es ist schwer, von Ihnen etwas Positives zu hören zu bekommen. Strengen Sie sich ein bisschen mehr an, etwas Positives zu finden.*

L: *Okay. Ich will, dass sie mir zuhört. Ich will, dass sie versteht, was ich will: im Blumenladen oder mit Kindern zu arbeiten. Ich würde so gern mit Kindern arbeiten! Ein Büro würde mir Angst einjagen, doch mit Kindern könnte ich wunderbar arbeiten. Ja, ich will, dass meine Mutter das versteht: Mein Traum sind Kinder.*

MS: *Hervorragend. Sehen Sie jetzt, Laura, dass wir nicht für die Wirklichkeit leben, sondern für unsere Fantasien, unsere Träume von dem, wie es sein könnte. Wenn wir für die Wirklichkeit leben würden, wären wir tot. Wir alle. Nur wegen unserer Träume machen wir weiter.*

L: *Ich sollte also durch die ganze Szene hindurch darum kämpfen, dass Amanda* **mich** *sieht statt des Bildes, das sie sich von mir gemacht hat. Ich sollte darum kämpfen, ihr endlich zu sagen, was mich glücklich machen würde. Ich bin nicht im Unrecht, wenn ich die Sekretärinnenschule hasse: Sie ist im Unrecht. Ich fühle mich schlecht, weil ich sie im Stich gelassen habe und weil ich sie belogen habe. Aber wenn sie mir einmal zuhören und hören würde, wovon ich träume, müsste ich sie nicht belügen. Meine Mutter ist eine starke, dominante Frau, und ich muss lernen, ihr entgegenzutreten, oder mein Traum von der Arbeit mit Kindern, das, was mein Glück ausmachen würde, wird sich nie erfüllen.*
Ich erzähle Ihnen noch einen geheimen Traum: Ich glaube, wenn ich mit Kindern arbeiten würde, würde eines Tages ein Mann kommen, ein Mann, der seine Frau verloren hat, und er würde sehen, wie gut ich mit den Kindern zurechtkomme, und er würde sich in mich verlieben, und wir würden heiraten.

MS: *Wunderbar! Jetzt wissen Sie, wofür Sie in dieser Szene kämpfen. Jetzt wissen Sie, wie die emotionale Beziehung zu Ihrer Mutter aussieht.*
Amanda, welche Gefühle haben Sie gegenüber Ihrer Tochter?

AMANDA: *Ich liebe sie sehr, doch ich sorge mich zu Tode um sie; sie ist so unpraktisch, sie kann sich nicht um sich selbst kümmern, sie ist eine solche Träumerin. Ich bin die, die immer realistisch sein muss, auch wenn ich es gar nicht will; aber beide meiner Kinder sind so idealistisch und verträumt, weder er noch sie hat auch nur einen Funken gesunden Menschenverstand.*

MS: *Sehr gut. Wofür kämpfen Sie?*

A: *Dafür, dass sie endlich zu Verstand kommt und begreift, dass sie ihren Lebensunterhalt verdienen muss.*

MS: *Und Sie sind darin im Recht, dass es als Sekretärin sein muss?*

A: *Absolut.*

MS: *Das ist auch alles, was ich in Ihrer Szene gesehen habe. Dass Sie recht haben, und alle anderen haben unrecht. Vor allem Laura. Was ich sah, war eine schrille Frau, die schreit und brüllt, voll von Empörung und Selbstmitleid.*

A: *Aber das trifft doch alles auf Amanda zu!*

MS: *Richtig. Tut es auch. Wenn das ungefähr die Hälfte dessen ausgemacht hätte, was wir zu sehen bekommen haben – gut. Aber es war* ***alles.***

A: *Was habe ich weggelassen?*

MS: *Sie haben weggelassen, wie sehr Sie Laura brauchen.*

A: *Ich will, dass sie zur Vernunft kommt.*

MS: *Mehr. Das stimmt. Aber mehr.*

A: *Ich muss versuchen, sie zu verstehen. Was geht in ihrem Kopf vor? Ah, das Geheimnis, ja? Sie ist sehr geheimnisvoll für mich; sie versteckt sich vor mir, immer versteckt sie sich vor mir. Deshalb würde ich gern herausfinden, was in ihr vorgeht. Ja, das ist gut.*

MS: *Sehr gut. Was gefehlt hat, war ein Gefühl dafür, dass Sie sie lieben, dass sie neugierig sind auf sie. Alles, was ich sah, war eine besserwisserische Frau, doch keine Wissbegierde.*

A: *Ich verstehe. Mir ist noch etwas eingefallen, warum ich Laura brauche: Romantik. Ich habe diese Träume, dass Laura einen*

Ehemann findet, einen wunderbaren Mann, der sich um sie kümmern wird. Ich war ein sehr romantisches Mädchen, mit vielen Verehrern, und es tut mir wirklich weh, zu sehen, dass Laura keine Verehrer hat; aber wenn sie einen Mann finden könnte, einen, der sensibel genug wäre, ihr Hinken zu übersehen und ihre liebenswerten und edlen Eigenschaften zu schätzen, wäre ich zufrieden.

MS: *Das ist wunderbar. Warum haben Sie das nicht in die Szene gebracht?*

A: *Ich habe versucht, stark zu sein. Ich dachte, diese Dinge würden mich weich und rührselig machen.*

MS: *Deshalb gibt es so wenig Romantik in unserer Welt: heutzutage glaubt jeder, Romantik wäre Schwäche. Dabei träumt jeder heimlich von Romantik – dafür leben wir alle. Misstrauen Sie nicht den romantischen Träumen; nichts ist stärker. Wenn Sie sie in die Szene gebracht hätten, wäre Amanda vielschichtiger, ausdrucksstärker und anziehender geworden. Suchen Sie immer nach dem Gegensätzlichen. Vertrauen Sie darauf, dass eine romantische Vorstellung ein starkes Motiv ist. Zärtlichkeit ist stärker als Geschrei. Wann immer Sie zwei Dinge haben, die sich zu widersprechen scheinen,* ***tun Sie beides.***

Beispiel:

Auf so viele Weisen wie möglich um das, was Sie wollen, kämpfen.

A Palm Tree in a Rose Garden von Meade Roberts

Barbara und Charlie haben eine Beziehung, in der sich beide arrangiert haben; das heißt, für Charlie ist sie sehr praktisch, während Barbara sich nicht sicher ist, ob die Beziehung eine Zukunft hat. Im Moment ist sie froh, jemandem nahe zu sein und von ihm auf Hollywood-Partys mitgenommen zu werden. Diese Szene spielt nach einer solchen Party; sie findet heraus, dass Charlie ehrgeizige Pläne hat, in denen sie nicht vorgesehen ist. Er wird mit einem Produzenten nach Rom fliegen, und er hat den Produzenten nicht gebeten, auch Barbara eine Rolle in dem Film zu geben. Die Schauspieler, die vorlasen, gaben die Szene auf eindrucksvolle Weise wieder; es war dramatisch und explosiv. Sie stellte eine Beziehung zu ihm her, die darauf beruhte, dass sie ihn braucht; er war sehr hart und dominierend, zeigte keinerlei Wärme und war nicht sonderlich liebenswert. Wie diskutierten, wie wir Wege finden könnten, die Arbeit zu vertiefen und zu bereichern.

MS: *Was wählen Sie, um Ihre Beziehung zu charakterisieren?*

Barbara: *Ich brauche ihn. Ich brauche ihn für meine Karriere, weil ich glaube, er kann mir dabei helfen. Ich brauche ihn, weil ich einsam bin und weil er mich aufbaut und mich ermutigt, weiter darum zu kämpfen, Schauspielerin zu werden.*

MS: *Sind Sie in ihn verliebt?*

B: *Wir haben eine Freundschaft, die auf Vernunft beruht. Ich verlasse mich immer mehr auf ihn; er wird zum Mittelpunkt meines Lebens.*

MS: *Gute Auswahl. Deshalb funktionierte diese zweite Szene so gut. Aber Sie sind nicht in ihn verliebt?*

B: *Ich liebe ihn, aber ich bin nicht in ihn* ***verliebt.***

MS: *Warum nicht?*

B: *Ich weiß, dass er Männer vorzieht.*

MS: *Was hat das damit zu tun?*

B: *Es wäre sinnlos, sich in ihn zu verlieben.*

MS: *Frauen verlieben sich oft in Homosexuelle.*

B: *Ich bin keine solche Frau. Ich weiß zu viel über Männer wie ihn.*

MS: *Verstehen Sie, was Sie hier machen, wenn Sie so reden? Sie begrenzen sich selbst, wenn Sie sagen: »Ich bin keine Frau, die sich in einen Schwulen verliebt.« Sie schließen damit eine starke Emotion aus, die Sie für diese Szene hätten wählen können.*

B: *Sie meinen, es wäre stärker, gerade wenn eine Frau wie ich – die von ihrer Arbeit her Homosexuelle gut kennt – sich in einen ver-*

lieben würde? Es erwischt mich schlimmer, gerade weil ich mich für immun gehalten habe – und jetzt sitze ich doch in der Falle. Ja, ich verstehe, dass das eine gewinnbringende Entscheidung wäre. Außerdem ist wohl tief drin jede Frau davon überzeugt, sie könnte einen Homosexuellen bekehren und ihm das einzig Wahre zeigen, nicht wahr?

MS: *In manchen Frauen scheint das sehr stark zu sein.*

B: *Ich bin nicht darauf gekommen, weil ich in der Szene seine sexuellen Neigungen als selbstverständlich betrachte. Aber das könnte einfach ein schlaues Manöver sein, wie ich mit der Sache umgehen und ihn dennoch auf meine Seite ziehen kann.*

MS: *Wie, glauben Sie, haben Sie die Betrunkenheit eingesetzt?*

B: *Sie macht mich direkt. Ich verliere meinen Stolz, ich bettle um das, was ich will.*

MS: *Sehr gut. Aber ich finde, so wie Sie Betrunkenheit einsetzen, ist es zu negativ.*

B: *Wie kann ich ein gutes Gefühl haben, wenn ich betrunken bin und mein Freund mich verlassen will?*

MS: *Spielen Sie ein Spiel: Sie beharren darauf, dass Sie eine wunderbare Lösung gefunden haben, die Sie glücklich macht und die ihn glücklich macht. Indem Sie gegen die Zeilen anspielen, laut denen Sie sich in Ihrem Unglück suhlen und schniefen und bitten und betteln. Diese Dinge haben Sie sehr schön gemacht, doch ich habe das Positive vermisst, das Ihnen bessere Wahlmöglichkeiten geboten hätte. Ihre Arbeit hätte ein viel breiteres Spektrum abgedeckt, wenn sie das Positive gefunden hätten und somit mehr Wege, ihn dazu zu bringen, das zu tun, was Sie wollen. Was Sie gemacht haben, war sehr wirkungsvoll, doch nach einer Weile wurde es vorhersehbar; es ist Ihnen nicht gelungen, ausreichend Humor in der Szene zu entdecken, genügend Spiele, mit denen Sie ihm schmeicheln, ihn überreden hätten können, Sie mit nach Rom zu nehmen. Sehr bald haben Sie sich wiederholt, und das können Sie sich bei einem Vorlesen eigentlich nicht leisten: Sie müssen so viele Wege wie möglich finden, ihn zu erreichen. Sie haben sich mit zu wenig zufriedengegeben.*

B: *Ich hätte auch ein Geheimnis einsetzen können.*

MS: *Ja. Und wie?*

B: *Ich hätte andeuten können, dass ich etwas weiß, was ich anderen Leuten weitersagen werde, wenn er nicht nett zu mir ist. Ich könnte es so andeuten, dass er einen Schreck bekommt, während ich die ganze Zeit so tue, als stünde ich auf seiner Seite und als würde ich niemals etwas tun, was ihm schadet. Natürlich würde ich ihm wehtun; ich will es, um mich dafür zu rächen, dass er mir wehgetan hat. Diese Gegensätze hätte ich in der Szene spielen können: Ich würde dir nie wehtun – ganz bestimmt werde ich dir wehtun, wenn du nicht nett zu mir bist. Dann wüsste er nie, was ich als Nächstes tun werde – und auch das Publikum wüsste es nicht.*

MS: *Eines der besten Ergebnisse, das man erzielt, wenn man mit Gegensätzen arbeitet, ist ein Verhalten, das nicht vorhersehbar ist. Deswegen versetzen uns Leute immer wieder in Erstaunen: Wir wissen nicht, was sie als Nächstes tun werden, sie sind nicht beständig; immer wieder sind wir überrascht, weil sie etwas tun, was wir nicht erwartet haben. Eine spannende Darstellung trägt stets dieses Risikoelement des Unvorhersehbaren in sich. Deshalb finden wir Schauspieler wie Laurence Olivier und Marlon Brando und De Niro und Pacino so interessant: Wir wissen nie genau, was sie als Nächstes machen werden. Durch ihre Kunst erreichen sie, dass wir es wissen wollen. Durch ihre Kunst erreichen sie, dass wir ihnen weiter zusehen. Sie überraschen uns mit ihrer Unvorhersehbarkeit.*

Im Folgenden die Diskussion mit dem ersten Schauspieler, der für die Rolle des Charlie vorsprach:

MS: *Was für eine Beziehung haben Sie zu Barbara?*

CHARLIE I: *Sie ist eine Bekannte.*

MS: *Mögen Sie sie?*

C I: *Sie trinkt zu viel. Sie redet zu viel. Nicht viel, was man mögen könnte.*

MS: *Warum sind Sie dann mit ihr zusammen?*

C I: *Also ich für meine Person wäre nicht mit ihr zusammen.*

MS: *Aber Sie sind mit ihr zusammen, Charlie.*

C I: *Mädchen, die zu viel trinken und hysterisch werden, das ist wirklich nicht die Art von Mädchen, mit der ich zusammen sein wollte.*

MS: *Warum sind Sie dann mit ihr zusammen?*

C I: *Weil es so im Manuskript steht.*

MS: *Diese Begründung wird Ihnen nicht viel helfen, Charlie. Ihre Aufgabe ist es, die Situationen des Skripts zu begründen und die Handlungen der Figur zu motivieren. Beginnen Sie damit, wofür Sie in Ihrer Beziehung zu Barbara kämpfen.*

C I: *Er will sie sich vom Hals schaffen.*

MS: *Wer?*

C I: *Charlie.*

MS: *Ich dachte, Sie wären Charlie.*

C I: *Nein, ich bin Joe. Charlie ist die Figur.*

MS: *Ich schlage vor, Sie sprechen von sich als »ich« statt von »er«, wenn Sie eine Rolle lesen. Sie handelt von Ihnen.*

C I: *Aber ich bin es gewöhnt, Figuren darzustellen.*

MS: *Das weiß ich. Ich schlage vor, dass Sie diese Angewohnheit über Bord werfen, wenn Sie zum Vorsprechen gehen: Stattdessen gewöhnen Sie sich an, »ich« statt »er« zu sagen.*

C I: *Aber das bin ich nicht in dieser Szene. Ich bin ganz anders als dieser Charlie.*

MS: *Das ist genau der Grund, warum Sie sich eine Menge Zeit sparen, wenn Sie von Anfang an darauf bestehen, dass es um* **Sie** *geht statt um jemand anderen. Wenn Sie »er« sagen, distanzieren Sie sich damit bereits von der Figur. Mit Ihrem Beharren darauf, dass Sie und Charlie ganz unterschiedlich sind, tappen Sie in die Falle: Sie werden* **nichts** *anderes zeigen als die Unterschiede zwischen sich und ihm. Daraus entsteht Charlie nicht, oder?*

CI: *Aber wir sind so verschieden wie Tag und Nacht.*

MS: *Das hilft Ihnen ganz bestimmt nicht, die Rolle zu bekommen, oder? Das macht Sie zu einem Fremden für die Rolle, die Sie gerade zu erschaffen versuchen. Bringen Sie sich so weit beim Vorsprechen, dass Sie in jeder Szene denken, sie handele von Ihnen, nicht von jemand anderem. Das ist der schnellste Weg, Motive zu finden, die die Handlungen in der Szene begründen.*

CI: *Wenn ich die Figur nicht spielen kann, spiele ich mich einfach immer selbst?*

MS: *Sind das nicht Sie auf der Bühne?*

CI: *Ja, natürlich bin ich das; aber ich als ein anderer.*

MS: *Dieser »andere« ist jemand, den Sie während der Proben für ein Stück zu finden versuchen; etwas, woran Sie arbeiten. Bei einem Vorlesen können Sie das nicht leisten. Denken Sie praktisch. Wie können Sie »eine Figur spielen«, wenn Sie nur zehn Minuten Zeit haben, sich die Szene anzusehen?*

CI: *Mit manchen Figuren identifiziere ich mich im ersten Moment; da würde Ihr Vorschlag funktionieren. Aber andere sind so weit von mir entfernt, dass ich mir etwas ausdenken muss. Wie dieser Charlie. Er ist schwul, er mag andere Männer. Ich bin überhaupt nicht so. Wie kann ich mich selbst einsetzen?*

MS: *Sie sind Schauspieler, und Sie können sich nicht* **vorstellen,** *einen anderen Mann zu lieben?*

CI: *Nicht um alles in der Welt.*

MS: *Okay. Vielleicht ist das ja auch nicht wichtig für unsere Szene hier. Können Sie sich stattdessen mit dem Konflikt beschäftigen, der zwischen Ihrer Liebe und Freundschaft zu Barbara und Ih-*

rem Wunsch besteht, dem Produzenten nahe zu sein, der Ihnen eine Rolle in einem Film beschaffen kann, ohne auch ihr zu helfen?

CI: *Ein Mädchen wie Barbara könnte ich niemals mögen, und ich würde nicht mit irgendjemandem schlafen, um eine Rolle zu bekommen.*

MS: *Mit all diesen Einschränkungen, denen Sie sich unterwerfen, werden Sie als Schauspieler große Probleme haben. Können Sie Ihre Vorstellung von sich selbst nicht erweitern?*

CI: *Ich kann mich mit dieser Figur nicht identifizieren! Ich würde es hassen, wie Charlie zu sein. Ich würde es nie hinnehmen, von einem Mädchen so behandelt zu werden. Nie!*

MS: *Das erklärt, warum wir nichts anderes gesehen haben als Ihre Verachtung für sie – kein Mitgefühl, keine Liebe, keine Rücksicht auf ihre Gefühle. Alles, was wir gesehen haben, war ein harter Kerl, der ein Mädchen wie Dreck behandelt. Was Sie gezeigt haben, war sehr heftig, doch es war nur in einem einzigen Ton gehalten: keine Vielfalt, keine Nähe, keine Zärtlichkeit, kein Gespür dafür, was ihre Gefühle sein könnten. Darin liegt die Gefahr, wenn Sie sich weigern, sich beim Vorsprechen selbst in die Szene zu bringen; Sie machen Ihre Geisteshaltung mehr als deutlich; sie spielen nur den einen Ton, Sie haben keine Tiefe – und Sie werden die Rolle nicht bekommen. Durch Ihre Weigerung, Sie selbst zu sein, und weil Sie auf der Grundlage einer Beurteilung der Figur spielten statt einer Identifikation mit ihr, enthielt Ihre Darstellung nicht die geringste Gegensätzlichkeit.*

CI: *Sie sagten, ich sollte mich selbst einsetzen, und ich bin nun mal nicht wie dieser Charlie.*

MS: *Sie müssen sich verwenden* ***und*** *die Situation des Stücks. Sich selbst in diese Situation zu versetzen bedeutet, dass Sie die Reaktionen von Charlie auf sich selbst übertragen und Möglichkeiten finden, sie zu rechtfertigen. Doch wenn Sie über Charlie ein so* *ablehnendes Urteil fällen, sind Sie gegenüber den Rechtfertigungsmöglichkeiten blind.*

CI: *Aber ich finde alles, was er tut, falsch.*

MS: *Das würden Sie nicht, wenn* **Sie** *sich in dieser Situation befänden: Barbara ist eine gute Freundin von Ihnen, die Sie sehr gern haben, vielleicht mehr als alle anderen Menschen; eine Freundin, die gut zu Ihnen war und Ihnen viel geholfen hat, und Sie schulden Ihr ein wenig Rücksicht. Dann würden Sie ihr Verhalten in dieser Szene eher akzeptieren, sie würde Ihnen leid tun, Sie würden versuchen, ihr zu helfen.*

CI: *Ich würde jemandem, der sich mir gegenüber so benimmt, bestimmt nicht helfen.*

MS: *Auch nicht, wenn sie Ihnen mehr bedeutet als irgendjemand sonst auf der Welt?*

CI: *Na ja, vielleicht.*

MS: Aus diesem Grund sage ich immer, dass Sie Liebe wählen sollten als Ihre hauptsächliche Emotion der anderen Figur gegenüber. Dann können Sie die Handlungen der Figur rechtfertigen. Dann können Sie Gegensätze finden. Stattdessen haben Sie aufgrund Ihres Urteils über die Figur lediglich Ihre harte, ablehnende Seite eingesetzt. Sie haben in der Szene keinen Grund entdeckt, Ihre sensible, romantische Seite einzusetzen. Doch das ist auch ein Teil von Ihnen. Es ist Ihnen nicht gelungen, Ihre Fantasie zu mobilisieren – Sie sind im Buchstäblichen stecken geblieben. Sie weigerten sich, von Ihrer missbilligenden Haltung auch nur einen Millimeter abzuweichen. Sie haben Ihre Tagträume nicht benutzt, nur Ihr alltägliches Bild von sich selbst.

Ich glaube nicht, dass Brando oder Pacino oder ein anderer von den Schauspielern, die Sie, wie Sie sagen, bewundern, mit Charlies sexuellem oder emotionalem Leben Probleme gehabt hätten. Tatsächlich hat Pacino in Hundstage *einen Charlie gespielt, nicht wahr?*

Vielleicht sollten Sie die Idee, Schauspieler sein zu wollen, aufgeben, wenn Sie sich tatsächlich nicht in das Gefühlsleben eines Menschen versetzen können, der nicht so ist wie Sie.

Ich sprach mit einem zweiten Schauspieler darüber, wofür er sich in der Szene entscheiden würde.

MS: *Welche Art von Beziehung zu Barbara haben Sie gewählt?*

CHARLIE II: *Sie ist sehr wichtig für mich, weil sie sich etwas aus mir macht und weil sie jemand ist, den ich mitnehmen kann, statt allein auszugehen. Ein Mann wie ich braucht an einem Ort wie Hollywood eine Frau, der er vertrauen und auf die er sich verlassen kann; eine Frau, die nicht jedes Mal eine Szene macht, wenn du einen Mann ansiehst oder ein Mann dich ansieht. Ich glaube, sie ist sehr taktvoll und verständnisvoll. Bis heute Abend.*

MS: *Was hat den Streit heute Abend ausgelöst?*

C II: *Ich muss mich zwischen ihr und jemand anderem entscheiden. Ich will ihr nicht wehtun, aber es geht um mein Leben.*

MS: *Warum können Sie sie nicht mitnehmen?*

C II: *Dieser Produzent ist an mir interessiert; an ihr hat er kein Interesse. Ich würde sein Interesse an mir gefährden, wenn ich ihn darum bitten würde, sie mit nach Rom zu nehmen. Dadurch würde ich wirklich in Schwierigkeiten kommen.*

MS: *Finden Sie, dass ihre Gefühle gerechtfertigt sind?*

C II: *Sicher. Ich habe sie benutzt, und jetzt lasse ich sie sitzen.*

MS: *Sind sie nicht zu streng mit sich selbst?*

C II: *Ich glaube, dass es stimmt. Deshalb fühle ich mich so schlecht. Ich fühle mich schuldig, weil ich sie schlecht behandelt habe. Natürlich gibt es auch den Gegensatz: Ich habe ihr schließlich nicht das Paradies versprochen, oder? Ich würde ihr ja gern helfen, kann ihr aber nicht helfen, wenn ich mir selbst damit schade. Jeder ist sich selbst der Nächste. Außerdem ist sie betrunken und unangenehm, und das regt mich auf.*

MS: *Sie sagten, Sie haben sie benutzt. Hat sie Sie auch benutzt?*

CII: *Oh, sicher. Sie hat gekriegt, was sie wollte. Beinahe jedenfalls. Das Problem ist, dass sie mich ins Bett kriegen wollte; und das konnte ich ihr nicht geben. Alles andere – aber nicht das. Also so gesehen war es unfair, was sie von mir wollte, es war mehr, als ich ihr versprochen habe. In dieser Szene steckt eine Menge Konflikt für mich: Ich will sie nicht verletzen, doch zur gleichen Zeit muss ich meine eigenen Interessen schützen.*

MS: *Welche Möglichkeiten gibt es, für das, was Sie wollen, zu kämpfen?*

CII: *Ich versuche, es ihr zu verheimlichen. Ich versuche, sie hinzuhalten, so zu tun, als würden wir uns morgen wiedersehen. Aber dann merke ich, dass sie etwas weiß und mich überführen will, also versuche ich auszuweichen. Dann muss ich es zugeben. Also versuche ich es ihr so schonend wie möglich beizubringen. Gleichzeitig muss ich hart bleiben. Zuerst mache ich auf unschuldig, dann gestehe ich meine Schuld; ich spiele den kleinen Jungen, ich spiele den strengen Vater; ich spiele den verletzten Freund; ich spiele den missverstandenen Geliebten.*

MS: *Die Art, wie Sie von einer Rolle in die andere wechselten, während sie immer neue Taktiken gegen Sie ausprobierte, wirkte sehr überzeugend. Wir wussten nie hundertprozentig, was Sie als Nächstes tun würden. Ich glaube, dadurch wird die Darstellung erst interessant.*

CII: *Ich weiß auch, dass ich vorsichtig sein muss mit ihr, denn sie könnte gefährlich werden, wenn ich sie zu sehr verletze.*

MS: *Was könnte sie tun, um Ihnen zu schaden?*

CII: *Sie könnte vor dem Produzenten eine Szene machen. Aber sie macht mich wahnsinnig, sie ist so schwierig und unvernünftig. An einem Punkt wollte ich sie schlagen. Dann musste ich mich beherrschen und wieder ganz lieb und nett sein. Doch ich war nahe daran, sie zu schlagen.*

MS: *Es ist das Gegeneinanderspielen von zwei entgegengesetzten Impulsen, das Ihre Arbeit in dieser Szene so gut machte. Wovon ich nicht genug gesehen habe, ist Humor.*

C II: *Ich gerate beim Vorlesen leicht in Panik. Ich bilde mir ein, ich darf nicht so viel Zeit verschwenden – dass die Auditoren ungeduldig werden und dass ich mich beeilen muss. Und dann rase ich wie ein Schnellzug durch die Szene, weshalb ich dann oft den Humor weglasse.*

MS: *Warum?*

C II: *Humor ist für mich Entspannung. Es bedeutet, dass du eine Minute innehältst, um zu sehen, wie lächerlich du bist oder wie lächerlich sie ist, wie absurd die Lage ist, in die ihr euch hineinmanövriert habt. Ich habe Angst, dafür eine Pause zu machen.*

MS: *Wovor haben Sie Angst?*

C II: *Dass die Auditoren sagen: »Haben Sie vielen Dank«, wenn Sie die Pause bemerken.*

MS: *Aber Sie hören doch nicht auf, Sie machen nur eine Pause, um den Humor in der Szene aufzuspüren. Das gehört doch zu dem, was Sie tun.*

C II: *Ich weiß, dass Sie recht haben. Aber in meiner Vorstellung ist es, als würde ich aufhören, wenn ich innehalte, denn ich muss darüber nachdenken,* ***wann*** *ich innehalte, und denken ist aufhören.*

MS: *Wir denken alle, wenn wir sprechen.*

C II: *Ich wünschte, ich könnte mich selbst davon überzeugen. Aber ich gerate in Panik.*

MS: *Deshalb war Ihr Lesen der Rolle zum Teil wie eine Schrotladung, die überallhin feuerte, aber nicht konzentriert war. Und manchmal haben Sie Barbara völlig vergessen und weitergeschrien und ganz allein weitergemacht.*

C II: *Ich weiß. Ich weiß. Ich weiß. Wenn ich bloß die Panik überwinden könnte … Ich glaube, dann könnte ich viel besser vorlesen.*

MS: *Sie sagen, was bei Ihnen die Panik auslöst, ist die Angst davor, innezuhalten und die Auditoren ungeduldig zu machen. Sie müssen das so sehen: Die Auditoren sind so oder so ungeduldig, also was für einen Unterschied macht es? Sie sind viel weniger ungeduldig, wenn Sie klarmachen, was Sie wollen, und wenn Sie sich auf Ihr Ziel (ihre Partnerin) konzentrieren und sich selbst mehr einsetzen.*

CII: *Ich dachte, ich hätte mich selbst eingesetzt.*

MS: *Nicht ganz. Nicht hundertprozentig. Ich habe gemerkt, dass Sie im normalen Leben viel Humor haben. Sie tun fast nichts, ohne Humor beizumischen. Doch wenn Sie auf die Bühne treten, um zu lesen, lassen Sie Ihren Humor zurück. Das heißt, Sie verwenden nicht* **alles** *von sich, nicht wahr? Wenn Sie sich in Ihrem eigenen Leben mit Barbara in einer so scheußlichen Lage befänden, würden Sie eine Menge Humor an den Tag legen.*

CII: *Ich würde gerne was zu den Problemen sagen, die der andere Charlie hatte, wenn ich darf.*

MS: *Klar.*

CII: *Ich hatte nicht die gleichen Probleme wie er, weil ich glaube, dass einen Mann zu lieben das Gleiche ist, wie eine Frau zu lieben. Ich würde einfach das gleiche Gefühl einsetzen, das ich für eine Frau empfinde. Außerdem ging es in der Szene ja gar nicht um die Liebe zu einem Mann, sondern darum, was ich mit meiner Freundin Barbara machen soll, die ich sehr gern habe. Aber in anderen Szenen bin ich genauso blockiert, wie er in dieser Szene blockiert war.*

MS: *Meistens sind es Vorurteile, die uns blockieren.*

CII: *Wir haben alle Vorurteile.*

MS: *Natürlich. Das müssen wir auch zugeben und Wege finden, damit umzugehen. Doch die Weigerung, seine Fantasie einzusetzen, heißt nicht, das Problem anzupacken. Es ist einfach defätistisch; eine solche Weigerung schränkt einen auf eine Weise ein, für die überhaupt keine Notwendigkeit besteht.*

CII: *Heißt das, dass jeder jede Rolle übernehmen könnte?*
MS: Absolut nicht! Wenn ich Schauspieler wäre, könnte ich niemals Stanley Kowalski in Endstation Sehnsucht *spielen. Sie wahrscheinlich auch nicht. Doch das heißt nicht, dass wir uns nicht vorstellen können, wie Stanley sich fühlt. Vom Körperlichen her könnten wir nicht Stanley sein – und das ist bei der Besetzung natürlich oft wesentlich –, doch wir können verstehen, dass er Herr in seinem eigenen Haus sein will, dass er es Blanche übel nimmt, wenn sie Stella aus der Fassung bringt und so tut, als sei sie was Besseres. Wir können verstehen, dass er sich zu Blanche hingezogen fühlt, während er gleichzeitig ihr Getue verachtet. Ich glaube, wenn wir wirklich versuchen, unsere eigenen Gefühle so einzusetzen, dass wir unsere Vorstellungskraft zur Gänze ausschöpfen, und von unseren Tagträumen zu zehren, statt uns auf unser reales Leben zu beschränken, finden wir in* **jeder** *Person Gefühle, die wir wiedererkennen und verwirklichen können. An unserem Aussehen und dem Einfluss, den es auf unsere Persönlichkeit hat, können wir nichts ändern; doch wenn wir mit Gefühlen statt mit dem Äußeren operieren, wird unser Vorlesen intelligent und befriedigend.*
Wenn wir aus jedem Lesen die aufrichtige Wiedergabe eines schöpferischen Akts unserer Vorstellungskraft machen, besteht die Möglichkeit, dass die Auditoren Anforderungen an das Äußere ändern, um uns die Rolle zu geben. Für Laurence Olivier haben sie's schließlich auch getan, nicht wahr?

Beispiel:
Das Lächeln einer Sommernacht von Hugh Wheeler, nach dem Drehbuch für Ingmar Bergmans gleichnamigen Film.
Die Eröffnungsszene zwischen dem jungen Mann und seiner neuen Stiefmutter, die nicht älter ist als er selbst. Ich stelle den Schauspielern einige Fragen:

MS: *Wie sieht eure Beziehung aus?*

Junger Mann: *Sie ist meine Stiefmutter.*

MS: *Das ist das Faktische. Es hilft uns nicht viel. Wie sieht eure emotionale Beziehung aus?*

JM: *Ich fühle mich von ihr angezogen.*

MS: *Wie sehr?*

JM: *Ich finde sie hübsch.*

MS: *Wie sehr: Hübsch allein genügt nicht, oder?*

JM: *Sie treibt mich in den Wahnsinn. Ich halte es kaum aus, in ihrer Nähe zu sein. Ich will sie packen und küssen und sie in meinen Armen halten.*

MS: *Gut! Damit können wir schon mehr anfangen.*

JM: *Aber es ist die allererste Szene zwischen ihnen. Wenn ich mich jetzt für diese emotionale Situation entscheide, weiß ich nicht, wohin ich von da aus noch gehen kann.*

MS: *Unsinn. Immer halten sich Schauspieler zurück, weil sie sonst »nicht wissen, wohin sie gehen sollen«. Sie müssen damit beginnen, dass Sie verrückt nach ihr sind, oder wir kriegen eine Szene, in der Sie auf der Viola üben und Ihre Stiefmutter ein paar Reihen strickt. Sie müssen den Tagtraum herstellen aus dem, was Sie wollen – und das ist es, was Sie durch die ganze Szene hindurch antreibt. Wenn dieser Traum, das Verlangen nach ihr, stark genug ist und Sie den Gegensatz dazu erzeugen: nämlich dass Sie Ihren Vater bewundern, weshalb Ihr Begehren verboten ist, da Sie ihm niemals wehtun wollen würden – dann erhalten Sie einen Antrieb, der Sie durch das ganze Stück trägt.*

JM: *Ich dachte, in der ersten Szene würde ich erst* ***entdecken****, dass ich sie begehre.*

MS: *Hierin liegt der Unterschied, ob Sie in dem Stück mitwirken oder ob Sie vorsprechen. Sie haben nichts Vorangegangenes für Ihren »Moment davor« (siehe Wegweiser 3, S. 88): Sie sind einfach ein junger Mann, der in die Szene kommt, um sein Klavierspiel zu üben, und der von seiner Stiefmutter unterbrochen wird. Das reicht im Sinne einer emotionalen Investition nicht aus, um Sie durch die Szene zu bringen. Natürlich können Sie immer noch das Gefühl des* ***Entdeckens*** *verwenden, aber machen Sie es dringlicher: Ich entdecke, dass ich sie begehre, und ich bin kaum noch fähig zu spielen; ich habe ein echtes Problem, ich glaube, ich kann ihr nicht widerstehen. Diese Entdeckung ist für die Szene von großer Wichtigkeit.*

JM: *Was mache ich, wenn sie mich fragen, die zweite Szene zu lesen? Was nehme ich dann, wenn ich mein Verlangen nach ihr schon in der ersten Szene verwendet habe?*

MS: *Das Verlangen nach jemandem kann nicht »verbraucht« werden – nicht für jemanden, der verliebt ist, der den anderen braucht, emotional und nicht nur sexuell. Eine emotionale Anziehung* ***wächst;*** *mit jeder Szene fühlen Sie sich stärker von ihr angezogen; es wird für Sie immer schwieriger, sich zu beherrschen; die Rücksicht auf Ihren Vater wird zweitrangig, verglichen mit dem Bedürfnis, Ihre Stiefmutter zu umarmen. Der Konflikt verschärft sich – Sie sind bereit, Selbstmord zu begehen, wenn Sie sie nicht haben können. Wie Sie sehen, können Sie den Konflikt mit Ihrem Vater immer als einen Gegensatz verwenden, als ein Instrument, das die Szene beherrschende Gefühl zu unterdrücken, sodass Sie sich erst Ihrem Begehren hingeben und im nächsten Moment sich selbst zensieren: Nein, ich darf das nicht tun. Stellen Sie sich die Extreme vor: sie in einem Moment in einer wahnsinnigen Umarmung zu küssen und sie im nächsten wie eine Aussätzige zurückzustoßen, weil Sie Ihre Schuld fühlen. Wenn diese extremen Gefühle* ***unter der Oberfläche*** *vorhanden sind, werden die Spiele, die Sie mit ihr spielen, bedeutungsvoller, denn Ihr Einsatz ist viel höher.*

STIEFMUTTER: *Aber ich bin doch bestimmt nicht in ihn verliebt in dieser ersten Szene. Ich bin frisch verheiratet! Und er ist mein Stiefsohn.*

MS: *Was gibt Ihnen mehr für Ihre Darstellung? In ihn verliebt zu sein oder ihn einfach süß und nett zu finden?*

S: *In ihn verliebt zu sein. Aber es scheint mir nicht recht zu sein.*

MS: *Später im Stück werden Sie feststellen, Sie sind so verrückt nach ihm, dass Sie mit ihm davonlaufen und Ihren Mann verlassen, stimmt's?*

S: *Aber so weit bin ich noch nicht.*

MS: *Um so weit zu kommen, müssen Sie jetzt in ihn verliebt sein. Die Figur weiß es vielleicht noch nicht, doch in ihrem Unterbewusstsein existiert die Liebe bereits; die Schauspielerin muss mehr wissen als die Figur. Hier haben wir ein gutes Beispiel dafür, warum das so sein muss: Wenn Sie nicht* ***wissen,*** *dass Sie sich in den Jungen verlieben, dann fehlt Ihnen in der Szene das, was die Figur unbewusst dazu bringt, mit ihm zu flirten.*

S: *Also entscheide ich mich dafür, in ihn verliebt zu sein, doch es schockiert mich, und ich versuche es unter Kontrolle zu halten. Das ist eine starke Wahl, nicht wahr? Ich spiele diese Neckereien mit ihm, um herauszufinden, was er für mich empfindet.*

MS: *Ausgezeichnet. Dann haben diese Spielchen einen Zweck. Und wenn Ihnen das Ganze zu entgleiten droht, müssen Sie den Gegensatz zum Einsatz bringen: »Ich darf das nicht tun«, oder: »Ich darf mich nicht von meinen Gefühlen beherrschen lassen.«*

Beim Vorsprechen müssen Sie das wählen, was Ihnen emotional das stärkste Engagement ermöglicht. Fragen Sie sich: »Bin ich in ihn verliebt?«, und zögern Sie niemals, mit ***Ja*** *zu antworten. Mit Nein zu antworten gibt Ihnen nur das Gefühl einer oberflächlichen Anziehung zum Arbeiten; wenn Sie Ja sagen, erhalten Sie eine echte, tiefe emotionale Hingabe, mit der Sie arbeiten können. Das ist für einen Schauspieler von großem Wert.*

Beispiel:

Orpheus steigt herab von Tennessee Williams

Val ist ein Landstreicher, der sich von Frauen aushalten lässt und der sein pubertäres Verhalten ändern und endlich erwachsen werden will. Lady ist eine ältere Frau, deren Ehemann oben im Sterben liegt; sie führt unten das Geschäft, sie ist einsam, und sie bietet Val Arbeit an. Ich frage den Schauspieler, wofür er in der Szene gekämpft hat:

VAL: *Ich brauchte einen Platz zum Schlafen und etwas zu essen.*

MS: *Also steckt in deinem Verhalten gegenüber Lady nichts Persönliches. Es könnte jeder sein, der Ihnen ein Bett und ein Stück Brot gibt.*

V: *Klar.*

MS: *Ist das die beste Entscheidung, die Sie treffen können?*

V: *Sie ist eine alte Frau. Was sollte ich von ihr wollen?*

MS: *In der Szene sagen Sie, Sie wollten nicht länger mit den jungen Leuten herumhängen. Heißt das nicht, dass Sie sich in diesem Moment zum ersten Mal in Ihrem Leben von einer älteren Frau angezogen fühlen? Eine Frau, die etwas ihr Eigen nennt, die Ihnen etwas bieten kann, nicht nur die eine Nacht? Die Sie auf eine neue Art interessiert, auf eine Art, die sich von den Beziehungen in Ihrem bisherigen Leben unterscheidet, die für die Möglichkeit einer tieferen Beziehung steht, welche vielleicht Bedürfnisse befriedigt, die über das Sexuelle hinausgehen?*

V: *So habe ich es nicht gesehen.*

MS: *Was gibt Ihnen mehr, womit Sie arbeiten können?*

V: *Von ihr angezogen zu sein, neugierig auf sie zu sein, zu sehen, ob es mit uns klappen könnte.*

MS: *Das meinte ich, als ich sagte, Sie müssen nach dem* ***Maximum*** *in einer Beziehung Ausschau halten. Sie haben das Minimum gewählt. Wenn Sie sich für die rein praktischen Aspekte entscheiden,* *ist das nicht genug. Sie müssen das Praktische um den Traum ergänzen, dass Sie mehr vom Leben wollen – und diese Frau ist vielleicht diejenige, die es Ihnen geben kann.*

Dann frage ich die Schauspielerin nach ihrer Beziehung zu Val:

LADY: *Er ist groß, männlich, und ich finde ihn sexy, aber er bringt auch Probleme für mich.*

MS: *Wie sieht die Beziehung mit einem solchen Gegensatz unter der Oberfläche aus?*

L: *Er macht mich an. Vielleicht würde ich gern mit ihm ins Bett gehen.*

MS: *Wollen Sie mehr als Sex?*

L: *Was könnte ich von einem Schürzenjäger ohne Dach überm Kopf schon wollen?*

MS: *Sagen Sie's mir.*

L: *Ich wäre eine Närrin, mehr zu erwarten.*

MS: *Dann seien Sie eine Närrin. Träumen Sie. Träume sind immer närrisch.*

L: *Sie meinen, ich sollte wünschen, mich mit ihm zusammenzutun? Er ist viel jünger als ich, er zieht einfach herum, kennt keine Verantwortung, weiß nicht, wie man in einem Laden Leute bedient, was könnte er mir geben?*

MS: *Liebe. Achtung. Partnerschaft. Er könnte alle Frauen in der Nachbarschaft in ihr Geschäft zum Einkaufen locken, doch selbst wenn es nur das wäre, dass er sie will, stellen Sie sich vor, wie die ganze Stadt Sie beneiden würde. Er hat die Nase voll vom Herumzigeunern und ist reif für ein bisschen Häuslichkeit; Sie können ihm bieten, was er nie kannte: Wärme, die Chance, sich auf ehrliche Weise seinen Lebensunterhalt zu verdienen, Verbindlichkeit von Ihrer Seite, Zärtlichkeit und Fürsorge, Mütterlichkeit, ein Dach über dem Kopf, das abbezahlt ist, die Chance, endlich ein anständiges Leben zu führen.*

L: *Selbst wenn ich ihm all dies anbieten würde – könnte ich von einem Mann wie ihm wirklich ernste Absichten erwarten?*

MS: *Wenn Sie ihm dies alles geben, bekommen Sie vielleicht etwas sehr Gutes zurück. Sie sollten das Risiko eingehen. Wir alle wünschen uns das doch, oder?*

Die Moral: Geben Sie sich mit nichts anderem als dem allergrößten Traum für Ihre Zukunft zufrieden. Das ist es, was Sie sich von einer Beziehung wünschen sollten. Bringen Sie diese ganze Sehnsucht in den »Moment davor«, und entzünden Sie sie mit dem Funken, der entspringt, wenn sich zwei Menschen zum ersten Mal treffen. Kämpfen Sie darum, Ihren Traum zu verwirklichen.

Wegweiser Nr. 3:

DER »MOMENT DAVOR«

Jede Szene, die Sie jemals spielen werden, beginnt in der Mitte, und es liegt an Ihnen als Schauspieler, das beizutragen, was davor kommt.

Dies gilt, ob Sie nun eine Szene am Anfang, in der Mitte oder am Ende des Stücks spielen. Irgendetwas wird dem, was Sie gerade tun, immer vorausgehen. Ich nenne dieses Etwas den »Moment davor«.

Beim Vorsprechen kommen die meisten Schauspieler auf die Bühne, um eine Rolle zu lesen, die nur wenig »Moment davor« hat. Das hat zur Folge, dass sie fast die ganze Vorsprechzeit fürs Aufwärmen brauchen. Bis sie in Fahrt gekommen sind, haben sie längst die Aufmerksamkeit der Auditoren verloren. Es gibt keine Lage, in der ein Schauspieler den »Moment davor« dringender braucht als beim Vorsprechen.

Ein Schauspieler braucht aber, jedes Mal wenn er die Bühne betritt, einen voll entwickelten »Moment davor«. Wir alle haben Darstellungen gesehen, bei denen wir sagten: »Anfangs war er nicht besonders, aber nachdem er erst einmal reingefunden hatte, war er sehr gut.« Ein guter Schauspieler wartet nicht, bis er richtig in Schwung ist; er hat sich bereits hinter den Kulissen in Schwung gebracht, und so kommt er auf die Bühne. Um diesen »Moment davor« zu erzeugen, muss der Schauspieler vor seinem Auftritt vielleicht zehn oder zwanzig Jahre im Leben seiner Figur zurückgehen. Sie können nicht George oder Martha in *Wer hat Angst vor Virginia Woolf?* spielen, ohne die ganze Zeit ihrer Ehe im Auge zu haben, wie sie anfing und welchen Punkt sie jetzt erreicht hat, doch in diesem teuflischen Stück können Sie auch in keine Szene gehen ohne ein starkes, genau definiertes *Jetzt,* das für die Szene gilt, die Sie gerade spielen, und für keine andere. Für jede Figur und ihr Leben lassen sich eine Menge Verallgemeinerungen finden, genau wie für George und Martha: Georges Gefühl, ein Versager zu sein, angefacht von dem Bedürfnis Marthas, immer das letzte Wort zu behalten; die ständig nagende Gegenwart von Marthas Vater und der Universität, in der sie existieren; Marthas Bedürfnis, mit anderen Männern zu schlafen, um zu beweisen, dass sie George nicht braucht. All diese Informationen sind hilfreich, wenn sie zu Gefühl führen, doch vor allem müssen Sie sich für etwas *Spezifisches* entscheiden, wenn es darum geht, auf welche Art und Weise diese Verallgemeinerungen den Moment, bevor die Szene beginnt, beeinflussen. Was haben die Ehe, Ihr Vater, die Universität, der Unterricht, Sex und Liebe mit dem zu tun, was Sie in diesem ganz bestimmten Moment für George empfinden, was Sie für Nick und seine schlanke Braut empfinden, was über sich selbst? Wofür kämpfen Sie in Ihrer Beziehung in der Szene, die Sie jetzt gleich lesen werden, und was sind Ihre Gefühle in diesem spezifischen »Moment davor«?

Ich habe die Erfahrung gemacht, dass Schauspieler dazu neigen, mit Verallgemeinerungen zu arbeiten. Es gelingt ihnen nicht, die ganze Analyse, die sie so gern durchführen, all die Informationen, die sie gesammelt haben, auf die spezifischen Momente dieser Szene anzuwenden. Je *spezifischer* der »Moment davor« ist, umso besser wird die ganze Szene funktionieren.

Der »Moment davor« erfordert vom Schauspieler starkes emotionales Engagement. Nicht seinen Verstand: das ist nie genug; in der Schauspielkunst ist der Verstand nur von Nutzen, wenn er einen Menschen zu seinen Gefühlen führt. Es reicht nicht aus, darüber nachzudenken, was der »Moment davor« sein sollte; man muss eintauchen, darin ertrinken, sich überwältigen lassen.

Ich vergleiche die Aufgabe des Schauspielers, den »Moment davor« zu kreieren, mit der Aufgabe, bei einem Motor Kraftstoff vorzupumpen, bevor er gestartet werden kann. Sie müssen sich selbst austricksen, sich selbst in die Emotion peitschen, sodass Sie danach fiebern, endlich auf die Bühne zu kommen und mit dem Streiten zu beginnen. Sie wollen von Ihren Gefühlen mitgerissen werden, nicht vorsichtig von Ihrem Kopf geführt werden. (Ja, das gilt auch für *Bunbury oder Die Kunst, ernst zu sein* oder für *Design for Living*. Unterhalb des rationalen, kühlen Äußeren eines jeden ist Leidenschaft verborgen. Sie werden den Grund, warum ein Mensch für sich einen bestimmten Stil erfindet, nicht herausfinden, solange Sie die Leidenschaft in ihm, für die er eine solche Tarnung braucht, nicht entdeckt haben.)

Wenn ein Schauspieler zu einem Vorsprechen geht und vor den Auditoren (wozu der Regisseur, der Produzent, der Autor, der Musikdirektor, der Choreograf, der Casting Director, stellvertretende Regisseure und Produzenten gehören können) eine Rolle vorliest, ist der erste Eindruck, den er macht, der stärkste – er tut also gut daran, einen erstklassigen ersten Eindruck zu hinterlassen. Wenn ein Schauspieler bei einer Aufführung zum ersten Mal auf die Bühne kommt, wirkt der erste Eindruck, den er auf das Publikum macht, noch lange nach. Der erste Eindruck sei daher besser beeindruckend!

Es ist in vieler Hinsicht so, wie wenn man zum ersten Mal mit jemandem Hände schüttelt. Die schlaffe Pfote, die wie ein toter Fisch in deiner Hand liegt, ist der erste Eindruck, und es dauert Monate, bis es dem anderen gelungen ist, diesen ersten Eindruck vergessen zu machen.

Ein Schauspieler muss einen guten ersten Eindruck hinterlassen. Dafür ist ein richtiger »Moment davor« und eine hundertprozentige Hingabe an diesen Moment notwendig. Allein auf dieser Grundlage kann er beginnen, die Szene zu gestalten und – wenn es so weit kommt – in einem Stück eine vollständige Darstellung zu entwickeln. Der »Moment davor« muss stark und ergiebig sein, um dem Schauspieler ausreichend Material zu liefern, damit er die ganze Szene hindurch davon zehren kann. Es gibt keine Proben, die dem Schauspieler Sicherheit geben würden; er muss sein eigenes Leben, sein eigenes Inneres, seine Tagträume, seine Fantasie in einen für ihn bedeutungsvollen »Moment davor« investieren. Wenn dieser »Moment davor« gehaltvoll ist, kann er die Proben ersetzen. Er kann den Schauspieler durch das Lesen eines ihm nicht sehr gut vertrauten Materials tragen.

Beispiel:
Die Erbin von Ruth und Augustus Goetz, auf der Grundlage des Romans *Washington Square* von Henry James.
In der Szene zwischen Catherine und ihrer Tante hofft Catherine, in dieser Nacht mit dem Glücksritter Morris Townsend zu fliehen. Zu Beginn der Szene ist Catherine allein auf der Bühne; sie ist am Packen und wartet auf Morris. Bei jedem Geräusch, das von der Straße ins Zimmer dringt, glaubt sie, er sei endlich gekommen. Sie ist aufgeregt und voller Erwartungen: Heute Nacht wird sich ihr ganzes Leben ändern, sie wird ihren tyrannischen, dominanten Vater für immer verlassen und mit dem Mann, den sie liebt, ein neues, wunderbares Leben anfangen. Die Schauspielerin muss auf die Bühne kommen mit all diesen Träumen und Erwartungen in voller Blüte – sonst ist der Beginn der Szene flach und alltäglich. Diese wunderbaren Fantasiebilder von der Zukunft, die ihrer Wirklichkeit – dem Leben mit einem Vater, der sie als ein dummes, farbloses, tölpelhaftes Mädchen ansieht – entgegenstehen, müssen die gesamte Szene durchdringen. Ohne diese Bilder im »Moment davor« hervorzubringen, ist es unmöglich, die verschiedenen Ereignisse und Entdeckungen der Szene zu kreieren:

- dass die Tante, von den romantischen Plänen sehr angetan, gleich mit durchbrennen will;
- dass Catherine sich am Ende tatsächlich an ihrem gehassten Vater rächt;
- dass die Tante überzeugt ist, Catherine habe ihre Heiratschancen ruiniert, als sie Morris wissen ließ, dass eine Entführung ihre Enterbung zur Folge haben würde;
- dass das Geld, das sie von ihrer Mutter geerbt hat, ihrem zukünftigen Ehemann nicht reichen wird, um in dem Stil zu leben, den er für angebracht hält;
- dass Morris weder in dieser Nacht noch überhaupt jemals kommen wird;
- dass sie für immer dazu verdammt sein wird, in diesem Haus am Washington Square zu leben, mit einem Vater, der sie für eine langweilige Person hält und den sie hasst;
- dass ihre Tante Mitleid mit ihr hat.

Nichts in dieser Reihe von Entdeckungen und Ereignissen kann sich voll entwickeln, enthält der »Moment davor« nicht die Fülle der Aufregung und der Erwartung, der Traum eines ganzen Lebens würde *jetzt* wahr werden. Im »Moment davor« muss die Schauspielerin diesen Traum erzeugen; sie muss fühlen, wie dringlich es ist, dass dieser Traum sich *jetzt* für sie erfüllt. Sie können nicht auf die Bühne schlendern, um diese Szene zu lesen, ohne einen starken, vollen romantischen »Moment davor«.

Für die Tante muss es einen ähnlich starken »Moment davor« geben: Was ist das für ein Geräusch? Was hat Catherine vor? Grenzenlose Neugierde, der Wunsch, an der Romanze teilzuhaben, das Bedürfnis, Catherine davor zu schützen, dass ihr wehgetan wird. Das stärkste Element, das den »Moment davor« für die Tante dominieren muss, ist der Wunsch nach einer Liebesbeziehung für Catherine, denn nur so würden die Gefühle, die sie ihr Leben lang in dieses unhübsche Mädchen investiert hat, belohnt und ihr Glaube an Catherine gerechtfertigt werden. Es ist wichtig, dass die Beziehung der Tante zu Catherine auf tiefer Liebe beruht und dem Bedürfnis, stellvertretend durch das Mädchen zu leben, da ihr eigenes Leben seit dem Tod ihres Mannes leer ist, da sie ihr eigenes Heim verloren hat und gezwungen ist, als arme Verwandte mit dem snobistischen und arroganten Dr. Sloper zu leben.

Beispiel:
Plötzlich letzten Sommer von Tennessee Williams
Das Mädchen betritt den Garten ihrer Tante, um auf den Arzt zu warten, der sie befragen und über ihr zukünftiges Leben entscheiden wird – beziehungsweise über ihren lebendigen Tod, denn wenn es ihr nicht gelingt, ihn von der Wahrheit ihrer Kannibalismus-Geschichte zu überzeugen, wird er an ihr eine Lobotomie durchführen. Die Vergangenheit dringt auf sie ein; sie hört das Geräusch des Mixers und weiß, dass Tante Violet wie jeden Tag ihren Fünf-Uhr-Daiquiri haben wird. Sie sieht ihre Zukunft – für immer ohne Garten und im Schatten, wenn der Arzt ihre unglaubliche Geschichte nicht glauben will. Um sie herum, in diesem wunderschönen Garten, liegt der Beweis für den Reichtum und die Macht, gegen die sie ankämpfen muss, will sie ihr Leben retten. Die Entschlossenheit, den Kampf aufzunehmen, muss im »Moment davor« sehr stark sein, sodass der Garten seine schreckliche Wirkung ganz bewahrt. Je heftiger der Kampf, umso mehr ist der Garten ihr Erzfeind. Die Schauspielerin, die diese gegensätzlichen Kräfte im »Moment davor« herstellt, hat die Chance, ein sehr beeindruckendes Vorlesen zu bieten – voll von Drama und Konflikt und dem Wunsch, zu kommunizieren.

Beispiel:
Mitten in der Nacht von Paddy Chayefsky
Die junge Frau sehnt sich danach, ihren Mann zu sehen, getrieben von ihrem sexuellen Verlangen nach ihm; sie will die Erinnerung an die sexuellen Erfahrungen wiederbeleben, die ihr seit so langer Zeit fehlen. Die meisten Schauspielerinnen stellen nur Gereiztheit her, da die ersten Zeilen lauten: »Was machst du hier? Ich habe dir gesagt, dass ich dich nicht sehen will. Ich will die Scheidung.« Da diese Sätze ihn auf so starke Weise ablehnen, ist es der Gegensatz – dass sie sich von ihm angezogen fühlt –, den die Schauspielerin im »Moment davor« erzeugen muss. Sie muss den Konflikt fühlen zwischen ihrem immer noch existierenden Verlangen nach ihrem Mann und dem Versprechen, das sie einem viel älteren Mann gegeben hat, von dem sie sich eine tiefere Beziehung verspricht. Wenn dieses Begehren nicht hergestellt wird, gibt es in der Szene keinen dramatischen Konflikt, sondern nur eine sture Schauspielerin, die immer und immer wieder »Geh weg« sagt. Warum gibt es die Szene? Wenn die Frau sich nicht stark zu ihrem Mann hingezogen fühlt, kann die Szene nur langweilig und wiederholend sein. Wird das Begehren nicht im »Moment davor« erzeugt, ist es unwahrscheinlich, dass es in der Szene überhaupt entsteht. Ergebnis: keine Szene.

Beispiel:
The Subject Was Roses von Frank D. Gilroy
Eine wunderbare Szene zwischen dem Jungen und seiner Stiefmutter, in der sie darüber streiten, welche Rolle der Vater in ihrer beider Leben spielt. Sie wird dieses eindringliche Crescendo nicht erzielen, solange der »Moment davor« beider Rollen von den Schauspielern nicht reich angefüllt wird. Der Tag, von dem die Mutter seit Jahren träumt, ist endlich gekommen: Ihr Sohn ist aus der Armee entlassen, und sie kann wieder leben. Doch da

ist diese furchtbare, lähmende Angst, die an ihrem Unbewussten nagt, die Angst, dass der Sohn sich verändert hat; dass er nicht mehr mit ihr zusammen sein will; dass er für den Vater Partei ergreifen und sich gegen sie stellen wird; dass er ihre Träume nicht erfüllen wird. Die Nacht, die der Sohn schlaflos verbringt, während er über seine Erkenntnis nachdenkt, er habe seinen Vater sein ganzes Leben lang falsch eingeschätzt: dass seine Mutter und er gegen den Vater eine undurchdringliche Wand errichteten, ihn ausschlossen; dass er seine Mutter von ihrem gemeinsamen Unrecht überzeugen muss; dass sie Wiedergutmachung leisten und ihre Einschätzung und ganze Behandlung des Mannes ändern müssen.

Die Mutter: »Ich muss kämpfen, damit mein Sohn gegen seinen Vater eingestellt bleibt, der ihn mir stehlen will.«

Der Sohn: »Ich muss kämpfen, um meine Mutter dazu zu bringen, meinen Vater neu schätzen zu lernen. Wir müssen unser Verhalten ändern und uns mit ihm versöhnen.«

Es ist schwer, überhaupt zu lesen, ohne den »Moment davor« erzeugt zu haben, der festlegt, wofür Sie in der Beziehung kämpfen. Wenn ein Schauspieler gelernt hat, die Wegweiser für das Lesen zu verwenden, kann er die ersten drei Wegweiser zusammennehmen (wie im ersten Satz dieses Abschnitts), um eine starke Initialzündung zu erreichen, mit der er sich dann in die Szene stürzt.

Wegweiser Nr. 4:

HUMOR

Humor heißt nicht Witze reißen. Er ist jene Einstellung zum Leben, ohne die Sie sich schon lange von der Brücke an der 59th Street gestürzt hätten.

Humor heißt nicht, komisch zu sein. Er ist der Schlüssel im Umgang der Menschen miteinander, der es uns ermöglicht, den Tag zu überstehen. Humor haben auch die Humorlosen.

In jeder Theaterszene steckt Humor, genau wie in jeder Situation im wirklichen Leben. Es gibt Humor bei Tschechow (wo er zu selten erkannt wird); und selbst bei Eugene O'Neill gibt es Humor (wo er praktisch nie erkannt wird). Wenn wir im Leben sagen: »Und das ist bestimmt nicht komisch!«, versuchen wir einer Situation Humor einzuflößen, der es an Humor mangelt. Im wirklichen Leben *versuchen* wir, überall Humor zu finden; wenn wir das nicht tun würden, könnten wir das Leben nicht ertragen.

Manchmal könnte man den Eindruck gewinnen, Schauspieler versuchen auf der Bühne genau das Gegenteil davon zu tun. Sie entziehen dem, was sie tun, Humor, statt es damit zu durchdringen. Daher ist Spielen oft dem Leben so unähnlich. Ich habe Schwierigkeiten, an die Ernsthaftigkeit einer Szene zu glauben, die keinen Humor enthält; sie entspricht einfach nicht dem Leben. Doch immer wieder höre ich Schauspieler sagen: »Wie kann ich in dieser Szene Humor finden? Sie ist sehr ernst!« Aus dem gleichen Grund würde man im Leben in der gleichen Situation versuchen, Humor darin zu finden: weil sie todernst ist und Menschen eine solche Schwere nicht aushalten, erleichtern sie sich die Last durch Humor.

Manchmal erleichtern wir die Last, die wir anderen aufbürden, wenn wir wissen, dass diese Last schwerer ist, als sie ertragen können. Manchmal erleichtern wir uns die Bürde, die wir selbst zu schleppen haben. So oder so gilt: Je schwerer die Situation zu ertragen ist, desto mehr brauchen wir Humor, um sie zu ertragen.

Sogar Neil Simon besitzt Humor – vergraben unter all den Witzen.

Ich finde es faszinierend, wie viele Schauspieler Schwierigkeiten damit haben, ihre Darstellung mit Humor zu durchdringen. Zahlreiche Schauspieler tun es natürlich instinktiv, und er ist Hauptbestandteil jeder großen Schauspielkunst. Doch wenn die Instinkte beeinträchtigt sind, muss der Schauspieler *bewusst* nach dem Humor in einer Szene suchen; findet er ihn in der Szene nicht vor, muss er lernen, ihn hineinzulegen. Humorlose Darstellung ist Darstellung von der trübseligsten Art: Soap-Opera – und selbst dort schleicht sich Humor ein, wenn auch halbherzig und apologetisch. »Tut mir leid, dass ich hier lächle, Jungs, denn ich nehme das alles todernst; ich wollte euch nur wissen lassen, dass ich menschlich bin.«

Humor zu *erlernen* ist schwer. Er ist eine jener »Man hat es, oder man hat es nicht«-Eigenschaften. Aber da ich behauptet habe, dass es in jeder Situation im Leben Humor gibt und dass es in jeder Szene in jedem Theaterstück Humor gibt, folgt daraus, dass alle Menschen Humor haben, sei er noch so mutlos oder böse, noch so winzig oder unbewusst. Fachen Sie die kleine Flamme an, und es kann etwas daraus werden. Ich habe oft erlebt, dass Schauspieler, die im Leben in Ansätzen durchaus humorvoll waren, auf der Bühne überhaupt keinen Humor erkennen ließen; sie wussten einfach nicht, was sie tun sollten, weil sie nie darüber nachgedacht hatten. Ihrer Überzeugung nach gehört Humor in die Komödie; wenn sie nicht in einer Komödie auftreten, brauchen sie sich um Humor keine Gedanken zu machen. Ich wage die Behauptung aufzustellen, dass Humor im Drama wichtiger ist als in der Komödie. In der Komödie sind alle Schauspieler bestrebt, ihn aufzuspüren, in vielen Fällen viel zu angestrengt. Einer der Gründe, warum Komödien oft so unwitzig sind, liegt darin, dass die Schauspieler sich an den Witzen abarbeiten, statt Humor aus dem echten Leben aufzuspüren.

Suchen Sie sich Beispiele für Humor in der Darstellung von Schauspielern, die Sie bewundern.

Wären die Leistungen von Katharine Hepburn und Peter O'Toole in *Der Löwe im Winter* auch nur halb so erinnerungswert gewesen ohne den ganz persönlichen Humor, mit dem die beiden – miteinander wetteifernd – die Rollen bereichert haben? Versuchen Sie sich Eleanor und Henry da oben auf der großen Leinwand vorzustellen, wie sie ohne Humor zusammen spielen.

Oder Hepburn und Bogart in *African Queen*. Wäre der Film uns so unvergesslich ohne ihren unnachahmlichen Humor?

Oder nehmen wir Hepburn und Bogart in irgendeinem anderen Film, in dem sie zusammen auftraten. Ist es nicht ihr Humor, der sie zur »Legende zu Lebzeiten« machte und der immer noch auf Filmneulinge und auf Menschen jeden Alters eine unerschöpfliche Faszination ausübt? Natürlich ist es nicht ihr Humor allein, sondern ihr Humor, der sich mit ihren ganz besonderen Leidenschaften, ihren Träumen, ihren unsichtbaren Kämpfen verbindet.

Cary Grant. Audrey Hepburn. Carole Lombard. Clark Gable. Claudette Colbert. Ist es nicht ihr Humor, der sie so liebenswert machte?

In heutiger Zeit würden auch glamouröse Gestalten wie Robert Redford, Paul Newman oder Barbra Streisand nicht ohne weiteres die Welt beherrschen können ohne den Humor, der sie anziehend, verführerisch, unersetzlich macht.

Eine so verbrecherische und normalerweise von uns total abgelehnte Figur wie in *Hundstage* hätte nicht zu solcher Beliebtheit gefunden ohne Al Pacinos verrückten, unvorhersehbaren Humor.

Wäre die Garbo zu einer der romantischsten Gestalten aller Zeiten geworden ohne den Spott, mit dem sie sich auch selbst auf die Schippe nimmt und der sie so geheimnisvoll, so attraktiv und von gewöhnlichen Sterblichen so verschieden macht?

Hätte der Glamour der Dietrich ausgereicht, ihr eine lebenslange Karriere zu bereiten, ohne ihr Gespür für die Absurdität ihres Tuns? Ohne dass sie sich stets ein klein wenig selbst karikierte – und unseren Glauben an sie?

Wäre Laurence Oliviers Richard III. nur halb so hinreißend ohne diesen unglaublichen Humor, durch den wir uns von einem Mann angezogen fühlen, während wir uns selbst wegen dieses Angezogenseins verachten?

Ohne seinen einzigartigen Humor, welcher jeder Rolle eine Farbe verleiht, die nur er ihr geben kann, wäre Laurence Olivier nicht der großartigste Schauspieler unserer Zeit.

Ich habe nie einen großen Schauspieler gesehen, der keinen Humor hatte.

Wegweiser Nr. 5:

GEGENSÄTZE

Für welches Motiv in der Szene Sie sich auch entscheiden, das Gegenteil ist ebenso wahr und sollte darin enthalten sein.

In all den Jahren, in denen ich unterrichtete, habe ich festgestellt, dass diese Idee von den Gegensätzen für Schauspieler von größter Bedeutung ist. Wenn sie erst einmal in ihr Denken eingedrungen ist, sehen sie diese Idee als so wesentlich an, dass sie sich fragen, wie sie so lange ohne sie leben konnten. In Wirklichkeit haben sie wahrscheinlich nicht ohne sie gelebt, doch existierte die Idee nur auf einer niedrigen Bewusstseinsebene, und ihre Fähigkeit, sie hervorzurufen, wenn sie sie brauchten, war nicht ausgebildet. Gegensätze sind so stark in jedem Menschen, dass es schwierig ist, sie zu vermeiden. Schauspieler versuchen es trotzdem andauernd.

Gleichmaß steckt im Kern jeder langweiligen Darstellung. Was uns an anderen Menschen fasziniert und was uns insbesondere an wunderbaren Schauspielern interessiert, ist ihre Unbeständigkeit, ihre Gegensätze. Doch obwohl sie von so entscheidender Bedeutung ist, habe ich festgestellt, dass die Idee der Gegensätze derjenige von meinen Wegweisern ist, den ich Schauspielern nur schwer erklären kann. Im Verlauf einer Szene erkennt früher oder später fast jeder Schauspieler, was Gegensätze sind und wie er sie einsetzen kann; doch im Abstrakten ist die Idee schwer zu fassen. Also: Auch wenn Ihnen die Idee der Gegensätze in dieser Erläuterung nicht ganz klar wird, wird sie Ihnen überaus deutlich, wenn Sie auf der Bühne stehen.

Stellen Sie sich einen Menschen vor: In allen von uns existieren Liebe und Hass; es existieren Kreativität und Selbstzerstörung; es gibt Schlafen und Wachen; es gibt Nacht und Tag, gute Laune und düstere Laune, den Wunsch zu lieben und den Wunsch zu töten. Da diese Extreme in allen von uns existieren, müssen sie auch in allen Figuren in jeder Szene existieren. Natürlich nicht alle Gegensätze auf einmal, nicht die ausführliche Liste, wie ich sie hier aufgeschrieben habe, aber etwas daraus. Handelt es sich um eine Liebesszene, wird sie auch Hass enthalten; wenn wir jemanden brauchen, sehr brauchen, liegt es nahe, dass wir uns gegen dieses Bedürfnis auflehnen. Beide Emotionen sollten in der Szene sein; wenn sie nur eine Emotion enthält, wird die Szene schief und unwahr.

Der Schauspieler erzeugt die Gegensätze, und daraus entwickelt sich der Konflikt – und damit Drama und damit Spannung. Aus unverständlichen Gründen lieben es Schauspieler, mit dem Vorsatz eines Konflikts auf die Bühne zu kommen, einem ordentlich abgegrenzten und toten Konflikt, statt den Konflikt sich entwickeln zu lassen, was das eigentlich Spannende ist. Ich nehme an, sie tun das, weil sie gelernt haben, Konflikte zu vermeiden, vor Konfrontationen davonzulaufen und sich das Leben, das genügend Schmerzen mit sich bringt, so leicht wie möglich zu machen. Doch ein Schauspieler muss auf der Bühne den *Prozess* zeigen, wie er mit einem schmerzhaften Konflikt umgeht, nicht die Tatsache, dass er ihn gelöst hat.

Je *extremer* die Gegensätze sind, die ein Schauspieler für eine Szene wählt, umso wahrscheinlicher ist es, dass alles, was zwischen diesen Extremen liegt, sich instinktiv, natürlich entwickelt, ohne dass der Schauspieler sich noch einmal bewusst für etwas entscheiden muss. Die Wahl der Extreme muss oft bewusst getroffen werden, um dazwischen ein breites Spektrum an Emotionen zu garantieren, die der Schauspieler einsetzen kann. Sehen Sie sich eine Mutter mit ihrem Kind an: In einem Moment drückt sie es voller Liebe an sich, im nächsten fängt es an zu quengeln, und sie würde es am liebsten an die Wand werfen. Ein solches Spektrum muss ein Schauspieler sich für jede Szene wünschen: »Ich liebe dich« versus »Ich könnte dich umbringen«. Einer der Gründe, warum *Bitterer Honig* ein solch beeindruckendes Stück ist, liegt darin, dass es so erfolgreich mit den Gegensätzen in seinen Figuren spielt. Helen, die Mutter, tanzt und singt in einem Moment vor Freude, im nächsten versinkt sie im Selbstmitleid, weil sie eine Erkältung hat; Jo, in einem Moment verdrossen und verärgert über die neue Wohnung, kniet im nächsten Moment nieder und erschafft mit ihren Blumenarrangements Schönheit um sich herum. Und so geht es dieses ganze faszinierende Stück hindurch. Es ist ein Lehrstück im Gebrauch von Gegensätzen.

In jeder Szene gibt es Gegensätze. Vielleicht hat der Autor sie unter der Oberfläche der Figur versteckt, und der Schauspieler muss danach graben; im Dialog sind sie vielleicht überhaupt nicht berücksichtigt, doch sie sind da, wenn man danach gräbt. Sie sind es wert, danach zu graben; aus ihnen entsteht die interessanteste Art der Darstellung: die komplexe Darstellung.

Beispiel:
Warum ein Schauspieler sich selbst kennen muss, um die Gegensätze in seinen eigenen starken Gefühlen zu finden.
The Subject Was Roses von Frank D. Gilroy
Eine Charakterschauspielerin und ein junger Mann lesen die große Konfrontationsszene zwischen Mutter und Sohn. Der Sohn ist aus der Armee entlassen; diese Szene findet am Morgen nach seiner Heimkehr statt. Nachdem er sich von seinem Vater verabschiedet hat, frühstückt er mit seiner Mutter; zum ersten Mal in seinem Leben erkennt er, dass er und seine Mutter sich seinem Vater gegenüber vielleicht unfair verhalten haben, dass sie ihn all die Jahre falsch beurteilt, gegen ihn gemeinsame Sache gemacht haben und dass es der Mann nicht eben leicht gehabt hatte. Er versucht

dies alles seiner Mutter zu erklären, ihr zu widerstehen, wenn sie ihm wieder ihre Leidensgeschichte erzählt, etwas, was ihm in der Vergangenheit nie gelungen ist. Doch sie will nichts Gutes über seinen Vater hören; sie ist eifersüchtig auf sein plötzlich erwachtes Interesse an seinem Vater und will ihn immer noch ganz für sich allein haben, um das Scheitern ihrer Ehe zu kompensieren.

Ich erlebte eine Schauspielerin, die ihren Standpunkt – die Beziehung zu ihrem Mann und die Verletzungen in der Vergangenheit – mit Vehemenz verteidigte, doch ich sah wenig Wärme, wenig von der Liebe zu ihrem Sohn. »Aber ich mag Kinder nicht«, sagte die Schauspielerin, »und habe überhaupt keinen Mutterinstinkt; es ist einfach nicht in mir.« Ich machte sie darauf aufmerksam, dass sie im Klassenzimmer diejenige war, die für ihre Schauspielkollegen immer ein Kleenex bereithielt; die stets mit Pflastern und Aspirin und Streichhölzern versorgt war, falls jemand etwas brauchte; dass sie gegenüber den Jüngeren hilfsbereit und freundlich und besorgt war – kurz: dass sie die Gluckhenne der ganzen Klasse war. »Heißt das mütterlich sein?«, fragte die Schauspielerin erstaunt. »Aber wir sind doch alle gleichaltrig!«

Ich wies darauf hin, dass diese »Gleichaltrigen« genauso alt waren wie ihr Sohn in *The Subject Was Roses*, dass sie die Gruppe höchstwahrscheinlich genauso behandeln würde, würde es sich um lauter Sechzehn- oder Zehnjährige handeln; dass in jedem von uns etwas Mütterliches oder Väterliches steckt – oft als etwas getarnt, was wir zum Ausdruck bringen können, ohne das Gesicht zu verlieren. Immer aufs Neue bin ich erstaunt, wie wenig Schauspieler sich kennen, da ich fälschlicherweise immer wieder erwarte, Schauspieler würden sich besser kennen als andere Menschen. Sie sollten. Sie müssen in ihrer Arbeit immer bereit sein, jeden Augenblick sich selbst einzusetzen, zu jeder Zeit, ihr ganzes Leben lang. In Wirklichkeit kennen sich Schauspieler nicht besser als der Rest von uns; ihr Selbstbild steht für gewöhnlich ihrer Darstellung im Weg, da es sowohl *Beschränkungen* (»Ich habe keinerlei Mutterinstinkte.«) als auch *Vorurteile* liefert (»Ich hasse Kinder. Wie kann ich auf der Bühne jemals die Liebe zu einem Kind zum Ausdruck bringen?«, oder: »Ich bin nicht schwul. Wie könnte ich jemals ausdrücken, in einen anderen Mann verliebt zu sein?«); beides hemmt die Freiheit und ein umfassendes Ausdrucksvermögen.

Jedes Mal wenn eine Schauspielerin sich sagen hört: »Ich habe keinen Mutterinstinkt« oder Ähnliches, muss sie diese unhinterfragte Vorstellung von sich selbst unter die Lupe nehmen, um festzustellen, wo es sie in ihrer Ausdrucksfähigkeit einschränkt. Gegen Beschränkungen kann man etwas tun. Manchmal funktionieren Auswechslungen: Wenn Sie kleine Kinder hassen, verwandeln Sie das Kind in einen Teenager. Vielleicht funktioniert auch eine Katze oder ein Hund, wenn Sie Tiere lieben, obwohl ich mir nicht sicher bin, ob Tiere oder Pflanzen an der Stelle von Menschen funktionieren. Sie können andere, eher positive Herangehensweisen finden, das Gefühl von Mütterlichkeit auszudrücken: Freunden besorgte Ratschläge geben, die Schauspielkollegen bemuttern, Fremden auf der Straße helfen und so weiter. Solche Instinkte sind universell und schwer auszurotten; wenn wir in ihrer gewöhnlichen Form restlos gegen sie eingestellt sind, kommen sie in einer sublimierten Form zum Vorschein. Eine Schauspielerin braucht weder ihre Vorurteile noch ihr persönliches Leben zu ändern. Sie braucht ihre Abneigung gegen Kinder nicht aufzugeben, doch sie kann lernen, Vorurteile zu überwinden, indem sie sie auf positive Weise in ihrer Arbeit einsetzt. Um dies zu tun, müssen Sie Ihre Vorurteile und Beschränkungen kennen; die Arbeit an sich selbst beginnt damit, sich diesen Idiosynkrasien zu stellen. Wenn Sie sie erst kennen, können Sie damit beginnen, sie zu Ihrem Vorteil zu nutzen. Wenn sie Ihnen unbekannt bleiben, fallen Sie ihnen zum Opfer.

Wegweiser Nr. 6:

ENTDECKUNGEN

Wir alle haben schon Szenen erlebt, die in etwa so verliefen: Ein Paar ist seit zehn oder fünfzehn Jahren verheiratet. Die Frau serviert ihrem Ehemann Grapefruit zum Nachtisch, und er sagt: »Warum gibt es schon wieder Grapefruit? Ich hasse Grapefruit.« Voller Erstaunen erwidert die Frau: »Ich dachte, du magst Grapefruit. Na, hör mal, Frank, du liebst doch Grapefruit!« Wenn Menschen, die seit Jahren jeden Tag zusammen sind, solche Entdeckungen über einander machen können, wie könnte es sein, dass Schauspieler weniger über den anderen entdecken?

Jede Szene ist voll von Entdeckungen, von Dingen, die zum ersten Mal passieren. Gleichgültig, wie oft es in der Vergangenheit bereits geschehen ist, die jetzige Erfahrung, *dieser* Moment enthält etwas Neues. Jede der vielen Szenen zwischen den sich ewig streitenden George und Martha in *Wer hat Angst vor Virginia Woolf?* ist langweilig und öde, wenn es den Schauspielern nicht gelingt, etwas Neues, etwas anderes zu finden, etwas, was in der Szene besonders auf dem Spiel steht. Die Schauspielkunst besteht aus einer Reihe von Entdeckungen.

Die Entdeckungen können über die andere Figur sein oder über sich selbst, über jemanden, der nicht auf der Bühne ist, über die Situation jetzt oder über die Situation, wie sie vor zehn Jahren war, und ihren Einfluss auf das Heute. Je mehr Entdeckungen Sie in einer Szene machen – je weniger Sie sich auf ein »Wir machen das immer so« verlassen, desto interessanter wird Ihre Szene. Es ist schwer, Routine mit Leben und Frische zu erfüllen, doch Leben und Frische stellen sich zwingend ein, wenn Sie die Aufregung von Entdeckungen in der Szene haben. Nehmen Sie nichts als selbstverständlich hin; machen Sie in jeder Szene sooft wie möglich eine emotionale Entdeckung.

Fragen Sie sich: Was ist neu?

Beispiel:
A Far Country von Henry Denker
Dieses Stück handelt von Freuds Beziehung zu einer Patientin, deren physische Behinderung er auf eine emotionale Ursache zurückführen zu können glaubt; wenn es ihm gelänge, sie so weit zu bringen, dass sie sich der psychologischen Ursache stellt, wäre eine Heilung möglich. Sie und unzählige andere Ärzte sind natürlich der Meinung, die Behinderung habe einen körperlichen Ursprung.

Der Schauspieler, der Freud darstellte, war sehr autoritativ; wir konnten ihn uns gut als Achtung gebietenden Arzt vorstellen.

Wir konnten sehen, wie er sie bedrängte, wie er sie bestürmte, sie zwang, nach der Wahrheit zu suchen; doch da im Skript nichts stand, was auf wahrnehmbare Wärme in der Szene gedeutet hätte, wirkte der Schauspieler kalt in seiner Autorität. Hätten wir die Rolle mit einem kalten Schauspieler besetzen können? Hätte ein kalter Schauspieler das Stück den ganzen Abend tragen können? Nein. Das Stück wäre durchgefallen.

MS: *Haben Sie nach Wärme in der Szene gesucht?*
FREUD: *Ich habe im Text nichts davon entdecken können.*
MS: *Dann ist es Aufgabe des Schauspielers, den Text zu ergänzen.*
F: *Aber für mich sind Ärzte, vor allem Psychiater, einfach keine warmherzigen Leute!*
MS: *Wir haben es hier nicht mit einer gewöhnlichen Sitzung zwischen einem gewöhnlichen Patienten und einem gewöhnlichen*

Psychiater zu tun, oder? Wir zeigen das ganze Leben dieses Mannes – Freuds – in einer Szene. Verstehen Sie? Die Bühne konzentriert Erfahrung; aus diesem Grund sind Gegensätze so wichtig. Freud wurde geliebt, von vielen Menschen geradezu verehrt; er musste irgendeine warmherzige Seite gehabt haben, sonst wäre er weder verehrt noch geliebt worden. Also, wie finden Sie Wärme in der Szene?

F: *Indem ich mir Gegensätze vorstelle. Ich hatte mich dafür entschieden, ganz objektiv, eben wie ein Psychiater zu sein; wenn ich dann an Gegensätze gedacht hätte, hätte ich eine Seite an mir entdeckt, die nicht wie ein Psychiater ist.*

MS: *Was würden Sie tun?*

F: *Ich bin Pionier auf diesem Gebiet der Psychiatrie; ich investiere persönlich in diese Frau. Wenn es mir gelingt, dass sie auf meine Behandlung anspricht, kann ich eine völlig neue Theorie beweisen. Es würde mich berühmt machen; es würde beweisen, dass ich recht hatte.*

MS: *Wie würde dieses neue, persönliche Engagement zum Ausdruck kommen?*

F: *Indem ich ganz aufgeregt bin, wenn Sie eine Reaktion zeigt; indem ich deprimiert oder wütend reagiere, wenn Sie mich abweist. Indem ich ihre Reaktionen* ***brauche;*** *nicht nur in klinischer Hinsicht wie bei anderen Patienten.* ***Diese Frau*** *will ich unbedingt erreichen. Ah, und ich muss mit ihr* ***kommunizieren;*** *deshalb muss ich ihre Reaktionen sorgfältig beobachten.*

MS: *Also statt die Distanz zu wahren, beschäftigen Sie sich in Wirklichkeit intensiv mit ihr?*

F: *Ah, ja. Die Rolle, die ich zu spielen versuche, ist die des objektiven Arztes; doch tatsächlich bin ich schrecklich abhängig von ihr. Wenn sie auf meine Behandlung nicht anspricht, bin ich ein Versager. Wenn sie mitmacht und ohne Einschränkung reagiert, kann ich der Welt beweisen, dass meine psychiatrischen*

Theorien richtig sind. Also ist jede Entdeckung, die ich über sie mache, für mich von äußerster Wichtigkeit.

MS: *Sehen Sie jetzt den Fehler, den Sie gemacht haben? Sie haben nicht festgelegt, was wirklich für Sie auf dem Spiel steht; Sie haben es nicht zu einer Sache auf Leben und Tod gemacht. Sie haben sie einfach wie irgendeine beliebige Patientin behandelt. Diese Alltagsentscheidungen funktionieren nicht bei einem Vorsprechen. Deshalb schienen Ihnen die Entdeckungen, die Sie machten, wie Routine, statt aufregend und neu.*

F: *Wenn ich das ganze Stück kennen würde, wäre mir das auch aufgefallen. Doch da ich nur dieses Bruchstück einer Szene zur Verfügung hatte …*

MS: *Ich verstehe dieses Problem vollkommen. Doch Sie müssen sich bei jedem Vorlesen dafür entscheiden, dass es um Leben und Tod geht! Sie können sich diese Alltagsentscheidungen nicht leisten! Denn dann bekommt ein anderer die Rolle! Hätten Sie sich dafür entschieden, dass dies die wichtigste Patientin Ihres Lebens ist, dann wären Sie besorgt gewesen; Sie hätten viele Möglichkeiten gefunden, ihr gegenüberzutreten, statt nur auf diese trockene, konventionelle, objektive, psychiatrisch-unvoreingenommene Weise. Und Sie wären in der Lage gewesen, jede Enthüllung dieser Frau dort auf der Couch zu einer Entdeckung zu machen.*

F: *Alles, was in der Szene passiert, muss also darauf basieren, dass das, wofür wir uns entscheiden zu kämpfen,* ***wichtig*** *ist?*

MS: *Richtig. In diesem Fall hätten Sie wählen sollen: Wenn diese Frau nicht so reagiert, wie sie meiner Meinung nach reagieren soll, steht meine ganze Karriere auf dem Spiel. Dadurch hätten Sie unheimlich sensibel auf jedes Wort von ihr reagiert. Das heißt, die Entdeckungen, die Sie machten, wären wichtig gewesen statt alltäglich. Es sind diese von Schauspielern gern getroffenen alltäglichen Entscheidungen, die zu ihrem Ruin führen. Wir wollen jetzt Ihrer Patientin ein paar Fragen stellen. Elizabeth, wofür kämpfen Sie in dieser Szene?*

ELIZABETH: *Mir gefällt die Andeutung nicht, meine Behinderung sei auf irgendeine Einbildung zurückzuführen, irgendeinen Wahnsinn in mir. Ich kämpfe darum, ihn davon zu überzeugen, dass es sich wirklich um ein körperliches Gebrechen handelt, über das ich keine Kontrolle habe.*

MS: *Was wäre das Gegenteil davon?*

E: *Vielleicht hat er doch recht. Vielleicht bilde ich mir wirklich alles ein.*

MS: *Ja. Aber davon habe ich in der Szene nichts gesehen.*

E: *Es steht nicht im Skript.*

MS: *Es steht im Subtext.*

E: *Das verstehe ich nicht. Was heißt Subtext?*

MS: *Was sich unter der Oberfläche des Texts abspielt. Sagen wir, Ihr Mann stirbt an dem Tag, an dem Sie sich neue Handschuhe kaufen; sein Tod würde einen großen Einfluss darauf haben, wie Sie sich fühlen, auch wenn die Handlung des Handschuhkaufs selbst alltäglich ist. Doch von diesem unterschwelligen Text wird in der Szene nichts sichtbar werden, wenn Sie, der Schauspieler, es nicht in die Szene bringen.*

E: *Warum sollte ich wollen, dass dieser Psychiater recht hat?*

MS: *Weil so eine Chance besteht, dass Sie geheilt werden, dass Sie wieder laufen und ein normales Leben führen können.*

E: *Ah, ich verstehe. Ja. Ich verstehe, dass ich es versäumt habe, den Gegensatz genauso stark zu machen wie meine ursprüngliche Wahl.*

MS: *Genau das hätten Sie tun müssen. Dann hätten Sie wichtige Entdeckungen machen können.*

E: *Jetzt kann ich das sehen. Ich hätte entdecken können, dass die schwierige Beziehung zu meinem Vater und meiner Mutter zu meiner Behinderung beigetragen haben könnte. Ich hätte entdecken können, dass dieser merkwürdige neue Arzt der einzige Mensch ist, der mir vielleicht wirklich helfen kann. In mir könnte der Verdacht wachsen, dass mit mir etwas nicht stimmt.*

MS: *Stattdessen entschieden Sie, jeder möglichen Entdeckung in dieser Szene zugunsten einer genauen Befolgung des Dialogs zu widerstehen.*

E: *Also füge ich buchstäblich die Gegensätze hinzu, auch wenn sie im Text nirgendwo zu erkennen sind?*

MS: *Richtig. Sie bilden den Subtext.*

E: *Warum sind sie dann nicht in der Szene? Warum stehen sie nicht eindeutig im Text?*

MS: *Ein gutes Stück ist ein Spiegel des menschlichen Verhaltens. Die Aufgabe des Schauspielers ist es, das beizusteuern, was unter der Oberfläche des menschlichen Verhaltens steckt.*

E: *Und ein Schauspieler kann das nur leisten, wenn er die Gegensätze findet, das heißt Dinge entdeckt, die die Figur – in ihrer Befangenheit – leugnet.*

MS: *Richtig. Deshalb sind Gegensätze so wichtig: Man muss das Risiko eingehen, sie in die Szene zu bringen. Was geschrieben ist, ist eindeutig. Das, was hinter dem Eindeutigen steckt, macht eine interessante Darstellung aus.*

E: *Worin liegt der Unterschied zwischen einer Entdeckung und einem Ereignis?*

MS: *Je wichtiger Sie eine Entdeckung nehmen, desto mehr wird sie zu einem Ereignis.*

Wie Sie an dieser Szene sehen können, ist es die Aufgabe des Schauspielers, im geschriebenen Text nach Gegensätzen zu suchen. In diesem Fall entschied sich keiner der beiden Schauspieler dafür, in sich ein großes *Bedürfnis* für den Partner/die Partnerin zu verspüren. Wenn es ein Bedürfnis gibt, wird Wärme erzeugt. Wir sehen so viele kalte Lesungen, in denen die Schauspieler gleichgültig und gefühllos sind; sie haben kalte Entscheidungen getroffen – wie könnte es da in der Szene Wärme geben?

Wenn dieser Darsteller Freuds das Bedürfnis nach Ermutigung, Erwiderung, Zustimmung vonseiten seiner Patientin verspürt hätte, hätte es Wärme gegeben. Es hätte seiner Autorität keinen Abbruch getan: Der Konflikt wäre der zwischen der Autoritätsfigur und dem Menschen gewesen, der ein Bedürfnis nach Anerkennung hat. Sie existieren beide; die eine Person löscht die andere nicht aus. Auf diese Weise kann in der Figur Konflikt erzeugt werden, doch in der Entscheidung dieses Schauspielers lag kein Konflikt.

Die Elizabeth dieser Schauspielerin akzeptierte alles, was Freud sagte. Sie stellte nichts in Frage, sie brauchte keine Wärme. Sie schien jedes an sie gerichtete Wort zu verstehen. Sie fragte nie mehr, als es ihre Zeilen vorschrieben. Hätte sie sich hingegen selbst in die Situation versetzt, statt die geschriebene Elizabeth einfach hinzunehmen, hätte sie sich von ihrem Arzt natürlich Wärme, Mitgefühl und Anerkennung gewünscht, und sie hätte gegen die seltsame kalte Autorität, mit der er ihr gegenübertritt, protestiert. Eine interessantere Schauspielerin wäre zum Vorschein gekommen, eine, die sich wehrt und die Dinge nicht nur hinnimmt, eine mit ebenso viel Feuer wie Fügsamkeit in sich. Diese Frau enthüllte dem Arzt vieles; doch zu keinem Zeitpunkt schaltete die Schauspielerin ihre eigenen Fragen ein: Was macht er aus dem, was ich ihm gerade erzählt habe? Überzeugt ihn das nicht? Was denkt er jetzt? Glaubt er, ich sei eine Lügnerin? Warum sagt er mir nichts Eindeutiges? Ich will hier nicht sein, es war nicht meine Idee hierherzukommen; ich gehe! Nein, ich bleibe besser; er ist seltsam, vielleicht ist doch was dran an dem, was er tut.

Schauspieler müssen auf der Grundlage einer Situation aus dem wirklichen Leben arbeiten, nicht mit einer literarischen

Vorstellung davon oder mit dem Bild, das die Figur sich davon macht. Meistens sind die Entdeckungen nicht im Text des Skripts zu finden; der Schauspieler muss in den Subtext eindringen, um sie machen zu können. Sie treten zutage, wenn der Schauspieler Antworten auf Fragen aus seinem eigenen Leben findet.

Wegweiser Nr. 7:

KOMMUNIKATION UND KONKURRENZ

Kommunikation

Die meisten Menschen nehmen den Prozess der Kommunikation als gegeben an, wissen aber nicht, was er eigentlich ist. Darstellung ist ganz wesentlich auch eine Sache der Kommunikation. Es reicht nicht, dass der Schauspieler etwas *fühlt,* wenn dieses Gefühl nicht mitgeteilt wird.

Nach einer misslungenen Szene sagen Schauspieler oft zu mir: »Aber ich hatte doch das richtige Gefühl!« Wenn dieses Gefühl den anderen Figuren auf der Bühne verborgen bleibt, passiert überhaupt nichts. Natürlich muss es im Inneren entstehen, doch es heimlich in sich zu tragen ist weder dramatisch noch aktiv, wenn Sie nicht das *Bedürfnis* haben, dass es von der anderen Figur empfunden wird.

Kommunikation ist ein Kreis, keine Einbahnstraße. Oft hört man Leute ausrufen: »Aber ich hab's ihm doch gesagt!«, so als würde es genügen, jemandem etwas zu sagen. Wenn der andere das, was man ihm sagt, nicht empfängt, gibt es keine Kommunikation. *Zwei* sind erforderlich, um zu kommunizieren: der Sender und der Empfänger. Der Empfänger muss den Empfang bestätigen und dem Sender eine Erwiderung zurücksenden und so den Kreis schließen, der einer Kommunikation zugrunde liegt. Dadurch wird dem Sender die unausgesetzte Pflicht auferlegt, sich erstens zu vergewissern, dass seine Botschaft deutlich ist, und zweitens zu überprüfen, ob der Empfänger sie erhalten hat. Der Empfänger ist verpflichtet, erstens sicherzustellen, dass er die Nachricht gehört hat und in der Lage ist, sie zu *wiederholen,* und zweitens den Empfänger wissen zu lassen, dass er die Botschaft erhalten hat. Ohne Wiederholung gibt es keine Kommunikation.

Kommunikation ist nicht leicht. Wir neigen alle zur Faulheit und denken gern: »Na, ich hab's gesagt, und es ist seine Schuld, wenn er es nicht versteht.« Jedes Mal, wenn wir so denken, ist Kommunikation gescheitert. Kommunikation ist harte Arbeit. Vor allem, da wir ja immer beide Rollen spielen müssen, die des Senders und die des Empfängers. Viele von uns ziehen es vor, nur eine der beiden Rollen zu spielen, und sind davon überzeugt, dass sie die schizophrene Leistung – nämlich doppelt zu sein – nicht schaffen können. Doch wir müssen doppelt sein, wenn auf der Bühne Kommunikation stattfinden soll.

Stellen Sie sich einen Kreis vor: Was Sie aussenden, müssen Sie zurückbekommen. Solange der Kreis nicht vollständig ist, können Sie nicht zum nächsten Schritt des Kommunikationsprozesses übergehen.

Jeder Akt der Kommunikation ist ein Zyklus. Wenn der Kreis nicht durchlaufen ist, bleiben die Leute in einer Umdrehung stecken. Entweder durchlaufen sie die Umdrehung immer und immer wieder, oder aber sie verschließen sich; in beiden Fällen sind sie nicht offen, den nächsten Kommunikationszyklus zu beginnen. Redet der Sender unbekümmert weiter, bleibt der Empfänger zurück; der Sender redet mit sich selbst. Nach kurzer Zeit beschuldigt er den Empfänger, nicht zugehört zu haben; oder der Empfänger sagt: »Ich weiß nicht, wovon du redest«, und das Ergebnis ist Feindseligkeit – ein Zusammenstoß, weil keine Kommunikation stattgefunden hat.

Schlimmer noch ist es, wenn weder vom Sender noch vom Empfänger offen zugestanden wird, dass die Kommunikation gescheitert ist, und jeder annimmt, er selbst habe verstanden. Aufgrund dieser Fehleinschätzung geraten sie in immer größere

Bedrängnis. Es kommt zu Schuldzuweisungen, Missverständnissen – und all dies führt unausweichlich zu Feindseligkeit.

Kommunikation ist viel mehr als der Austausch von Worten.

Fragen Sie sich: Sende ich ein Gefühl aus und erhalte ich ein Gefühl zurück, oder rede ich bloß?

Die erfolgreichsten Schauspieler sind die, die fähig sind, das, was sie fühlen, einem anderen mitzuteilen. Dem anderen ein Gefühl zu senden wirkt so stark, dass es sich auch dem Publikum mitteilt.

Ziel der Kommunikation ist Wiederholung. Du willst, dass der andere so denkt wie du, dass er das wiederholt, was du gerade gesagt hast, dass er so fühlt, wie du fühlst, dass er mit dir übereinstimmt. Natürlich erreicht man dieses Ziel nicht immer – andere Menschen hören nicht gern zu, und noch weniger gern pflichten sie bei –, doch dieses Bedürfnis, dieses Motiv steckt hinter jeder Kommunikation.

Im wirklichen Leben scheitern wir oft, wenn wir kommunizieren; wir reden *an* jemanden *vorbei,* statt *mit* ihm zu reden. Wir wollen unsere Gefühle verbergen und erwarten, dass der andere sie ausgräbt. Theaterstücke beschäftigen sich nicht mit unserem Alltagsverhalten, sondern mit den ungewöhnlichen Momenten im Leben eines Menschen, wenn sein Bedürfnis zu kommunizieren am größten ist. Dieses Bedürfnis muss der Schauspieler vermitteln.

Von jemandem ein Gefühl zu empfangen ist noch schwieriger, als Gefühle auszusenden. Es erfordert Sensibilität, eine erhöhte Wachsamkeit für den anderen. Es verlangt vom Schauspieler wirkliche Teilnahme – denn warum sonst sollte er sich der schwierigen Aufgabe unterziehen, sich für eine wahrhaftige Kommunikation zu öffnen?

Empfangen heißt, dass wir offen, bereit sind. Wie können wir empfangen, wenn wir verschlossen sind? Offenheit ist beides:

großzügig und egoistisch. Großzügig, da du dich den Bedürfnissen eines anderen öffnest; egoistisch, da du etwas über einen anderen Menschen wissen willst – etwas über einen anderen zu wissen verleiht Macht.

Es gibt Zeiten, wo es für uns unerlässlich ist, über einen anderen Menschen Bescheid zu wissen, wo wir nicht leben könnten, ohne über ihn Bescheid zu wissen. Und es gibt Zeiten, wo wir auf das Bedürfnis eines anderen reagieren, sich uns zu enthüllen.

Wenn mir Schauspieler für eine Handlung, die sie in einer Szene ausführen, einen selbstlosen Grund nennen, empfehle ich ihnen, misstrauisch zu sein. Die wenigsten von uns sind Florence Nightingale. Es gibt immer einen selbstsüchtigen Grund, wenn wir selbstlos sind. Ich will damit nicht sagen, dass Menschen nicht selbstlos handeln, doch in jeder selbstlosen Handlung steckt *auch* ein egoistisches persönliches Bedürfnis, das damit befriedigt wird.

Für einen Schauspieler ist es wichtig, diese Tatsache nicht aus den Augen zu verlieren. Selbstlose Motive führen zu einer passiven, braven und sehr langweiligen Darstellung. Nur wenn Sie wissen, *wofür* Sie kämpfen, wird Ihre Darstellung lebhaft, lebendig und erinnerungswürdig.

Kommunikation beruht auf dem Bedürfnis, von Ihrem Partner gehört zu werden, und der Hoffnung, dass das, was er von Ihnen hört, in der Beziehung zwischen Ihnen und ihm eine *Veränderung* herbeiführt.

Kommunikation ist der Wunsch, denjenigen, mit dem Sie kommunizieren, zu verändern.

Konkurrenz

Jedes Mal, wenn ich Schauspielern erkläre, dass alle dramatischen Beziehungen auf Konkurrenz beruhen, wehren sie sich heftig dagegen. Irgendwie hat »Konkurrenz« einen schmutzigen Klang. Niemand will zugeben, dass in seinen Liebes- und Freundschaftsbeziehungen Konkurrenz herrscht. Doch ohne Konkurrenz zwischen den Figuren wäre Drama tatsächlich langweilig, denn es zehrt vom Konflikt und stirbt mit der Verständigung.

Es gibt zwei Haltungen, mit denen ein Schauspieler jede Szene durchdringen muss:

1. Ich habe recht, und du hast unrecht.
2. Du sollst dich von dem, was du bist, in das verwandeln, als was ich dich haben will.

Kein Spiel macht Spaß, wenn die Teilnehmer nicht miteinander konkurrieren. Würden Sie mit jemandem Tennis spielen, der nicht um den Sieg kämpft? Es würde keinen Spaß machen, mit ihm zu spielen. Würden Sie mit jemandem Bridge spielen, dem es egal ist, ob er einen Stich macht oder nicht? Es wäre äußerst langweilig, mit ihm zu spielen. Das Leben ist ein Kabarett, Freunde; ihr müsst konkurrieren, oder kein Mensch wird sich für euch interessieren.

Wir konkurrieren um alles; die witzigste Geschichte zu erzählen; für am aufrichtigsten gehalten zu werden; am hübschesten, am attraktivsten, am verlässlichsten zu sein. Wir kämpfen um einen Platz in der U-Bahn, um genügend zu essen, um Arbeitsplätze, um Liebe, um Zuneigung, um Freunde, um Liebhaber. Es gibt nichts, worum wir nicht konkurrieren würden. *Konkurrenz ist gesund.* Genau wie ohne Konkurrenz niemand irgendein Spiel spielen würde, würde niemand im wirklichen Leben ohne Konkurrenz irgendetwas unternehmen. Konkurrenz ist Leben.

Und dennoch weigern sich die meisten Schauspieler, dies anzuerkennen. Sie wollen nicht konkurrieren. Ihnen missfällt die Idee. Und aus diesem Grund sind sie keine erstklassigen Schauspieler. Ein guter Schauspieler ist einer, der kämpft, der es *genießt,* zu kämpfen.

Der Widerstand gegen die Idee der Konkurrenz ist enorm. In jedem Kurs, den ich abhalte, gibt es Schauspieler, die nicht akzeptieren können, dass Konkurrenz Teil jeder menschlichen Beziehung ist. Offensichtlich werden wir dazu erzogen, Konkurrenz zu leugnen. Sie ist nichts Nettes. Wir missbilligen sie. Andere tun es vielleicht, aber das sind dann keine netten Leute; nette Leute wie wir konkurrieren nicht miteinander. Es ist jedes Mal eine Heidenarbeit, die Schauspieler davon zu überzeugen, dass sie in jeder Szene konkurrieren müssen – sie wird ihnen sonst misslingen. Ich sage: »Konkurrenz ist gesund.« Alle schauen mich skeptisch an. Sie sind nicht meiner Meinung.

Die Idee der Konkurrenz stößt auf mehr Widerstand als alle anderen.

Ich hämmere es ihnen ein: Ein Schauspieler muss konkurrieren – oder untergehen.

Wegweiser Nr. 8:

BEDEUTSAMKEIT

Theaterstücke handeln von wichtigen Momenten im Leben von Menschen, nicht von ihrem Alltagseinerlei. Wenn sie vom Alltag handeln würden, warum würde jemand aus dem Haus gehen, um sich ein Theaterstück anzusehen?

Und dennoch lieben Schauspieler es, den Alltag zu spielen, und gratulieren sich dann selbst für die Wahrhaftigkeit ihrer Darstellung. Wahrheit ist nicht genug, wenn sie weder dramatisch noch interessant, noch einzigartig ist. Den ganzen Tag lang kriegen wir Wahrheit zu hören, wird uns Wahrheit eingebläut – meistens die Wahrheit von anderen, die darauf bestehen, dass wir sie hören, ob wir wollen oder nicht. Immerzu müssen wir unseren eigenen unschönen, unangenehmen Wahrheiten ins Gesicht sehen, und wir müssen unsere Fantasie bis zur letzten Neige ausschöpfen, um einen Traum am Leben zu erhalten, an den wir uns klammern – und sei er noch so närrisch, noch so unwahrscheinlich, noch so verborgen. Die Menschen leben für ihre Träume, nicht für ihre deprimierenden Wahrheiten.

Aus unerfindlichen Gründen lieben es Schauspieler auch, alle dramatischen Möglichkeiten auf die alltäglichsten Wirklichkeiten zu reduzieren. Sie nehmen eine Situation her, die aufgeladen ist mit möglichen Spannungen, und bügeln sie flach. Flach und kontrollierbar. Das sei *die Wahrheit*, das sei *die Wirklichkeit*, sagen sie; und dann wundern sie sich, dass es niemanden interessiert. Eine Staubflocke von wirklichem Leben, nicht wichtiger als der Staub unter dem Bett. Die Wahrheit genügt für ein Theaterstück nicht, wenn sie nicht mit ausreichend Gefühl ausgestattet ist, um sie wichtig zu machen.

Ich nehme an, dass dieses Flachbügeln, durch das die dramatischen Möglichkeiten einer Situation so weit reduziert werden, dass sie leicht gehandhabt werden können, aus dem von den meisten Menschen verspürten Wunsch erwächst, Schwierigkeiten aus dem Weg zu gehen. Die meisten Leute würden meilenweit laufen oder wochenlang schlafen, um eine Konfrontation zu vermeiden. Als Kindern wird uns beigebracht, das beste Benehmen sei, keinerlei Schwierigkeiten zu machen; die meisten von uns verbringen ihr Leben damit, die Konflikte zu vermeiden, aus denen Drama besteht.

Für einen Schauspieler ist es wichtig, dass das, was er auf der Bühne einsetzen muss, das Gegenteil von der Sicherheit ist, die zu erstreben ihm sein ganzes Leben lang eingetrichtert wurde. Friedfertigkeit und die Vermeidung von Kontroversen verbessert sein Spiel nicht. Es ist gerade das Gegenteil, wonach er streben muss.

Ein weiterer Faktor, der im Prozess des Flachmachens eine Rolle spielt, ist die Tatsache, dass Schauspieler, die gelernt haben, in ihrer Darstellung nach Wahrheit zu streben – ein Ziel, dem ich von ganzem Herzen zustimme –, oft den Fehler begehen, das, was sie jeden Tag um sich herum sehen, für Wahrheit zu halten. Die Wahrheit, die wir als Schauspieler anstreben, ist eine sehr spezielle Wahrheit, nicht die gewöhnliche Wahrheit für den alltäglichen Gebrauch. Wenn das, was Sie uns als Schauspieler präsentieren, alltäglich ist, wird niemand große Lust haben, es zu sehen; schließlich sehen wir es jeden Tag. Wonach ein Schauspieler in einem Stück Ausschau halten muss, ist etwas Ungewöhnliches. Etwas Bedeutsames.

Sie haben bestimmt schon Leute in der U-Bahn gesehen, die zu einem Zug rennen, und die Türen fallen ihnen vor der Nase zu: Sie kriegen einen Wutanfall, schreien und fluchen und stampfen mit dem Fuß auf. Die Tatsache, dass in fünf Minuten der nächste Zug kommt, hat auf ihr Benehmen keinen Einfluss. Jetzt, in diesem Moment, ist es die wichtigste Sache der Welt für sie, den Zug zu erwischen. Und für eine Szene in einem Theaterstück sollten Sie weniger tun?

Mein Unterricht dauert meistens länger als andere Kurse (sechs bis sieben Stunden am Stück), und nach der Hälfte machen wir eine Pause, damit die Schauspieler Luft schnappen und Kaffee trinken können. Man sehe sich ihre Gesichter an, wenn sie einen schwarzen Kaffee bekommen statt einen mit Milch und Zucker. Man höre sich ihre Entsetzensschreie an, wenn sie anstelle des bestellten Apfelkuchens einen Krapfen bekommen! Und als Reaktion auf eine Situation in einem Stück sollten Sie weniger tun?

Bedeutsam heißt nicht unbedingt bedeutsam für andere, sondern dass es für Sie in diesem Moment emotional wichtig ist. Wir nehmen in diesem bestimmten Moment Kleinigkeiten wichtig, auch wenn wir sie am nächsten Tag vergessen haben. Wichtige Dinge werden in diesem bestimmten Augenblick noch wichtiger für uns. Entscheiden Sie sich für nichts Geringeres als äußerste Empörung und größten Schmerz, wenn Sie die U-Bahn verpasst haben. Entscheiden Sie sich für nichts Geringeres als herzzerreißendes Jammergeschrei, wenn Ihnen versehentlich ein schwarzer Kaffee serviert wird.

Treiben Sie den Einsatz in jeder Szene so hoch wie möglich. Suchen Sie nach der größten Bedeutsamkeit. Steigern Sie die Bedeutsamkeit noch. Wenn Sie das nicht tun, wird Ihnen kein Mensch zuhören.

Beispiel:
Birdbath von Leonard Melfi
Birdbath ist am Off-off-Broadway ein gern gespieltes Stück. Es gibt nur zwei Figuren: die scheue, kranke, gehemmte Velma

und den gutaussehenden, illusionslosen Frankie. Sie lernen sich in einem Restaurant kennen, und Frankie lädt sie zu sich nach Hause ein. Der Text lässt erkennen, dass Frankie sie für ziemlich seltsam hält (was sie auch ist), dass sie ihn genauso enttäuscht wie alle anderen, dass es ihm nicht gelingt, sie ins Bett zu kriegen, und dass er sich nicht einmal sicher ist, ob er das überhaupt will. Frankie hat etwas Passives, Introvertiertes und Anspruchloses an sich, an dem viele Schauspieler scheitern. Ich stelle den Schauspielern einige Fragen:

MS: *Warum haben Sie sie mit nach Hause genommen?*
FRANKIE: *Sie hat mir leid getan.*
MS: *Sie haben also nur eine gute Tat vollbracht?*
F: *Ja.*
MS: *Für Sie ist weiter nichts drin?*
F: *Vielleicht fühle ich mich besser, weil ich diesem armen Ding geholfen habe.*
MS: *Sie sind also Florence Nightingale! Hüten Sie sich stets vor Entscheidungen, die Sie in eine engelhafte, hilfreiche Krankenschwester verwandeln. Natürlich tun wir Dinge, um anderen zu helfen, doch es muss auch etwas für uns herausspringen.*
F: *Was sollte ich von diesem mageren Ding wollen? Sie meinen, ich will mit ihr ins Bett gehen?*
MS: *Warum nicht?*
F: *Ich hab's doch nicht* **so** *nötig!*
MS: *Wenn Sie sie nur als Niemand betrachten, werden Sie nie einen Grund finden, Sie zu begehren. Denken Sie nach. Was könnten Sie von ihr wollen?*
F: *Vielleicht will ich, dass sie mich bewundert.*
MS: *Okay. Warum sie? Warum ausgerechnet Velma?*
F: *Sie war zufällig da und wischte die Tische ab, als ich das Restaurant abends abschloss.*

MS: *Die Entscheidung »… war zufällig da« taugt nichts. Sie ist absichtslos, keine starke Entscheidung, sie hilft dem Schauspieler nicht. Sie müssen einen Grund finden, warum Sie diesen Menschen* **wählen.** *Sie haben sie zu sich nach Hause eingeladen, also haben Sie sie gewählt.*

F: *Ich habe sie gewählt, weil sie so wenig Chancen hat und weil sie mir vielleicht das Gefühl gibt, ein wirklich toller Kerl zu sein.*

MS: *Das ist ein sehr guter Grund. Mehr.*

F: *Vielleicht liebt sie mich.*

MS: *Wie sehr?*

F: *(Überrascht) Oh. Vielleicht liebt sie mich mehr, als ein anderes Mädchen mich lieben würde, weil sie mich besser zu schätzen weiß; sie schätzt sich glücklich, mich gefunden zu haben.*

MS: *Sehr gut. So wird die emotionale Basis stärker für Sie. Sie haben gezeigt, wie sehr Velma Sie braucht. Und wozu brauchen Sie sie?*

F: *Damit ich mich gut fühle. Damit ich mich geliebt fühle. Vielleicht sogar, um das Gefühl zu haben, ich sei es wert, geliebt zu werden. Ich bin in meinem Leben an einem Tiefpunkt angelangt – mit dem Schreiben läuft es nicht gut, ich arbeite in diesem lausigen Restaurant –, und durch sie fühle ich mich vielleicht besser. Sie würde mich verehren, mir wieder das Gefühl geben, ich sei ein Gott. Sie würde mir das Gefühl geben, wichtig zu sein. Vielleicht würde sie mich dazu bringen, wieder zu schreiben.*

MS: *Würde sie Ihnen beim Schreiben helfen können?*

F: *Ja! Sie könnte immer meine Bleistifte spitzen und mich mit Papier und Kohlepapier versorgen; sie könnte still bei mir sitzen und Strümpfe stopfen, während ich arbeite; sie gehört nicht zu denen, die von mir erwarten, dass ich sie zum Tanzen ausführe, wenn ich zu Hause bleiben und schreiben will. Auf diese Weise könnte sie mir zur Seite stehen. Sie könnte meine Manuskripte für mich abtippen, und sie könnte an mich glauben.*

MS: *Was haben Sie und Velma gemeinsam?*

F: *Nichts.*

MS: *Denken Sie nach.*

F: *Was könnte ich mit so einem armen, verlorenem Wesen gemeinsam haben? Ich sehe gut aus, viele Mädchen sind verrückt nach mir; sie ist eine klägliche, unattraktive kleine Jungfrau, die außer ihrer verrückten Mutter und einem Bruder, der davongelaufen ist und sie zurückließ, niemanden hat.*

MS: *Haben Sie gesagt, sie sei ein armes, verlorenes Wesen?*

F: *So sehe ich sie.*

MS: *So sehe ich Sie auch irgendwie, Frankie.*

F: *Wirklich?*

MS: *Sie sagten es ja selbst: Sie haben einen lausigen Job in einem Restaurant; Sie haben kein Geld, mit dem Schreiben sieht es nicht gut aus. Sie müssen ziemlich einsam sein, oder Sie hätten dieses arme, verwahrloste Kind nicht mit zu sich nach Hause genommen. Mir kommt es so vor, als hätten Sie beide jede Menge gemeinsam.*

F: *Wenn Sie es so sehen.*

MS: *Wenn* **Sie** *es so sehen, erhalten Sie eine Beziehung, mit der Sie arbeiten können, oder?*

F: *Natürlich, wenn wir vieles gemeinsam haben. Ich erkenne in ihr Dinge, die mir sehr ähnlich sind, aber ich finde, dass es mir besser als* **ihr** *geht, nicht wahr?*

MS: *Natürlich.*

F: *Aber dadurch werde ich zu dem, der stark ist, und ich strecke die Hand aus, um ihr zu helfen. Und wenn ich das tue, kann sie mich, wie gesagt, zum Schreiben ermuntern, meine Wohnung in Ordnung halten, einkaufen, kochen – damit ich Zeit zum Schreiben habe. Sie darf mich nur nicht stören.*

MS: *Glauben Sie nicht, Sie könnten einfach bestimmen, wie die Dinge zu laufen haben, und sie wird Ihnen auf jeden Fall gehorchen?*

F: *Doch, doch, das könnte ich. Sie könnte sehr nützlich sein. Eher als diese Mädchen, die immer ein neues Kleid wollen und ins Restaurant und zum Tanzen und ins Theater gehen wollen, um meine hart verdienten Kröten zu verpulvern. Aber …*

MS: *Aber was? Sagen Sie's.*

F: *Ich bin mir nicht sicher, ob ich mit einem so unansehnlichen Mädchen gesehen werden will. Was, wenn die Leute herausfinden, dass ich mit ihr lebe? Das würde mir nicht gefallen.*

MS: *Ist sie wirklich so unansehnlich? Schauen Sie sie genauer an. Sie könnten ihr ein viel schöneres Kleid schenken. Sie könnte eine neue Frisur haben. Ein bisschen Make-up, Kleinigkeiten hier und da – Sie könnten dafür sorgen, dass sie viel besser aussieht, oder?*

F: *Ja, doch. Sie müsste nicht ganz so ungepflegt aussehen. Vielleicht mit ein bisschen mehr Selbstbewusstsein … sie könnte ganz gut aussehen. Aber eine Schönheit wird nie aus ihr werden.*

MS: *Sie könnte Ihnen viel mehr bieten als ein schönes Mädchen.*

F: *Vielleicht.*

MS: *Und viel weniger fordern.*

F: *Vielleicht käme ich ganz gut weg dabei. Wenn ich sie zurechtmache …*

MS: *Sie kennen doch die Hollywood-Filme, in denen das hässliche Mädchen mit der Brille und dem Haarknoten verwandelt wird. Sie nimmt die Brille ab, und sie wird geschminkt und frisiert, und plötzlich sieht sie schick und wunderschön aus. Warum sollte diese Fantasie hier nicht für Sie funktionieren? Sie sind Rex Harrison, sie ist Eliza Doolittle; Sie lassen sie zurechtmachen und präsentieren sie auf dem großen Ball als Herzogin.*

F: *Richtig! Das ist großartig. Ich könnte einen ganz neuen Menschen aus ihr machen. Niemand würde sie wiedererkennen. Nicht einmal ihre Mutter.*

MS: *Gut. Welchen Unterschied machen all diese Informationen für Sie beim Vorsprechen?*

F: *All die neuen Informationen bewirken, dass mein Interesse an ihr jetzt* ***wichtig*** *ist. Ich war lustlos, als wir die Szene spielten, weil ich lauter unwichtige Gefühle wählte, zum Beispiel, dass sie mir auf die Nerven ging und mich langweilte; jetzt hingegen kann ich all die aufregenden Möglichkeiten sehen. Ich könnte mir für die Zukunft eine Beziehung mit ihr vorstellen, die mein und ihr Leben verändern würde. Ich könnte daran arbeiten, dass sie sich entspannt und mir vertraut und ihre Deckung herunterlässt, dass wir es tatsächlich zusammen versuchen sollten. Das würde den Rest unseres Lebens entscheidend verändern. Dadurch würde die Szene für mich sehr lebendig werden. Ich würde sie am liebsten gleich jetzt noch einmal lesen!*

MS: *Wenn Sie daraus die Erkenntnis gewonnen haben, dass Sie jede negative Entscheidung im Text übernommen haben, dass Sie aus Langeweile und Gleichgültigkeit gegenüber Ihrer Partnerin gehandelt haben (die schlimmsten Entscheidungen über eine Beziehung, die ein Schauspieler treffen kann) und dass Sie sich diese Fragen bei* ***jeder Szene****, die Sie vorlesen, stellen müssen – dann werden Sie bei jedem Vorsprechen so begierig darauf sein, auf die Bühne zu kommen, wie Sie es jetzt sind.*

Lassen Sie mich Velma einige Fragen stellen, bevor Sie die Szene noch einmal lesen. Was halten Sie von Frankie?

VELMA: *Er ist einer der bestaussehenden Männer, die ich jemals kennengelernt habe.*

MS: *Warum gehen Sie mit zu ihm in seine Wohnung?*

V: *Weil ich Angst habe, nach Hause zu gehen.*

MS: *Warum gehen Sie mit zu ihm in seine Wohnung?*

V: *Ich dachte, ich habe diese Frage beantwortet. Okay, hab' ich nicht. Also gut. Ich gehe mit zu ihm, weil er mich eingeladen hat.*

MS: *Keinen eigenen Willen, was?*

V: *Er scheint freundlich zu sein, und ich habe nichts Besseres zu tun.*

MS: *Das ist ein furchtbarer Grund. Sie gehen mit einem attraktiven*

Mann in seine Wohnung, nur weil Sie nichts Besseres zu tun haben? Was kann eine solche Entscheidung anderes hervorbringen als ein lustloses, langweiliges, lebloses Vorlesen?

V: *So, wie ich die Szene verstehe, ist er kein besonders angenehmer Mensch.*

MS: *Dann sollten Sie schleunigst etwas finden, was ihn nett macht.*

V: *Ich glaube nicht, dass ich ihn mag. Wie kann ich ihn nett finden?*

MS: *Genau das ging mir durch den Kopf, als ich Ihnen in der Szene zusah. Hier ist ein einsames und schüchternes Mädchen, das einen Mann in dessen Wohnung begleitet – und sie wirkt, als würde sie mutterseelenallein durch den Park spazieren. Er interessiert sie nicht. Warum also sollte ich die Szene ansehen wollen? Wenn Sie sich nicht für Ihren Partner interessieren, ist es nicht interessant, Ihnen zuzusehen. Wenn Sie langweilig und uninteressant sind, wieso sollte ich Sie engagieren?*

V: *Sie meinen, ich muss so tun, als wäre ich an ihm interessiert, auch wenn im Buch steht, dass ich es nicht bin?*

MS: *Es steht nicht im Buch, dass Sie nicht interessiert sind. Das haben Sie entschieden.*

V: *Im Stück steht, dass ich Angst vor Sex habe. Jedes Mal wenn er mich berührt, sage ich, er soll das lassen. Ich sage ihm, dass er ziemlich eklig wird, wenn er trinkt. Ich sage ihm, dass er sich über nichts aufregt und dass er nicht so viele Schimpfwörter verwenden soll. Ich verbiete ihm, mich zu berühren.*

MS: *Stimmt. Stimmt alles. Und das ist alles, was Sie in der Szene sehen?*

V: *Das ist es, was ich sehe.*

MS: *Sehen Sie nicht, dass hinter all diesen negativen Handlungen ein einsames Mädchen steckt, das sich nach jemandem sehnt? Das versucht, diesen Mann dazu zu bringen, sie zu mögen? Seine Grausamkeit, seine Sprache, sein Trinken – diese Dinge kränken sie, doch sie fühlt sich von ihm angezogen.*

V: *Ich finde ihn nicht attraktiv.*

MS: *Genau aus diesem Grund finden wir Sie nicht besonders attraktiv.*

V: *Sie meinen, wenn Sie mich engagieren sollen, müssten Sie mich attraktiv finden?*

MS: *Das meine ich.*

V: *Aber das kommt mir wie ein Verrat am Buch vor.*

MS: *Ich glaube,* Birdbath *handelt von zwei verlorenen und einsamen Menschen, die sich verzweifelt nach Liebe sehnen. Wenn Sie nicht nach Liebe suchen, wenn Sie nicht glauben, Sie könnten die Liebe Ihres Lebens in Frankie finden, wenn es Ihnen nicht gelingt, sich eine Liebesgeschichte mit diesem Mann vorzustellen – wie kann ich das Stück mit Ihnen machen?*

V: *Wie könnte ich eine solche Wahl treffen? Das Buch sagt ganz klar, dass ich Angst vor Sex habe.*

MS: *Wenn Sie Angst vor Sex haben, wieso sind Sie mit ihm in seine Wohnung gegangen?*

V: *Um ihm zu zeigen, dass er bei mir keine Tricks zu versuchen braucht.*

MS: *Warum wählen Sie so ein seltsames Ziel?*

V: *Weil Männer jedes Mal, wenn ein Mädchen freundlich ist, glauben, dass es mit ihnen ins Bett will. Und das stimmt nicht.*

MS: *Ich verstehe. Also wollen Sie diese Szene als feministische Plattform hernehmen?*

V: *Das hat nichts mit Feminismus zu tun. Aber so denken Männer, und das muss sich ändern.*

MS: *Haben Sie die Absicht, Ihr ganzes Leben lang Angst vor Sex zu haben? Werden Sie nie versuchen, Ihre Situation zu verbessern?*

V: *Natürlich. Wenn der Richtige kommt.*

MS: *Ah! Endlich! Warum kann Frankie nicht der Richtige sein?*

V: *Weil ich ihn nicht mag.*

MS: *Aber wenn Sie ihn mögen würden, würde er dann Ihrer Vorstellung vom Richtigen entsprechen?*

V: *Sicher. Aber ich mag ihn nicht.*

MS: *Was bringt Ihnen in dieser Szene mehr: zu wählen, dass Sie ihn mögen, oder zu wählen, dass Sie ihn nicht mögen?*

V: *Hass ist eine starke Kraft in den Menschen.*

MS: *Aber Sie hassen bereits Ihre Mutter. Wollen Sie Ihre ganze Zeit in einem Zweipersonenstück damit verbringen, alle zu hassen?*

V: *Ich verstehe, was Sie meinen.*

MS: *Was wollen Sie dagegen tun?*

V: *Ich sehe einfach keinen Beleg dafür, dass ich mich in Frankie verlieben könnte. Nicht in* ***ihn****!*

MS: *Ich schon. Ich finde viele Belege dafür im Text. Und Sie würden sie auch finden,* ***wenn Sie danach suchten****.*

V: *Sie sind also der Meinung, dass ich jedes Stück in eine Liebesgeschichte verwandeln soll?*

MS: *Jedes Stück handelt von Liebe. Manchmal handelt es von Hass, doch das ist einfach die Umkehrung von Liebe. Hass entsteht, wenn jemandem Liebe vorenthalten wird. Deshalb hassen Sie Ihre Mutter; Sie haben niemals von irgendjemandem Liebe erhalten. Je mehr Sie Liebe entbehren, desto mehr brauchen Sie Liebe.*

V: *Ich glaube nicht, dass das Stück davon handelt. Ich glaube, es geht um zwei völlig verwirrte Leute, die einander benutzen. Zwischen ihnen gibt es kein echtes Gefühl.*

MS: *Selbst wenn Sie recht hätten – Sie haben nicht recht –, wer würde ein Stück sehen wollen, das ausschließlich von zwei Menschen handelt, die so eindimensional sind? Wir wollen Menschen sehen, die Träume, Hoffnungen, Bedürfnisse, Wünsche haben. Vielschichtige Menschen, nicht zwei Schwachköpfe, nach denen kein Hahn kräht.*

V: *Sie meinen, dass ich immer solch positive Entscheidungen treffen muss?*

MS: *In jeder Szene.* Birdbath *ist ein gutes Beispiel für meine Behauptung: Die negativen Dinge stehen immer schon im Text; Sie können sie nicht vermeiden. Der Schauspieler muss das Positive hinzufügen. Sehen Sie, Sie haben selbst gesagt, was im Text steht: Sie protestieren gegen sein Trinken, gegen seine Sprache, seine Kaltschnäuzigkeit. Doch den romantischen Grund, warum Sie mit ihm mitgegangen sind, müssen Sie beisteuern! Das ist die Aufgabe des Schauspielers. Denken Sie auch daran, dass Sie im Stück sagen, er sei gutaussehend; dass ihre Mutter ihn bewundern würde; dass sie stolz auf Sie wäre, wenn sie Sie mit ihm sehen könnte; dass er sehr interessant und intelligent ist.*

V: *Also ich fahre wirklich auf ihn ab, wie?*

MS: *Mit welcher Entscheidung kommen Sie am weitesten? Was bietet Ihnen das meiste Material?*

V: *Natürlich erhalte ich am meisten Material, wenn ich wirklich an ihm interessiert bin.*

MS: *Dann wählen Sie es! Das Negative können Sie nicht vermeiden. Deshalb können Sie sicher sein, dass Sie immer beide Seiten der Szene einbringen, wenn Sie eine positive Wahl treffen: nämlich dass Sie echtes Interesse an Ihrem Partner haben und sich wirklich von ihm angezogen fühlen. Ich werde mehr über Ihr emotionales Leben erfahren, denn dann werde ich sehen, was Sie mögen, und nicht nur das, was Sie nicht mögen; das, was Sie wollen, nicht nur das, was Sie missbilligen; Ihre Träume und nicht nur die Realität, gegen die Sie in dieser Szene kämpfen müssen.*

V: *Wie kann ich eine Affäre mit diesem Typen haben, wenn ich erst am Morgen, beim Frühstück, meine Mutter umgebracht habe?*

MS: *Sie können diese Tatsache als entmutigend ansehen, oder Sie können sie als anregend empfinden.*

V: *Ich habe meine Mutter umgebracht und soll wählen, das als* ***anregend*** *zu empfinden?*

MS: *Sicher.*

V: *Das ist doch pervers!*

MS: *Nicht besonders. Sie müssen beide Seiten sehen: Sie haben Ihre Mutter ermordet, weil Sie die Qual, mit ihr zu leben, nicht mehr aushielten. Sie hat aus Ihrem Leben eine einzige schmerzhafte Wunde gemacht. Natürlich fühlen Sie sich schuldig; Sie fühlen sich aber auch gerechtfertigt. Diese Frau hat es nicht anders gewollt. Zum ersten Mal in Ihrem Leben dürfen Sie sich frei fühlen. Das ist es, was Sie fühlen müssen, denn zum ersten Mal in Ihrem Leben gehen Sie mit einem Mann nach Hause. Das ist ein Akt der Freiheit, der freien Wahl.*

V: *Aber würde die Schuld, meine eigene Mutter ermordet zu haben, mich nicht überwältigen?*

MS: *Fühlen wir uns gern schuldig?*

V: *Nein. Ich hasse es. Aber wir fühlen Schuld.*

MS: *Und da wir es nicht mögen, uns schuldig zu fühlen, versuchen wir, etwas dagegen zu tun. Schuld bewirkt, dass wir uns schlecht fühlen, und wir versuchen, etwas zu finden, wodurch wir uns besser fühlen. Deshalb haben Sie beschlossen, mit Frankie nach Hause zu gehen: Vielleicht gehen die Schuldgefühle dann weg. Vielleicht kann er Ihnen helfen, wenn die Leiche entdeckt wird. Vielleicht steht er Ihnen während des Prozesses zur Seite. Vielleicht verliebt er sich in Sie und wartet auf Sie, wenn Sie aus dem Gefängnis kommen. Vielleicht treibt er einen Anwalt auf, der auf Selbstverteidigung plädiert und so brillant ist, dass Sie nicht ins Gefängnis müssen und mit Frankie ein neues Leben beginnen können. Wenn Sie auch den Subtext gehört hätten, wüssten Sie, dass Frankie Sie genauso sehr braucht, wie Sie ihn brauchen. Sie stecken in großen Schwierigkeiten: Sie brauchen Liebe und Hilfe. Deshalb wählen Sie Frankie, in der Hoffnung, dass er Ihnen helfen wird. In der Hoffnung, dass er die Dinge ins Lot bringt. In der Hoffnung, dass er Sie liebt.*

V: *Das erfordert ganz schön viel Fantasie.*

MS: *Genau. Das ist es, was ein Schauspieler braucht: ganz schön viel Fantasie.*

V: *Ich bin Realistin.*

MS: *Vielleicht können Realisten nicht Schauspieler sein. Vielleicht können nur Leute Schauspieler werden, die an Tagträume glauben.*

V: *Aua!*

MS: *Außerdem sind Sie gar keine solche Realistin, wie Sie glauben. Wie kann jemand von sich sagen, sie sei Realistin, und trotzdem Schauspielerin werden wollen? Schauspielerin sein zu wollen ist doch der größte aller Tagträume. Stimmt's?*

V: *Stimmt.*

MS: *Niemand, nicht einmal eine solche Realistin wie Sie, kann ohne Träume leben: ohne die Hoffnung, dass irgend etwas Gutes passieren wird.*

V: *Ich verstehe.*

MS: *Wenn wir keine Träume und Fantasien hätten, dass die Dinge besser werden, dass wunderbare Sachen möglich sind, wären wir alle schon längst von der Brücke gesprungen. Was mich immer wieder frappiert: Warum lieben es Schauspieler so, eine negative Wahl zu treffen? Sie haben wie eine Tigerin um Ihre negativen Entscheidungen gekämpft! Dabei schaden Ihnen negative Entscheidungen nur; sie ertränken Sie, löschen Sie aus; sie verhindern, dass die Auditoren wissen, wer Sie sind. Sie repräsentieren nur eine Seite von Ihnen, und das ist nicht die Seite, die Sie im Leben motiviert! Es sind die Träume, die Sie motivieren, nicht die negative Realität. Die Realität erzeugt die Probleme, in Träumen werden wir mit ihnen fertig. Aufgrund von Träumen überleben wir. Wenn Sie Ihre Träume weglassen, lassen Sie den besten Teil von sich weg.*

Wegweiser Nr. 9:

DIE EREIGNISSE FINDEN

Häufig vertiefen sich Schauspieler so sehr in die Figur und die Gefühle, in das subjektive Leben der Figur, dass sie vergessen, was in dem Stück passiert. Ich nenne das, was im Stück passiert, die Ereignisse. Eine der Hauptaufgaben des Schauspielers liegt darin, die Ereignisse des Stücks herzustellen.

Was sind Ereignisse? Ereignisse können ganz verschiedener Natur sein. Ein Ereignis kann eine Veränderung sein. Das ist die stärkste Art von Ereignis. Ein Ereignis kann eine Konfrontation sein – und jede Konfrontation hat eine Folge, ein Ergebnis, das der Schauspieler präsentieren muss. Ein Ereignis kann ein Höhepunkt sein, ein wichtiger Wendepunkt im Leben der Figuren.

Veränderung kann offen oder verdeckt sein, deutlich, geradeheraus und offensichtlich oder subtil und unbestimmt. In jedem Fall aber muss der Schauspieler seinen Blick schärfen für die Veränderungen in einer Szene; es können sehr viele darin enthalten sein. Je mehr Veränderungen ein Schauspieler entdeckt, desto lebendiger wird die Szene, denn mit jeder größeren Veränderung gehen mehrere kleine Veränderungen einher. So, wie sich eine Pflanze jeden Tag ihres Lebens verändert – bei den täglichen Veränderungen von Pflanzen kann man beinahe zusehen –, verändert sich ein Mensch. Gute Schauspieler registrieren diese Veränderungen, aus diesem Grund faszinieren sie uns.

Ein Stück muss vorwärtsgehen, es muss sich entwickeln, es kann nicht stillstehen. Ein Stück schreitet durch Ereignisse voran; Figuren und Handlungen allein bringen das Stück nicht weiter. Etwas muss geschehen, damit die Erzählung voranschreitet.

In vielen modernen Stücken sind die Ereignisse so versteckt, dass sie fast nicht wahrnehmbar sind. Es ist die Aufgabe des Schauspielers, sie auszugraben, dafür zu sorgen, dass sie stattfinden, denn moderne Theaterautoren geben nicht gern zu, dass sie Ereignisse brauchen. Doch wenn ein Stück überhaupt Wert hat, enthält es – tief unter der Oberfläche verborgen – Ereignisse, so, wie ein Baum Wurzeln hat, und der Schauspieler muss sie ergreifen und dafür sorgen, dass die Ereignisse auch *stattfinden.*

Ein Schauspieler muss sich fragen: »Was geschieht in dieser Szene? Was sind die Veränderungen?« Und dann muss er arbeiten und diese Ereignisse und Veränderungen herstellen. Er darf es nicht hinnehmen, dass nichts passiert und dass es keine Veränderungen gibt; etwas muss geschehen, eine Veränderung muss stattfinden. Wenn der Autor des Stücks sie nicht erschaffen hat, muss es der Schauspieler tun.

Es gibt Ereignisse, in die nur eine Figur in der Szene verwickelt ist; oder ein Ereignis betrifft alle Figuren in einer Szene, doch ihre Reaktionen darauf und ihre Einschätzung des Ereignisses sind völlig unterschiedlich. Ja, ein Ereignis kann eine Figur betreffen, ohne dass die anderen überhaupt etwas davon merken. Doch die wertvollsten Ereignisse, nach denen ein Schauspieler Ausschau halten muss, sind solche, die die Aufmerksamkeit aller Figuren erfordert. Schauspieler beschäftigen sich oft ausschließlich mit dem Verhalten, sodass sie übersehen, was in der Szene passiert. Verhalten reicht nicht. Ein Schauspieler steht still und *demonstriert* Verhalten nur, solange er es nicht mit einer vorwärts gerichteten Bewegung koppelt, die mit der Schaffung von Ereignissen entsteht. Wenn Sie nicht dafür sorgen, dass in einer Szene etwas geschieht, wird sie in kurzer Zeit sterben.

Ereignisse können psychologischer Art sein: der Machtaustausch zwischen zwei Figuren beispielsweise. Je mehr Material vom Schauspieler in *Handlung* verwandelt wird, desto wirkungsvoller ist das Lesen. Es hängt allein vom Schauspieler ab, wie viel Handlung ein Ereignis enthält.

In *Die Nacht wird kommen* von Emlyn Williams kann die Szene, in der Olivia beim Nachhausekommen über die Leiche ihrer Arbeitgeberin stolpert und Danny beschuldigt, sie ermordet zu haben, zu einer Exposition der Gründe werden, die Danny zum Mord gebracht haben. Wenn Danny daran festhält, dass die Veränderungen in der Szene *Ereignisse sind, die er mit Olivia gemeinsam erlebt,* kann er eine ganze Reihe faszinierender Handlungen herstellen. Es liegt an dem Schauspieler, hier Entscheidungen zu treffen. Natürlich sind Handlungen immer interessanter als bloßes Reden. Ohne etwas am Text zu verändern, kann das gleiche Material mit Spannung und Bewegung erfüllt werden, wenn der Schauspieler darauf besteht, Handlungen auszuführen, die die Beziehung zum Partner deutlich machen.

In *Gypsy* von Arthur Laurents – dem wahrscheinlich besten Skript zu einem Musical, an dem ich jemals mitgearbeitet habe – sind die Szenen zwischen Herbie und Rosie voll von Veränderungen und Entwicklungen in ihrer Beziehung. Je mehr Entdeckungen die Schauspieler übereinander machen, desto faszinierender werden die Szenen. Ereignisse sind Entdeckungen, denen so viel Wichtigkeit beigemessen wird, bis sie einen Punkt erreichen, wo sie in der Beziehung Veränderungen bewirken. Wenn Herbie schließlich »entdeckt«, was er im Unbewussten stets wusste, nämlich dass er für Rose nach ihren großen Plänen für die Kinder immer an zweiter Stelle stehen wird, kommt es zu einer grundlegenden Veränderung in ihrer Beziehung. Und die Folge davon ist, dass sie sich schließlich trennen. Doch wenn jede Entdeckung auf der Reise durch das Stück zu einer ereignisreichen gemacht wird, wenn er bei jeder Entdeckung, die er in dieser Hinsicht über sie macht, mit Trennung droht, kann das Vorlesen spannend und voller Überraschungen sein.

Die faszinierende Szene zwischen Clov und Hamm in Samuel Becketts *Endspiel*, in der Clov damit droht, ein Floß zu bauen und davonzusegeln und Hamm für den Rest der Ewigkeit allein auf dem Strand zurückzulassen, kann reichlich flach wirken, solange die Schauspieler nicht miteinander wetteifern und an der Bedeutsamkeit ihrer Ereignisse festhalten. Hamm putzt Clov herunter, weil der einen Floh an sich gefunden hat, der vielleicht einen neuen Beginn der Menschheit ankündigt; Clov ärgert sich über Hamms überlegene Position in ihrem Verhältnis (aufgrund seines Alters, seiner Erfahrung, seines größeren Wissens und seiner größeren Bildung?) und sucht nach Möglichkeiten, wie er Hamm drohen könnte, ihn zu verlassen. Ereignisse und Wichtigkeit gehen Hand in Hand. Wenn Sie ein Ereignis als nur wenig wichtig einschätzen, wirkt die Szene leblos; es mangelt ihr an Drama. Wieder liegt es am Schauspieler, den Entscheidungen, die Ereignisse erzeugen sollen, Bedeutung zu verleihen.

Die Befragung von Mrs. Robinson durch Benjamin in *Die Reifeprüfung* kann sehr öde sein, wenn die Schauspieler nicht Ereignisse herstellen, die von Bedeutung sind. Wenn Benjamin herausfindet, dass Mrs. Robinson auf der anderen Seite des Hauses in einem anderen Zimmer als ihr Mann schläft, ist dies für ihn ein Ereignis von großer Bedeutung. Es hängt vom Schauspieler ab. Wenn Benjamin beginnt, sie nach ihrer Tochter zu fragen, kann Mrs. Robinson es als für sie uninteressant beiseite schieben, oder aber es wird zu einem wichtigen Ereignis. Das hängt von der Schauspielerin ab.

Die beständigen Konflikte zwischen Bruder und Schwester in *Home Free!* von Lanford Wilson können als eine Reihe von häuslichen Streitereien gesehen werden; messen ihnen die Schauspieler Wichtigkeit bei als Teil ihres Bemühens, herauszufinden, wer den Kampf gewinnen und überleben wird – messen ihnen *auf ihre* beziehungsweise *seine eigene Weise* Wichtigkeit bei –, werden diese Ereignisse das Stück in einer Folge spannungsgeladener offensiver und defensiver Manöver vorwärtstragen, die ereignisreich und enthüllend sind. Unwichtige Ereignisse enthüllen wenig.

Beispiel:
Die Zoogeschichte von Edward Albee
Die Eröffnungsszene zwischen Peter, dem älteren, bürgerlichen Mann von der East Side, der auf einer Parkbank sitzt und das *Time Magazine* liest, und Jerry, dem jungen Mann von der West Side, der ihn anspricht, über ihn spottet, ihm Komplimente macht, kann in den falschen Händen im wahrsten Sinne des Worts zu einer ereignislosen Szene werden; hingegen ist sie reich an aufregenden Ereignissen, wenn die Schauspieler nach Ereignissen suchen. Zwei Schauspieler haben die Szene gerade vorgelesen.

MS: *Was würden Sie tun, wenn ein Fremder Sie im Park auf diese Weise ansprechen würde, Peter?*
PETER: *Ich? Ich würde weggehen.*
MS: *Warum sind Sie dann in der Szene geblieben?*
P: *Weil es so da steht.*
MS: *Kein sehr guter Grund.*
P: *Wahrscheinlich denke ich, dass er weggehen wird, wenn ich einfach nicht reagiere.*
MS: *Kein sehr guter Grund.*
P: *Er hört sich verrückt an.*
MS: *Vielleicht ist genau das der Grund, warum er Sie interessiert.*
P: *Interessieren Sie sich für Verrückte?*
MS: *Muss wohl so sein. Ich arbeite seit Jahren mit Schauspielern.*
P: *Schauspieler sind nicht gefährlich.*
MS: *Manche schon. Es gab Schauspieler, die gedroht haben, mich umzubringen oder mich zusammenzuschlagen, weil ich Ihnen kein Vorsprechen verschafft habe. Und es gab andere, die mich*

zwar nicht offen bedroht haben, mich aber mit Blicken bedacht haben, die hätten töten können.

P: *Aber Sie werden dafür bezahlt.*

MS: *Ich* ***habe mich dafür entschieden,*** *es zu tun, nicht wahr?*

P: *Ja.*

MS: *Genau wie Sie sich dafür entschieden haben, auf der Bank sitzen zu bleiben und mit Jerry zu reden, oder?*

P: *Ich nehm's an.*

MS: *Nehmen Sie nicht an. Seien Sie nicht halbherzig. Sagen Sie Ja und meinen Sie auch Ja. Es gibt so viele halbherzige Versuche beim Vorsprechen – weil die Schauspieler nicht mit ganzem Herzen dabei sind.*

P: *Aber warum würde ich mit einem solchen Verrückten reden wollen? Mit jemandem, der so feindselig ist?*

MS: *Gegensätze. Natürlich mögen Sie seine Feindseligkeit nicht. Doch er hat etwas an sich, was Sie mögen. Was ist es?*

P: *Ich weiß es nicht. Ich weiß es ehrlich nicht.*

MS: *Beschreiben Sie mir Ihr Leben.*

P: *Ich bin verheiratet. Ich habe eine gute Stelle bei einem Verlag. Ich habe zwei Kinder – zwei Mädchen – und einen Wellensittich, und ich führe ein sehr gutes Leben. Ich bin ziemlich erfolgreich und lebe in einem vornehmen Stadtviertel.*

MS: *Sie leben also ein reichlich konventionelles Leben.*

P: *Ja. Das könnte man so sagen.*

MS: *Ist Jerry konventionell?*

P: *Nein. Überhaupt nicht.*

MS: *Sie haben doch schon gehört, dass Gegensätze sich anziehen?*

P: *Sie meinen, ich mag ihn, weil er unkonventionell ist? Ah, ich verstehe. Weil er ganz anders ist als ich. Ich habe die Nase voll von meinem gesicherten Dasein; deshalb musste ich nach draußen gehen, deshalb sitze ich im Park; deshalb unterhalte ich mich mit diesem seltsamen Typ.*

MS: *Gut. Was suchen Sie?*

P: *Eine Veränderung. Ein Abenteuer. Etwas anderes. Und Jerry ist ganz bestimmt anders. Das ist sehr interessant. Die konventionelle Seite in mir droht ständig, aufzustehen und wegzugehen und sich vor Jerry zu verstecken; die andere Seite, meine fantasievolle Seite, ist neugierig auf ihn und will sich ihm enthüllen.*

MS: *Verstehen Sie jetzt, warum die Szene so ereignisarm war?*

P: *Ja. Statt Jerry kennenlernen zu wollen, entschied ich mich dafür, nichts von ihm wissen zu wollen. Wenn ich neugierig auf ihn wäre, könnte die Szene aus einer Reihe von Entdeckungen bestehen, die ich über ihn mache, die Unterschiede zwischen ihm und mir, der Kontrast zwischen seinem Leben und meinem. Jedes Mal, wenn es zu einem Konflikt zwischen uns kommt, ist das ein Ereignis. Jedes Mal, wenn ich an ihm etwas entdecke oder er an mir etwas entdeckt, könnte das ein Ereignis sein.*

MS: *Jedes Mal, wenn Sie eine negative Entscheidung über die in einer Szene herrschende Beziehung treffen, berauben Sie sich der Möglichkeit, Ereignisse zu finden. Sie bleiben in sich zurückgezogen. Sie drücken ab und zu vielleicht Feindseligkeit aus, doch das ist auch schon alles. Sie sind nicht offen für Erfahrungen.*

P: *Sie meinen, dass alles Negative bereits im Text steht: »Gehen Sie weg«, »Lassen Sie mich in Ruhe«, »Das geht Sie nichts an«, und mein deutliches Widerstreben, etwas über mich zu enthüllen; da ich am Ende doch sehr viel über mich enthülle, muss ich es von Anfang an wollen, stimmt's? Ich hätte den Grund eigentlich finden müssen, warum ich mit diesem Mann sprechen will.*

MS: *Wenn Sie Ja zu der Beziehung sagen, ist alles möglich. Nun zu Ihnen, Jerry. Warum haben Sie sich Peter zum Reden ausgesucht?*

Jerry: *Er ist der einzige Mann im Park.*

MS: *Unsinn. Im Central Park? Sie sagen, Sie seien meilenweit gelaufen. Und jetzt sehen Sie an einem so schönen Tag niemanden im Park?*

J: *Schlechte Wahl. Also der Park ist voller Leute.*

MS: *Viel konstruktiver. Also, warum suchen Sie sich Peter aus?*

J: *Weil er zufällig gerade da sitzt, als ich müde vom Laufen bin.*

MS: *Grässliche Wahl. Eine Wahl, die auf Zufall beruht, taugt nichts. Wählen Sie einen guten Grund, warum Sie mit ihm reden wollen, zu ihm und sonst niemandem.*

J: *Er sieht nett aus.*

MS: *Zu lau. Strengen Sie sich an. Wie sieht er aus?*

J: *Erfolgreich. Er hat einen guten Job. Es sieht intelligent aus.*

MS: *Was wollen Sie von ihm?*

J: *Ich will, dass er mich umbringt.*

MS: *Das kommt erst am Ende des Stücks. Wollen Sie das jetzt gleich spielen?*

J: *Ja. Ich glaube, es steckt hinter allem, was ich in diesem Stück mache.*

MS: *Okay. Sehr interessant. Auf welche Weise?*

J: *Wenn ich ihn wähle als den, der mich töten soll, muss ich ihn genau beobachten und viel über ihn lernen; nur so kann ich wissen, wie ich ihn dazu bringe, mich zu töten. Und ich will nicht, dass er meine Absicht durchschaut, deshalb muss ich Spiele mit ihm spielen, um meine Absicht vor ihm zu verbergen; er darf nicht einmal ahnen, was ich von ihm will.*

MS: *Ausgezeichnet. Also warum haben Sie Peter ausgewählt?*

J: *Weil er ein East-Side-Typ ist. Ich bin ein West-Side-Typ; sie würden mich auf der East Side nie akzeptieren. Ich hasse seinen Wohlstand, wie leicht er es im Leben hat; ich hasse sein gutes, angepasstes, erfolgreiches Leben, während meines immer asozial, nicht erfolgreich, unglücklich war. Ich will mich an Leuten wie Peter rächen, und deshalb ist er ein gutes Symbol für all jene, die es geschafft haben. Wenn es mir gelingt, aus ihm einen Mörder zu machen, räche ich mich an all diesen Leuten. Also ist mein Motiv Rache.*

MS: Die Zoogeschichte i*st eine der eindrucksvollsten Schilderungen von Rache, die es gibt. Wo kommt Liebe ins Spiel?*

J: *Wenn es mir gelingt, Peter dazu zu bringen, dass er mich mag, wird er sich schrecklich schuldig fühlen, nachdem er mich umgebracht haben wird. Deshalb hacke ich die Hälfte der Zeit auf ihm herum, die andere Hälfte umwerbe ich ihn, schmeichle ihm; ich zeige Interesse an ihm, und ich mag ihn.*

MS: *Sie sagten, die Liebe komme ins Spiel, weil Sie wollten, dass er sie liebt. Lieben Sie ihn?*

J: *Das ist das Widersprüchliche an der Sache. Im Verlauf des Stücks werde ich ihn noch sehr gern haben. Auch wenn es mir am Ende tatsächlich gelingt, ihn dazu zu bringen, mich zu töten, und ich auf diese Weise meine Rache tatsächlich verübe, rate ich ihm, wegzulaufen, damit niemand erfährt, dass er es war. Also lasse ich ihn laufen, weil ich ihn mag. Das Stück endet damit, dass ich eine Liebestat vollbringe. Ich glaube nicht, dass ich in meinem Leben davor schon einmal eine Liebestat vollbracht habe.*

MS: *Gut erfasst, Jerry. Auf diese Weise erhalten Sie ein Maximum an Gefühlsengagement, mit dem Sie arbeiten können. Wie werden dadurch in dem Abschnitt, den Sie gelesen haben, Ereignisse erzeugt?*

J: *Jedes Mal, wenn ich einen Punkt bei ihm mache, jedes Mal wenn ich seine Abwehr durchdringe, ist das ein Ereignis. Manchmal mache ich einen Punkt, indem ich ihn beleidige, und er hasst mich dafür. Manchmal mache ich einen Punkt, indem ich ihm schmeichle, und er mag mich dafür. Er ist sehr verwirrt; auf diese Art und Weise sorge ich dafür, dass sein Interesse nicht erlahmt. Sehen Sie, er weiß nie, was ich als Nächstes tun werde; ich lasse ihn zappeln. Ich fasziniere ihn. Ich muss sehr umsichtig vorgehen. Ich muss mich auf Zehenspitzen bewegen und in sein Innerstes dringen, um zu wissen, ob ich einen Treffer gelandet habe oder ob er gleichgültig ist gegen mich. Das Punktezählen ist wichtig.*

Jeder Sieg, jede Niederlage ist ein Ereignis. Sie summieren sich, und nach und nach ziehe ich ihn auf meine Seite.
Ich wünschte, ich hätte all dies gewusst, als ich zum Vorsprechen kam. Vieles konnte ich mir vorher ausrechnen, doch die Gegensätze waren mir nicht klar genug, bis ich Sie mit Peter reden hörte. Dann verstand ich, dass die Schaffung von Ereignissen unsere Beziehung sehr lebendig machen würde – wenn ich jede Niederlage und jeden Sieg wichtig nehmen und aus jeder Entdeckung über ihn, aus jedem Treffer ein Ereignis machen würde.
Es ist ein großartiges kleines Stück, nicht wahr? Es hat alles: eine faszinierende Beziehung voller Gegensätze; starke Ziele, für die gekämpft werden muss; die Bedeutung des Themas; eine Vielzahl von Ereignissen. Wir spielen Spiele miteinander, und wir beide nehmen eine klar umrissene Rolle ein, die auch die gegenteilige Rolle enthält. Und das Stück ist voller Geheimnisse und Rätsel. Mein Moment davor bestand darin, dass ich dieses Geheimnis habe und es kaum erwarten kann, den Richtigen zu finden, um es ihm mitzuteilen. Der wird vielleicht Augen machen!

Wegweiser Nr. 10:

DER ORT

Vorsprechen findet meistens auf der leeren Bühne statt, was für einen Schauspieler nicht gerade eine ideale Umgebung ist. Der Schauspieler muss sich einen Ort schaffen – eine lohnende Sache, denn das wird ihm eine gewaltige Hilfe bei der Aufgabe sein, Realität für seine Szenenlesung herzustellen. Die unmittelbare Wirklichkeit der leeren Bühne ist deprimierend; ein Schauspieler tut gut daran, sich mit der Schaffung eines eigenen Ortes Mut zu machen.

Da ein Schauspieler frei ist, für seine Lesung jeden Ort zu wählen, der ihm gefällt – denn er stellt den Ort ja in seiner Fantasie her –, ist es das Beste, einen Ort zu wählen, den er gut kennt. Einen *wirklichen* Ort aus seinem wirklichen Leben, sodass er keine Zeit damit verschwendet, sich als Bühnenbildner zu betätigen, sondern von vornherein weiß, wo die Tür und wo das Sofa ist und wo Tisch und Stühle stehen. Es macht überhaupt nichts, dass der Mensch, mit dem zusammen er liest (entweder der Bühnenmeister oder ein zweiter Schauspieler), nicht das gleiche Bühnenbild verwendet; es zählt nur, was für den Schauspieler von Nutzen ist.

Die stoffliche Natur eines Ortes ist nur der Anfang. Das wichtigste Element ist, wie Sie sich an dem Ort *fühlen*. Nehmen Sie Ihre eigene Wohnung. Wenn Sie sie zum ersten Mal sehen, sind Sie unsicher: Soll ich diese Wohnung mieten? Wird sie mir gefallen oder nicht? Kann ich sie mir leisten? Dann ziehen Sie ein, renovieren sie, machen sie für sich passend, und sie gefällt Ihnen sehr. Scheitert eine Beziehung, und Ihr Partner verlässt Sie, werden Sie den Ort hassen, den Sie vorher liebten. Es ist der gleiche Ort, doch die Gefühle, die sie damit verbinden, hängen von den Ereignissen ab, die an diesem stattfinden.

Nachdem Sie einen Raum gewählt haben, einen, den Sie deutlich vor sich sehen, müssen Sie prüfen, wie Sie sich fühlen. Das Gefühl ist das Wichtigste. Damit erhält Ihre Verwendung des Raums emotionalen Wert.

Golden Boy von Clifford Odets enthält wunderbare Liebesszenen zwischen den beiden jungen Leuten, die auf einer Parkbank mit Blick auf den Riverside Drive sitzen; sie überblicken den Fluss, die George-Washington-Brücke und die unten vorbeiflitzenden Autos. Nicht nur, dass sich der Text mehrmals auf diese Dinge bezieht, auch der gesamte *Rhythmus* der Szene beruht auf diesen äußeren Elementen – auf der Gewohnheit, dass wir unsere Augen nicht von ihnen abwenden können, wenn wir uns an einem solchen Ort befinden. Die herrlich geschriebenen Szenen tragen dieser Tatsache Rechnung. Dennoch erlebe ich immer wieder, wie Schauspieler mit dem Rhythmus und der emotionalen Bedeutung der Szene kämpfen, *weil es ihnen nicht gelingt, den Ort zu nutzen.* Ich glaube nicht, dass diese Szene bewältigt werden kann, ohne die Autos, den Fluss und die Brücke *zu sehen* und den Einfluss zu nutzen, den diese Elemente auf die Gefühle und Sehnsüchte von Joe Bonaparte und Lorna ausüben. Sie sind verliebt, und sie dürfen es nicht sein, weil es ein Verrat wäre an dem Mann, dem sie beide viel zu verdanken haben: Die Nutzung des Ortes ist ein Mittel, den Druck, unter dem sie stehen, auszuhalten.

In Elmer Rice' *Straßenszene* kommt am Ende des Stücks eine wichtige Szene für das Liebespaar. Sie trennen sich, weil sie unfähig sind, den Einfluss der Straße, in der sie leben, zu brechen. Wenn die beiden Schauspieler die Straße nicht nutzen, wird die Szene zu einer abstrakten Diskussion. In der Tat muss dieses ganze Stück von einem grundlegenden emotionalen Gebrauch des Ortes durchdrungen sein. Wenn Sie draußen vor einem Haus auf der Treppe sitzen, ist das etwas anderes, als wenn Sie in Ihrem Wohnzimmer sitzen; doch wenn man Schauspieler beim Vorsprechen erlebt, würde man nie erraten, wo sie sind, *weil sie es selbst nicht wissen.* Ich muss hinzufügen, dass es unwichtig ist, ob die Auditoren erkennen, wie Sie den Ort nutzen. Sie tun es nicht für die Auditoren, Sie tun es, damit Sie ein besseres Realitätsgefühl entwickeln können.

Emlyn Williams *Die Nacht wird kommen* spielt im Haus einer hypochondrischen, wohlhabenden älteren Dame. Danny, der Aushilfskellner der Kneipe nebenan, hasst sie dafür, dass sie dieses große Haus besitzt und sorgenfrei und im Wohlstand lebt: Er hätte es viel mehr verdient, dort zu leben. Der Kampf um den Ort ist ein wichtiger Unterton in den Beziehungen des Stücks. Mehr und mehr nimmt Danny den Ort in Besitz, und er bestimmt über ihn und Mrs. Bramston. Ihre Sekretärin Olivia ist verblüfft über diese Unverschämtheit. Sie hasst Danny, bewundert ihn aber zur gleichen Zeit. Ohne Gespür für den Ort ist dies für Schauspieler äußerst schwierig zu bewerkstelligen.

Die Nacht des Leguan von Tennessee Williams ist ein einziger langer Kampf zwischen Hannah und Maxine, der in Maxines Hotel ausgetragen wird. Da Maxine den Ort besitzt, beansprucht sie Macht über Hannah (und hat sie auch), die vielleicht kultivierter ist, aber kein Geld hat. Der Ort ist unmittelbare Ursache dafür, dass der Streit zwischen den beiden Frauen seinen Höhepunkt erreicht. An einem anderen Ort würde sich eine ganz andere Geschichte entwickeln, wären die Machtverhältnisse ganz anders. Das geschärfte Bewusstsein dafür, was der Ort für sie bedeutet, was der Ort ihnen antut, ist wesentlich für ein gelungenes Lesen der Szenen, in denen sie im Stück zusammen auftreten.

Orpheus steigt herab spielt im Laden von Lady, eine Tatsache, die ihr über Val eine Macht verleiht, die sie nicht haben würde, befänden sie sich auf seinem Terrain. Die Tatsache, dass ihr Mann oben im Sterben liegt, hat auf sie beide Einfluss, also müssen sie sich beide dauernd des *Ortes* bewusst sein, an dem der Ehemann sich befindet. Und warum sucht Val gerade an diesem Ort Zuflucht? Auch in diesem Stück gibt die Idee des Ortes dem Schauspieler viel, mit dem er arbeiten kann.

Die Erbin spielt im Haus von Catherines Vater am Washington Square, einem Ort, den sie hasst und dem sie entrinnen will. Für ihre Tante ist er eine wunderbare und behagliche Zuflucht. Der gleiche Ort, zwei völlig verschiedene emotionale Einstellungen zu ihm. Für den Vater ist das Haus sein Reich, und er ist der Herrscher; für seine Tochter ist er ein Gefängnis, und sie ist eine Dienerin. Der Vater besitzt sie so, wie er das Haus besitzt, wogegen sie sich natürlich auflehnt.

In der Szene zwischen Catherine und ihrer Tante auf dem Höhepunkt des Stücks glaubt Catherine, sie würde in dieser Nacht mit Morris fliehen; niemals wieder würde sie einen Fuß in das verhasste Haus am Washington Square setzen, ihren Vater niemals wiedersehen. Bei jedem Geräusch glaubt sie, ihr Verlobter sei endlich gekommen. Einmal ist es eine leere Schachtel, die der Wind vor sich her treibt, dann sind es die Kutschen, die am Haus vorbeifahren, dann wieder ist es nur ihre Einbildung. Was draußen vor dem Haus am Washington Square vor sich geht, ist von großer Bedeutung für beide Frauen: Wie könnten sie die Szene lesen ohne ein starkes Gefühl für die Ereignisse, die an diesem Ort stattfinden werden?

In *Birdbath* ist Frankies Wohnung für Velma eine Zuflucht vor einer Welt, in der Morde geschehen und das Gefängnis auf sie wartet. Für Frankie bietet seine Wohnung die Gelegenheit zu zeigen, wer er ist, und natürlich hat er an seinem Ort die Oberhand.

In Neil Simons *Der letzte der feurigen Liebhaber* wird der Liebhaber, Barney, der Peinlichkeit überführt, in der Wohnung seiner

Mutter mehrere Stelldicheins geplant zu haben, während sie zur Arbeit ist. Jede der drei Frauen ist der Meinung, der Ort sei reichlich bizarr für ein Rendezvous. Allen Figuren gibt der Gebrauch des Ortes Material, mit dem sie spielen können.

Fragen, die sich der Schauspieler stellen muss: Wo findet dies statt? Was bringt mir die Nutzung des Ortes, um ein Ziel zu erschaffen, für das ich in der Beziehung zu meinem Gegenüber kämpfe? Der buchstäbliche, geografische Ort ist nur wichtig, soweit ihm der Schauspieler emotionale Bedeutung verleihen kann.

Wegweiser Nr. 11:

SPIELE UND ROLLENSPIELE

Zunächst möchte ich betonen, dass Spiel und Rollenspiel nichts mit Unaufrichtigkeit zu tun haben. Ich kann noch so oft betonen, dass Spiel und Rollenspiel echt sind, Schauspieler lassen sich in ihrem Glauben nicht beirren, dass es sich dabei um Täuschung, Verstellung, Unechtes, Unaufrichtiges handelt.

Wenn wir ein Spiel machen, ist das echt; wenn wir verschiedene Rollen annehmen, ist das ernstgemeintes Verhalten, denn es ist eine Möglichkeit, *mit der Wirklichkeit fertig zu werden,* nicht, sie zu vermeiden.

Lassen Sie mich ein Beispiel nennen: Wenn ich vor eine Klasse trete, spiele ich die Rolle des Lehrers. Die Schauspieler spielen die Rolle von Schülern. Wenn wir uns hingegen auf einer Cocktailparty treffen, spielen wir die Rolle von Gleichberechtigten: Wer in der Runde kann am witzigsten sein? Wir halten uns nicht mehr an die Rollen von Lehrer und Schüler, sondern statten uns mit neuen Rollen aus. Wir sind die gleichen Personen. Wir sind auf der Cocktailparty nicht weniger echt, wir passen uns einfach einer anderen Situation an. Wir spielen das Spiel.

Wenn David Merrick mich anruft, um mich zu bitten, für ihn ein Stück zu besetzen, spiele ich nicht die Rolle des Lehrers. Ganz bestimmt nicht! Hier spiele ich die Rolle des bescheidenen Casting Directors. Es ist ein anderes Spiel; es hat andere Regeln; es erfordert, dass ich eine andere Rolle spiele. Ich bin der gleiche Mensch, doch indem ich mich an eine neue Situation anpasse, spiele ich eine neue Rolle. So geht es uns bei allen Ereignissen in unserem Leben. In jeder Situation spielen wir eine andere Rolle, denn es ist ein anderes Spiel.

Es ist hilfreich, wenn ein Schauspieler sich in jeder Szene fragt: Welches Spiel spiele ich in dieser Situation? Welche Rolle nehme ich für dieses Spiel am besten ein? Die Antwort hängt von den Umständen ab: was die Leute von Ihnen wollen, was Sie von den Leuten wollen, was Sie zu bieten haben und was Sie erwarten. Fragen Sie, was auf dem Spiel steht, wofür Sie spielen. Aber pflegen Sie nicht die Vorstellung, dass Sie deswegen unwirklich oder unaufrichtig seien. Spiele sind wirklich, Rollen sind notwendig, um mit der Wirklichkeit umzugehen.

In der ersten Stunde eines Kurses halte ich einen Einführungsvortrag und erkläre die zwölf Wegweiser. Dabei nutze ich die realen und psychologischen Umstände, um zu illustrieren, dass wir klar umrissene Rollen spielen (Lehrer und Schüler) in einem Spiel, dessen Ziel es ist, das größte Problem eines Schauspielers zu lösen: Wie bekomme ich einen Job. Es ist eine für uns sehr ernste Sache, mit der wir uns hier befassen, und dennoch spielen wir Rollen und halten uns an die Regeln des Klassenzimmerspiels. Es ist für uns von großer Wichtigkeit, es ist durch und durch real, und wir sind alle bemerkenswert ernst.

Schüler fragen mich: Welchen Wert hat es, dies alles zu wissen? Eine Antwort: Denken Sie zum Beispiel an das Verhältnis zwischen Sohn und Eltern. Sie spielen die Rolle des Sohnes, denn das wird von Ihnen erwartet, doch wenn die Forderungen der Eltern zu drückend werden, wollen Sie die Rolle des Sohnes beiseite schieben und sich Ihrer selbst in einer neuen Rolle vergewissern: der des Rebellen. Sie wollen unabhängig sein, und natürlich mögen Ihre Eltern diese neue Rolle nicht. Sie wollen keinen Rebellen; sie wollen einen Sohn. Sie wollen nicht länger nur Sohn sein, wenn Sie erwachsen werden; Sie wollen ein Individuum sein. Das Ergebnis: Konflikt. Drama. Das Spiel und die von Ihnen eingenommene

Rolle darin zu kennen, hilft Ihnen in hohem Maße, Konflikt und Drama zu erzeugen.

Wenn Sie Ihren Eltern gegenüber die Rolle des Sohnes spielen, spielen Sie gegenüber Ihrer Freundin eine ganz andere Rolle: Was sollte sie auch mit einem Sohn? Sie will einen Geliebten. Also spielen Sie diese Rolle, denn das ist die Rolle, die von Ihnen verlangt wird. Doch Sie spielen diese Rolle nicht unaufrichtig, denn Sie lieben sie ja. Es ist eine Rolle, und es ist echt.

Jede Beziehung, die wir eingehen, verlangt eine andere Rolle, um sie erfolgreich zu gestalten. Jede Situation, die wir erleben, ist ein Spiel mit anderen Regeln. All das ist wirklich. All das ist von Bedeutung für uns. Die Regeln des Spiels sagen uns, wie wir uns in einer Lebenssituation verhalten sollen. Und sie sagen einem Schauspieler, wie er »spielen« soll.

Beispiel:
Plötzlich letzten Sommer von Tennessee Williams
Es ist das berühmte Tennessee-Williams-Stück über ein junges Mädchen, dem eine Lobotomie droht, weil sie behauptet, ihr homosexueller Cousin sei in einem fernen Land von einer Bande von Straßenkindern gegessen worden. Seine Mutter versucht, Catherine zum Schweigen zu bringen, damit diese Kannibalismus-Geschichte nicht an die Öffentlichkeit dringt; in ihren Augen würde es das Andenken an ihren geliebten Sohn beschmutzen. Catherine wird von der Nonne, ihrer Wärterin im Sanatorium, in den Garten gebracht; sie soll von einem jungen Arzt befragt werden, der die Wahrheit herauszufinden versucht.

In dieser Szene zwischen der Nonne und Catherine zündet sich das Mädchen eine Zigarette an, denn sie ist nervös angesichts dessen, was ihr bevorsteht. Die Nonne verbietet ihr zu rauchen, sie streiten, es kommt zu einem harschen Wortwechsel.

Schließlich drückt Catherine die Zigarette in der Handfläche der Nonne aus. Ich fragte die zwei Schauspielerinnen, die diese Szene gerade gelesen haben.

MS: *Was denken Sie über das Mädchen?*

NONNE: *Sie ist eindeutig verrückt. Jemand, der einem die Zigarette in der Handfläche ausdrückt!*

MS: *Was denken Sie über sie?*

N: *Ich halte sie für gefährlich. Ich muss sehr vorsichtig mit ihr sein.*

MS: *Ist das alles?*

N: *Ich muss streng mit ihr sein. Sobald man nett zu ihr ist, wird sie frech.*

MS: *Eben. Sollten wir deshalb nicht zu sehen bekommen, wie Sie nett zu ihr sind?*

N: *Das hab' ich mit ihr schon alles hinter mir.*

MS: *Ist es Ihre Aufgabe, nur eine strenge Wärterin zu sein? Sollten Sie ihr nicht auch eine Chance geben? Gerade Sie, mehr als jeder andere?*

N: *Ah, ich verstehe, was Sie meinen.*

MS: *Mir kommt es so vor, als hätten Sie nur eine Aussage darüber getroffen, wie in Ihren Augen eine Nonne zu sein hat: prüde, streng, steif und verklemmt. Das ist alles, was ich gesehen habe.*

N: *Ich denke, dass Nonnen so sind.*

MS: *Doch wenn ich als Regisseur des Stücks ihr mehr menschliche Eigenschaften verleihen will, wie kann ich das in dem, was Sie gezeigt haben, entdecken?*

N: *Ich habe nur einen einzigen Aspekt gespielt?*

MS: *Sie haben Ihre* ***Ansicht*** *über Nonnen gespielt. Das hilft mir nicht dabei, der Rolle Mehrschichtigkeit zu verleihen. Eine Nonne fühlt sich nicht selbst als unsympathische Wärterin. Sie müssen Gegensätze zeigen, nicht nur die eine Seite.*

N: *Sie meinen, ich muss zeigen, dass ich das Mädchen liebe?*

MS: *Das ist es, was ich meine.*

N: *Wie kann ich jemanden lieben, der eine Zigarette in meiner Handfläche ausdrückt?*

MS: *Das ist das Ende der Szene, nicht der Beginn. Schauspieler tappen oft in die Falle, ein Ereignis spielen zu wollen, bevor es stattfindet. Sie wissen nicht, dass sie die Zigarette in Ihrer Handfläche ausdrücken wird. Wenn Sie wählen, sie heute zu lieben, Mitleid mit ihr zu haben angesichts dessen, was mit ihr geschehen soll, können Sie viel mehr Seiten von sich zeigen; und wenn sie Ihre Hand verbrennt, kommt dieses Ereignis als totaler Schock. Wenn jemand Sie verletzt, den Sie lieben und dem Sie vertrauen, ist es dramatischer, interessanter, als wenn es genau das ist, was Sie von ihm erwarten. Dadurch erhalten wir eine viel reichere Szene, nicht wahr?*

N: *Ja. Ich verstehe. Auf diese Weise zeige ich viel mehr Emotionen, denn nachdem sie mich verbrennt, wird man tatsächlich nur noch die strenge Wärterin, die steife Person sehen; davor sollte man mich als liebende und hoffnungsvolle Frau erleben.*

MS: *Für Sie geht es in der Szene um Rollenspiel. Sie haben sich gewiss nicht entschieden, in Ihrem Leben die Rolle der Nonne zu spielen, nur um böse zu sein, sondern um den Leuten ein Bild Ihrer selbst als einer warmen, liebenden, aufopfernden Person zu vermitteln. So wären Sie, wenn Sie Ihre Arbeit richtig machen würden. Als böse Tyrannin machen Sie Ihre Arbeit nicht richtig. Entscheiden Sie sich immer dafür, Ihre Rolle* **gut** *zu spielen; es gibt in der Szene immer Platz, um Konflikt zu zeigen, Ereignisse, Gegensätze. Nur zu oft entscheiden sich Schauspieler dafür, ihre Rolle schlecht zu spielen.*

N: *Sie meinen, ich muss auch in der Arbeit, die ich für mein Leben gewählt habe, Gegensätze finden?*

MS: *Jede Arbeit fordert von uns, dass wir eine Rolle spielen. Ein Arzt muss den allwissenden Heiler spielen; die Rolle einer Nonne ist es, dass sie Gutes tut und hochmoralisch ist. Doch dazu sollten Sie eine* **persönliche** *Beziehung zu Catherine finden; eine Beziehung,* *die sich von Ihrer Beziehung zu allen anderen Patienten im Sanatorium unterscheidet. Vielleicht erinnert sie Sie an die Tochter, die Sie nie hatten, oder an Ihre Schwester. Irgendetwas aus Ihrem eigenen Leben, sodass der Einsatz in dieser Beziehung persönlich, mitfühlend und emotional ist. Dann wird die Anstrengung, auf dieser emotionalen Basis Ihre Arbeit zu erledigen, Ihnen etwas viel Interessanteres geben, mit dem Sie spielen können.*

Lassen Sie uns hören, wofür Catherine sich entscheidet, wie ihre Beziehung zu Ihnen sein soll.

CATHERINE: *Sie ist eine sehr strenge Aufseherin, und ich suche immer nach Möglichkeiten, gegen sie zu rebellieren, weil sie sich mir gegenüber unmenschlich verhält.*

MS: *Das ist eine interessante Wahl. Mögen Sie sie?*

C: *Nein.*

MS: *Warum nur, warum wählen Schauspieler immer die negative Antwort? Erhielten Sie nicht ein viel komplexeres emotionales Leben, wenn Sie wählen würden: ja, ich mag sie, sodass Sie wirklich entsetzt sind, wenn sie Ihnen die Zigarette verweigert und Sie die brennende Zigarette in der Hand von jemandem ausdrücken, den Sie mochten und dem Sie vertrauten, der sich aber plötzlich in einen Zuchtmeister verwandelt?*

C: *Ich verstehe. Sie wollen sehen, dass ich zu positiven Gefühlen fähig und nicht nur eine Rebellin bin.*

MS: *Richtig. Dann wird das Spiel, die Nonne zu überreden, Ihnen das Rauchen zu erlauben, persönlicher, spielerischer, unterhaltsamer. Und wenn Sie dann wütend auf sie sind und sie verbrennen, kommt dies unerwartet, plötzlich, ist viel dramatischer. Weder Sie noch die Nonne, noch das Publikum weiß, was kommen wird. Die Wahl für mehr emotionale Verbundenheit führt immer zu unvorhersehbarerem Verhalten. Je weniger vorhersehbar, desto spannender für das Publikum.*

Was denken Sie über den Arzt?

C: *Er ist blond. Blonde Leute sind dumm.*

MS: *Keine sehr hilfreiche Wahl.*

C: *So denke ich eben über blonde Männer.*

MS: *So denken Sie über Robert Redford?*

C: *Nein, er ist ein Traum.*

MS: *Dann verwandeln Sie den Arzt in Robert Redford. Treffen Sie ein positive Wahl.*

C: *Ach herrje! Offensichtlich treffe ich immer die negative Wahl. Aber so fühle ich bei blonden Männern, und ich dachte, es wäre sehr echt, wenn ich etwas aus meinem eigenen Leben wählen würde.*

MS: *Aber Sie verwendeten eine* ***Verallgemeinerung.*** *Es sind die* ***Ausnahmen,*** *die ein Schauspieler wählen sollte. Es sind die Ausnahmen, die ein Drama interessant machen, nicht die Alltagsrealität.*

C: *Wenn ich ihn in Robert Redford verwandle, würde das die ganze Szene für mich ändern. Ich würde wollen, dass er Notiz von mir nimmt; ich würde wollen, dass er weiß, ich sage die Wahrheit. Ah, ich verstehe: Je persönlicher ich mein Gefühl für den Arzt mache, desto wichtiger ist es, dass er mir glaubt.*

MS: *Gut. Was wollen Sie, dass der Arzt über die Szene in Duelling Oaks erfährt?*

C: *Dass irgendein Idiot mich missbraucht hat und dass ich danach niemandem mehr vertrauen konnte.*

MS: *Waren Sie in den »Idioten« verliebt?*

C: *Um Gottes Willen, nein.*

MS: *Wenn er Ihnen nichts bedeutet hat, wie konnte er Ihr ganzes Leben verändern?*

C: *Hat er das?*

MS: *Sie sagten, Sie hätten nach dieser Erfahrung niemandem mehr vertraut. Sie sagen in dem Stück, etwas in Ihnen sei gestorben; Sie hätten danach über sich selbst nur noch in der dritten Person geschrieben, so als gäbe es Sie nicht mehr, als würden Sie einen anderen Menschen beobachten.*

C: *Das stimmt. Das stimmt.*

MS: *Wie könnte jemand einen solchen Einfluss auf Sie haben, wenn er nur ein Ekel war und Sie sich überhaupt nichts aus ihm machten?*

C: *Vielleicht hat er mich im Wald vergewaltigt!*

MS: *Aber im Skript sagen Sie, Sie seien nach Duelling Oaks gefahren, als würde eine geheimnisvolle Kraft Sie dorthin ziehen. Sie sagen, Sie hätten das Gefühl gehabt, etwas Wunderbares werde passieren, als Sie aus dem Auto stiegen; und als er Ihnen beim Nachhausebringen sagte, er könne sich nicht mehr mit Ihnen treffen, seien Sie wie gelähmt gewesen. Das klingt mir eher nach gebrochenem Herzen und weniger nach Vergewaltigung.*

C: *Sie haben recht. Also bin ich mit diesem Mann nach Duelling Oaks gefahren, weil ich glaubte, wir würden eine wunderbare Liebesaffäre zusammen haben! Nicht zu fassen! Wer hätte das gedacht!*

MS: *Warum nicht?*

C: *Ich weiß nicht.*

MS: *Weil Sie in dem Text keine Liebesgeschichte gesehen haben. Ein Schauspieler muss nach der Liebesgeschichte Ausschau halten. Stattdessen suchen alle immer nach der Vergewaltigung. Vergewaltigung ist dramatisch, doch eine Liebesgeschichte ist noch viel dramatischer. Wenn ein Mann mit Ihnen in den Wald fährt und mit Ihnen Liebe macht, und Sie glauben, Liebe sei das Schönste auf der Welt und Sie würden den Rest Ihres Lebens mit ihm verbringen, und er lässt Sie fallen, dann ist das Vergewaltigung, nicht wahr? Doch es geht um Gefühle, nicht um eiskalte Gleichgültigkeit. Ist es für einen Schauspieler nicht von viel größerem Wert, sich für Liebe zu entscheiden? Dem Skript zufolge haben Sie ganz ohne Zweifel den Tanzsaal mit diesem Mann verlassen, um mit ihm in den Wald bei Duelling Oaks zu fahren, weil Sie eine Romanze erwarteten. Nachdem Sie derartig verletzt worden waren, kehrten Sie zurück und machten auf dem Fußboden des Tanzsaals eine Szene; nach dieser Nacht hat sich Ihr Leben völlig verändert. Sie haben eine traumatische Verletzung erlebt, eine große Enttäuschung; und das erklärt, warum Sie wie Wachs sind in Sebastians Händen, warum Sie zu seiner Sklavin wurden.*

C: *Ich verstehe! Wenn ich Ihre Entscheidung treffe, wenn ich die Liebesgeschichte wähle, erschaffe ich Liebe und Vergewaltigung, sodass ich beides zusammen aus dem Text ziehe, statt nur eins davon; auf diese Weise zeige ich die Vieldeutigkeit meiner eigenen Gefühle.*

MS: *Ja. Denn aufgrund Ihrer Wahl: dass der Mann, mit dem Sie nach Duelling Oaks fuhren, nur ein Widerling gewesen sei, der Sie vergewaltigt hat, bekam ich während dieses langen Abschnitts von Ihnen nichts als Kälte, Gleichgültigkeit zu sehen. Nicht nur, dass dies völlig uninteressant anzusehen ist, es verrät mir auch sehr wenig über Sie als Schauspielerin. Kalt sein kann jeder: Es ist die Wärme in einem Menschen, die uns interessiert, der Humor, die romantischen Erwartungen, die Träume. All das ist mit diesem Skript möglich; Sie haben es einfach übergangen. Die Entscheidungen liegen bei Ihnen: Sie können sich für die Liebesgeschichte entscheiden, oder Sie können kalte, gleichgültige Dinge wählen. Ich habe es selten erlebt, dass sich die Wahl für etwas Kaltes bezahlt machen würde.*

Beispiel:

Endspiel von Samuel Beckett

Zwei Schauspieler lasen eine Szene aus diesem schwermütigen und sehr komischen Stück über zwei Männer am Rande des Ozeans. Der Blinde, der sich auch nicht aus eigener Kraft bewegen kann, »blickt« auf das Meer hinaus und fragt sich, ob es mit der menschlichen Rasse zu Ende gegangen sei und sie beide als Einzige übrigblieben. Der andere, der sich bewegen kann, weiß, wie abhängig der Blinde von ihm ist, und hänselt ihn mit der Drohung, ihn zu verlassen: Er werde sich ein Floß zimmern und davonsegeln. Dennoch brauchen sie einander und mögen sich auch sehr: Es gibt hier am Ende der Welt niemand anderen. Ich liebe es, Schauspielern zuzusehen, die diese Szene spielen, *wenn* sie Fantasie und Freiheit einsetzen. Diese Szene kann einen Schauspieler auf fantastische Weise stimulieren, wenn er es zulässt. Viele Schauspieler aber kommen auf die Bühne und geben zu erkennen, wie wenig sie die Szene verstanden haben: ist doch ganz einfach, was soll's; doch wenn sie nicht willens sind, im Ende der Welt den Humor aufzuspüren, sollten sie nicht Schauspieler sein. Diese beiden Schauspieler spielten das Endspiel wundervoll: miteinander wetteifernd, streitend, einander brauchend. Das Spiel lohnt der Mühe nicht, wenn der Einsatz nicht hoch ist. Die wenigstens Schauspieler spielen mit ausreichend hohem Einsatz; sie begehen den Fehler, anzunehmen, es handele sich nur um ein Spiel; es sei nicht von Bedeutung. Das ist Unsinn: Bei einem Spiel muss es immer um den höchsten Einsatz, immer um Leben und Tod gehen.

Hier haben wir zwei Männer am Ende der Welt: Wann könnte es mehr »um Leben und Tod« gehen? Und dennoch weigern sich die meisten Schauspieler, mit hohem Einsatz zu spielen. Was steht auf dem Spiel? Diesen anderen Menschen zu brauchen oder zu sterben (Mord, Selbstmord, Weggehen, Verlassenwerden). Das Bedürfnis, frei davon zu sein, den anderen zu brauchen. Gewinnen zu müssen, auch wenn dies dein letzter Tag auf der Erde ist. Du kannst die Erde nicht als Verlierer verlassen; es gibt noch eine einzige Chance, zu gewinnen.

Bei allen Spielen müssen Punkte gezählt werden: Die Gegner müssen bei jeder Runde des Kampfs wissen, wer gewonnen und wer verloren hat – genau wie bei einem Boxkampf, einem

Tennismatch, bei jeder Sportart. Wichtig ist, Sieg und Niederlage anzuerkennen, sodass es auch der andere weiß. Feiern Sie einen Sieg, weinen Sie über eine Niederlage. Lassen Sie sich von Ihrer Niederlage anstacheln, die Runde zu gewinnen. Machen Sie Ihre Niederlage deutlich, indem Sie die Überlegenheit Ihres Partners anerkennen. Ihre Niederlage soll Sie amüsieren, Sie verletzen, Sie aufputschen, niederdrücken oder vorantreiben. In Ihrem Sieg soll wirkliche Freude sein, wirklicher Verlust in Ihrer Niederlage.

In *Endspiel* sagt der Blinde: »Ich muss pinkeln.« Die beiden werden abgelenkt von der Möglichkeit, dass die Schöpfung noch einmal von vorn beginnt; dann sagt der Bewegliche: »Wolltest du nicht pinkeln?« Ohne sich auf seinem Fleck am Rande des Ozeans zu rühren, sagt der Blinde: »Schon erledigt.« Diese Runde gewinnt ganz eindeutig der Blinde. Sie nur mit unbeweglicher Miene zu spielen ist weniger komisch, als wenn der Blinde seinen Sieg über seinen herumlaufenden Freund feiert. Lassen Sie sich Ihren Sieg anmerken! Teilen Sie Ihre Niederlage mit! Drama handelt von Konflikt und Kommunikation.

Das Vergnügen, das Spiel zu spielen, liegt darin, dass es Siege und Niederlagen gibt. Jede Runde zählt – in diesem Moment; morgen wird man sich vielleicht nicht mehr an sie erinnern. Zu gewinnen ist uns in jedem einzelnen Moment wichtig; je mehr es zu gewinnen gibt, desto mehr Spaß macht es und desto dramatischer ist es. Wenn es uns gleichgültig ist, sind wir keine guten Gegner; niemand will mit uns spielen, und ganz bestimmt will niemand sich hinsetzen und uns beim Spielen zusehen.

Spielen Sie auf Sieg.

Beispiel:

Beute von Joe Orton

Als ich an einer Broadway-Besetzung für *Beute* – dem neben *The Ruffian on the Stair* besten Stück von Joe Orton – arbeitete, musste ich erleben, wie die meisten amerikanischen Schauspieler völlig unfähig waren, den Ton zu treffen. Selten bedenken Schauspieler *den Ton* eines Stücks; sie scheinen alle Stücke als naturalistisch anzusehen, zu glauben, alle Stücke seien von Eugene O'Neill geschrieben. Wir wollen versuchen den Begriff *Ton* – er entspricht der Tonart in der Musik – für Schauspieler zu definieren. In welchem Ton ist das Stück geschrieben?

Ich benutze das Wort *Stil* nur ungern, denn Schauspieler scheinen darunter immer Künstlichkeit zu verstehen, und dann stolzieren sie auf der Bühne umher, trippeln geziert und verneigen sich, als seien sie der *Marat/Sade*-Aufführung einer Straßentruppe oder dem Bellevue entsprungen. Im Leben registrieren wir alle den Ton sofort; die Spielleiter legen das Niveau des Spiels fest, und die Angleichungen an dieses Niveau machen den Ton aus. Wie Sie sich erinnern: Ein Spiel zu spielen heißt nicht, wirklichkeitsfern oder künstlich zu sein; es heißt, den Geist des Geschehens zu erfassen und herauszufinden, wie Sie unter den gegebenen Umständen kämpfen für das, was Sie wollen. Im Leben machen es die Leute die ganze Zeit; sie verhalten sich im Theaterfoyer anders als bei einem Baseballspiel; auf einer Cocktailparty benehmen sie sich ganz anders als auf einem *Rolling Stones*-Konzert. Warum dann fällt es Schauspielern so schwer, den Ton zu erkennen: das Verhalten, das nötig ist, zur richtigen Zeit am richtigen Ort das richtige Spiel zu spielen?

Weil sie nicht danach suchen. Weil es eine Vorstellung ist, die ihnen nicht in ihre hübsch frisierten Köpfe geht. Weil sie es als etwas ansehen, was Engländer tun, nicht als einen Charakterzug eines ehrlichen Amerikaners. Amerikanische Schauspieler täten gut daran, über den Mythos amerikanischer Offenheit hinwegzukommen; er hat zu einem Mangel an Tiefe geführt und zu einer beschädigten Wahrnehmung, wie Menschen sich tatsächlich verhalten. Schauspieler geraten in die Sackgasse aufgrund dieser beharrlichen Überzeugung, dass alles genau das ist, was es scheint, und dass wir keine Spiele spielen, weil wir offen, Spiele aber betrügerisch sind. Spiele sind nicht betrügerisch; es sind einfach Möglichkeiten, wie wir mit unterschiedlichen Situationen umgehen.

Meiner Meinung nach ist *The Ruffian on the Stair* eines der komischsten Stücke, die je geschrieben wurden; und *Beute* kommt ihm sehr nah. Auch *Seid nett zu Mr. Sloane* – ebenfalls von Joe Orton – ist nicht zu verachten. Doch wer einmal erlebt hat, wie schwer sich amerikanische Schauspieler beim Vorsprechen für eins dieser Stücke oder bei deren Aufführung tun, gewinnt den Eindruck, sie hätten überhaupt keinen Humor – das heißt ein Gefühl für den Ton. Das Spiel in *Beute* ist ganz einfach (hat man erst einmal das Prinzip begriffen, sind alle Spiele einfach): Ich bin in meiner Gier nach Geld noch schlimmer als du; ich würde alles für Geld tun.

Beachten Sie, was in der einfachen Aussage steckt:

1. Ich kämpfe, um an Geld zu kommen, weil ich dann Liebe bekommen kann.
2. Ich würde dafür töten (Bedeutsamkeit).
3. Du meinst, auch du würdest dafür töten? (Entdeckung)
4. Ich bin nur ein einfaches Mädchen (ein einfacher Mann), das durchs Leben zu kommen versucht (Rollenspiel), aber eigentlich bin ich ziemlich klug; ich tu nur so, als sei ich dumm.
5. Natürlich fühle ich mich von anderen sexuell angezogen (auf perverse Weise natürlich), doch ich weiß, dass ich bei ihnen nichts erreiche, wenn ich kein Geld habe.
6. Alles, was du kannst, kann ich besser (Irving Berlin und Ethel Merman wussten das; man sollte meinen, selbst treuherzige Amerikaner wüssten es).
7. Ich bin geistreich und witzig; du bist es nicht (Konkurrenz).

8. Ich habe viele Geheimnisse; ein paar davon erzähle ich dir, andere nicht (Joe Orton ist voll von Geheimnissen und Rätseln, deshalb machen seine Stücke so viel Spaß).
9. Bei den Ereignissen geht es immer darum, dem anderen um eine Nasenlänge voraus zu sein (die meisten Schauspieler lesen Orton, als sei er völlig ereignislos; so überrascht es nicht, dass sie keine Ahnung haben, was Sache ist).
10. Der Ort ist wichtig, denn jemand besitzt den Ort, und ein anderer will ihn haben (sehen Sie sich *Beute* oder *Mr. Sloane* an oder den Fremden in *Ruffian*, der in Joycies Heim eindringt). Jeder Eckpfeiler in einem Orton-Stück hat mit Konkurrenz zu tun; darin liegt ein weiterer Grund, warum sie so komisch sind: Die Leute hören nicht eine Sekunde auf, miteinander zu konkurrieren.
11. Ein Hauptwettbewerb besteht darin: Ich bin kultivierter als du. Da sie alle grobe, gierige, vulgäre Leute sind, ist ihr Wettstreit in Kultiviertheit sehr komisch.
12. Perversität ist die Schlüsselnote: Ich mache alles genau im Gegensatz dazu, wie alle anderen es machen. (Gegensätze häufen sich bei Orton; ganz selbstverständlich bei einem großen komischen Autor, da Gegensätze die Grundlage sind für Komödie.)

Die Leute bei Joe Orton würden alles tun, um zu bekommen, was sie wollen: Je unerhörter ihre Wünsche, umso energischer krempeln sie die Ärmel hoch und stürzen sich hinein. Wenn die amerikanischen Schauspieler bloß das Risiko eingehen könnten, sich im Wahnsinn zu wälzen (während sie gleichzeitig darauf beharren, sie allein seien normal), würde es ihnen gelingen, den *Ton* zu entdecken. Bei Joe Orton geht es buchstäblich um Leben und Tod (irgendjemanden erwischt es immer: in *Mr. Sloane* wird der Großvater grausam ermordet; in *Beute* hängt die Leiche der Mutter kopfüber im Schrank, während ihr Sarg mit Beutegut vollgestopft ist; der Bruder des Fremden wird in *Ruffian* vom Lastwagen des Helden überfahren; Joycies geliebter Goldfisch wird in *Ruffian* kurz vor Ende getötet: ein Tod von größerer Wichtigkeit als der des Fremden, der erschossen im Zimmer liegt.

Amerikanische Schauspieler sind nicht humorlos. Wenn sie beharrlich und gegen ihren eigenen Widerstand (der sehr hartnäckig ist, denn Humor ist zu frivol und die Schauspielerei ist eine *sehr ernste Angelegenheit*) danach streben, begreifen sie Humor. Was hingegen, von einer Handvoll abgesehen, außerhalb der Reichweite amerikanischer Schauspieler zu liegen scheint, ist *Esprit.* Man frage amerikanische Schauspieler, was Esprit sei, und die meisten werden nicht einmal in der Lage sein, den Begriff zu definieren. Da Shakespeare voll von Esprit ist, sollte man annehmen, er würde ihnen genügend Fingerzeige geben. Doch Shakespeare gibt ihnen gar nichts, denn das Einzige, was sie interessiert, wenn sie Shakespeare spielen, ist *die Schönheit der Verse.* (Ich habe ganze Shakespeare-Produktionen gesehen, in denen ich weder dem Plot folgen noch die Beziehung der Figuren untereinander ausmachen konnte, da weder der Regisseur noch die Schauspieler an diese doch wesentlichen Elemente einen einzigen Gedanken verschwendet hatten.) Was moderne Stücke betrifft, so gibt es Esprit in Philip Barrys *Philadelphia Story* und T. S. Eliots *Cocktail Party* und in einigen Sachen von Edward Albee und Joe Orton, doch da Esprit als intellektuell gilt, steht er bei den meisten amerikanischen Theaterautoren nicht hoch im Kurs. Kein Wunder, dass Schauspieler nicht wissen, was es ist, da sie mit dem Fernsehen aufgewachsen sind, wo der kleinste gemeinsame Nenner bestimmt, was komisch ist, und wo Lachmaschinen über einen Witz lachen, wenn die Leute es nicht können. Esprit ist verbal, und Amerika ist ein nonverbales Land; Nuscheln ist Teil unseres Lebensstils. Esprit heißt, sich an den Wörtern zu begeistern, an der Art, wie Dinge ausgedrückt werden; eine geistreiche Person kann Dinge auf scharfsinnigere und sprühendere Weise sagen als ihr Rivale. Esprit ist ein hoch verfeinertes Spiel, doch da es intellektuell ist (eine schmutziges Wort, das um jeden Preis vermieden werden muss) und den Verstand fordert, wird diese Art von Konkurrenz am amerikanischen Theater nicht oft geboten.

Schade. Stücke wie *Bunbury* könnten auf diesem geistfeindlichen, stilfeindlichen, intellektualitätsfeindlichen Boden nicht geschrieben werden. Ein geistreiches Stück wird als antiamerikanisch angesehen.

Wie können Schauspielers etwas spielen, was sie nie erlebt haben?

Wegweiser Nr. 12:

GEHEIMNIS UND RÄTSEL

In jedem Kurs, in dem ich die zwölf Wegweiser durchnehme, stoße ich auf große Schwierigkeiten, den Begriff des Geheimnisses auf zufriedenstellende Weise zu erläutern. Schon der Begriff ist geheimnisvoll!

Oder lassen Sie es mich anders ausdrücken: Nachdem Sie die elf Wegweiser bei Ihrer Vorbereitung für ein Vorsprechen durchgearbeitet haben, fügen Sie das hinzu, was Sie *nicht* wissen.

Immer, wenn ich dies sage, überschattet eine abgrundtiefe Skepsis die Gesichter aller Kursteilnehmer. »Dieser Narr erzählt uns drei Stunden lang, was wir alles wissen müssen, und jetzt sagt er, wir sollen das tun, was wir nicht wissen! Dabei ist das doch unser Problem: dass wir beim Vorsprechen ständig das tun, was wir nicht wissen.«

Doch alle faszinierenden Darstellungen hatten diese Eigenschaft des Geheimnisvollen. Garbo, Brando, Olivier, Davis, Guinness – diese Schauspieler warten mit einem blendenden Aufgebot an Antworten auf (sie beziehen jedes Mal, wenn sie spielen, alle elf Wegweiser gründlichst ein), doch dann ergänzen sie ihre Darstellung um eine Qualität, die wir nicht erklären können: sie bringen eine Dimension in ihre Beziehung zu anderen, die bestaunt, aber nicht erklärt wird, vielleicht nicht erklärt werden kann.

Denken Sie an einige der Fragen, die die Menschheit seit dem Beginn ihrer Zeit auf Erden beschäftigen: Was ist Liebe? Gibt es einen Gott? Gibt es ein Leben nach dem Tod? Gleichgültig, was die Wissenschaft herausfindet: Wir haben auf diese Fragen keine Antworten, nicht wahr? Sie werden für uns ewig ein Geheimnis bleiben. Das Gleiche gilt für jede Beziehung, die Sie zu einem anderen Menschen herstellen: So viel wir über den anderen wissen mögen, es gibt immer etwas, was sich in diesem anderen Herzen, in diesem anderen Kopf abspielt, von dem wir nichts wissen, worüber wir nur Vermutungen anstellen können. Und wie wir uns selbst auch immer einem anderen erklären, wie offen auch immer wir sind, es liegt auch in uns immer etwas Unerklärliches, etwas Verborgenes und Unerkanntes.

Ich rate Ihnen, Ihr Vorsprechen um dieses Grübeln über den anderen zu ergänzen. Ich rate Ihnen, auch das Rätsel, das Sie selbst sind, hinzuzufügen. Dies alles sind Gefühle, geheimnisvolle Gefühle, die nicht verbalisiert und erklärt werden können. Doch sie können empfunden werden, und aus diesem Grund können Sie sie in Ihr Vorsprechen aufnehmen.

Beispiel:
Kinderstunde von Lillian Hellman
In der Schlussszene kommt Martha, nachdem sie erfahren hat, dass Karen von ihrem Verlobten verlassen wurde, zu Karen und gesteht ihr, ihre Liebe zu ihr sei genau das, was die anderen behauptet haben, dass sie sei. Karen reagiert auf das Geständnis, indem sie darauf beharrt, es sei nicht wahr. Jede Schauspielerin scheint vorauszusetzen, dass Martha sich schuldig fühlt und aus diesem Grunde ein Geständnis ablegt und dass Karen unschuldig ist und gegenüber Martha keine lesbischen Neigungen hat.

Ergründen Sie das Geheimnis dieser Szene: Wo steht, dass Karen gegenüber Martha keine sexuellen Gefühle hat? Vielleicht existieren sie in ihrem Unbewussten, und sie gesteht sie sich selbst nicht ein. Vielleicht fragt sie sich, ob sie nicht doch solche Gefühle hat. Vielleicht fragt sie sich, wie es wäre, mit Martha ins Bett zu gehen. Oder sie fragt sich, wie Martha so für sie fühlen kann, wenn sie selbst für Martha keinerlei derartigen Gefühle hegt. Eine Schauspielerin kann all diese Geheimnisse erkunden – nicht einfach nur das *Nein* dieser Szene (nein, ich fühle mich von dir nicht sexuell angezogen). Noch einmal: Die Möglichkeiten eines Ja sind immer interessanter zu spielen als die Gewissheit eines Nein.

Gehen Sie dem Geheimnis nach, warum Martha in diesem Moment beschließt, Karen ihre Liebe zu gestehen. Es hat damit zu tun, dass Karen von ihrem Verlobten verlassen wurde. Offensichtlich hat das in Martha die Hoffnung geweckt, der Verlobte sei deswegen gegangen, weil er Verdacht schöpfte, zwischen den beiden Frauen könnte sich etwas Sexuelles abspielen: Könnte es sein, dass er recht hat? Darf Martha wagen zu hoffen, dass Karen ihr gegenüber genauso fühlt? Da immer die Hoffnung auf Erfüllung ihrer Wünsche die Menschen motiviert, hofft Martha natürlich, dass Karens Antwort Ja lauten wird und dass sie beide nach oben gehen werden, um miteinander zu schlafen, statt dass Martha allein nach oben geht, um Selbstmord zu begehen. Ein gutes Beispiel dafür, warum eine Schauspielerin sich dafür entscheiden sollte, die Möglichkeit zu spielen, dass der Traum wahr werden könnte. *Die drei Schwestern* handelt nicht von drei Mädchen, die nicht nach Moskau gehen, es handelt von drei Mädchen, die davon träumen, nach Moskau zu gehen, und die entschlossen sind, es auch zu tun. *Kinderstunde* handelt von Marthas Traum, dass Karen ihre Liebe erwidern wird. Beide Stücke enden tragisch, weil die Antwort Nein lautet; doch eine gute Schauspielerin spielt während der Reise nicht das Ende, sie spielt den Traum. Der Traum ist, dass die Antwort Ja lauten wird, dass sie bekommen wird, was sie will.

Spielen Sie nicht das Ende des Stücks, bevor Sie dort nicht angekommen sind. Spielen Sie um den Sieg. Spielen Sie, um das zu bekommen, wofür Sie kämpfen. Niemand auf der ganzen weiten Welt spielt, um zu verlieren. Nicht einmal selbstzerstörerische Menschen.

Was ist ein Geheimnis? Es gibt viele Variationen:

Sie können ein Geheimnis haben, von dem Sie nicht wollen, dass es irgend jemand erfährt. Ich nehme an, man könnte das ein echtes Geheimnis nennen. (Normalerweise gibt es bei jedem gut gehüteten Geheimnis eine Ausnahme; das ist einer der faszinierenden Aspekte von Geheimnissen: früher oder später erzählen Sie es *jemandem.* Menschen scheinen es nicht aushalten zu können, ein Geheimnis ganz für sich allein zu behalten, nicht für lange jedenfalls.)

Sie können ein Geheimnis haben, und Sie wollen, dass der andere weiß, dass Sie ein Geheimnis haben, auch wenn Sie ihm nicht sagen, was es ist.

Sie können ein Geheimnis haben, und Sie wollen, dass der andere weiß, dass Sie es haben, und dass er Sie fragt, was es ist; und wenn er Sie lange genug quält, werden Sie es ihm schließlich erzählen.

Unsere Neugierde auf anderer Leute Geheimnisse ist unersättlich; wir wollen immer wissen, was sie sind.

Wir finden uns selbst geheimnisvoll. Wir können zuzeiten unser Verhalten nicht erklären. Wir fragen: »Warum habe ich das getan?«, und versuchen das Geheimnis in uns aufzuklären, und wir bitten andere, es aufzuklären.

Ah, Geheimnisse kommen in vielen Formen vor. Und das müssen Sie Ihrem Spiel hinzufügen: all die Myriaden von Gestalten, die Geheimnisse im Leben annehmen.

Beispiel:
Die Reifeprüfung von Tery Johnson, basierend auf dem Roman von Charles Webb

Jeder kennt die Filmversion von *Die Reifeprüfung* und erinnert sich an die Szene im Hotel, wenn Benjamin Mrs. Robinson fragt, ob es möglich wäre, einander kennenzulernen, statt nur miteinander ins Bett zu gehen.

MS: *Warum wollen Sie mit ihr reden, Benjamin?*

Benjamin: *Weil der Sex so langweilig ist und ich finde, ich könnte die Sache mit ein bisschen Reden aufmöbeln.*

MS: *Wenn der Sex so öde ist, warum treffen Sie sich dann mit Mrs. Robinson?*

B: *Ich langweile mich. Ich habe nichts Besseres zu tun.*

MS: *Schreckliche Begründung. Jedes Mal, wenn ich einen Schauspieler sagen höre: »Ich tue dies, weil ich nichts Besseres zu tun habe«, weiß ich, warum sein Vorlesen so schlecht ist. Was gibt Ihnen mehr, womit Sie arbeiten können: dass der Sex mit Mrs. Robinson öde ist oder dass es absolut toll ist mit ihr?*

B: *Ich nehme an, ich wäre wirklich an ihr interessiert und würde mehr über sie wissen wollen, wenn der Sex absolut toll wäre. Dann hätte ich eine wirkliche Beziehung zu ihr, nicht wahr? Aber ich dachte: »Jesus, ich kann doch nicht in diese alte Schachtel verliebt sein!«*

MS: *Finden Sie Anne Bancroft nicht attraktiv?*

B: *Doch.*

MS: *Warum stellen Sie sich Mrs. Robinson dann als alte Schachtel vor? Natürlich ist sie älter als Sie, aber sie ist eine sehr attraktive Frau. Mit einem guten Körper. Und sie weiß eine Menge über Sex, und Sie haben mit ihr die beste Zeit im Bett, die Sie je gehabt haben.*

B: *Okay. Das wäre interessant.*

MS: *Das ist die Ausgangssituation. Warum wollen Sie mit ihr reden?*

B: *Wenn der Sex so toll ist, warum sollte ich mit ihr reden wollen?*

MS: *Na schön, Ben. Kommen Sie. Beantworten Sie Ihre eigene Frage.*

B: *Wir haben tollen Sex. Ich fühle mich gut, sie fühlt sich gut – warum sollte ich mit ihr reden wollen? Sie sagt nie etwas. Ich weiß nichts über sie. Ah! Sie weckt meine Neugier!*

MS: *Gut. Weiter.*

B: *Ich will wissen, was in ihr vorgeht. Findet sie den Sex genauso toll wie ich, oder ist es einfach eine Affäre wie jede andere? Bin ich etwas Besonderes für sie? Ich würde gern wissen, ob sie denkt, dass ich wirklich gut bin. Genau!*

MS: Hier haben wir also Geheimnis und Rätsel. Sie hat nichts gesagt, und Sie wollen wissen, was sie denkt. Über Sie. Über das, was Sie beide hier treiben. Ob ihre Familie Bescheid weiß. Hat ihr Mann Verdacht geschöpft? Wie kommt sie aus dem Haus? Ist sie in Sie verliebt, oder sieht sie Sie nur als Dienstboten?

B: *Ja. Ich würde auf alle diese Fragen gern eine Antwort haben.*

MS: *Und alle diese Fragen tauchen deshalb auf, weil Sie Ja statt Nein sagten, als Sie sich selbst fragten, ob der Sex mit Mrs. Robinson gut ist.*

B: *Genau.*

MS: *Sie müssen immer eine bejahende Antwort geben. Dadurch erhalten Sie viel, viel mehr, womit Sie arbeiten können. Das Negative ist immer schon geschrieben; Sie können es als Gegensatz verwenden. Doch* **Neugier** *auf den Menschen, mit dem Sie ins Bett gehen, ist eigentlich ganz natürlich; zudem ist Mrs. Robinson ein sehr geheimnisvolles Wesen, das nie etwas über sich oder ihren Mann oder ihre Tochter oder sonst jemanden sagt. Das ist doch ein ungewöhnliches Verhalten; es macht neugierig, nicht wahr? Dadurch erhalten Sie Ihre große Chance, Geheimnis und Rätsel in der Szene auszuloten. Was ist Mrs. Robinsons Geheimnis? Sie müssen es wissen.*

B: *Wissen Sie, als Sie mich fragten, wie der Sex mit ihr sei ... Ich hatte vor dem Lesen überhaupt nicht darüber nachgedacht. Ich dachte, da ist diese Schnalle, mit der ich ins Bett gehe, und in dieser Szene versuche ich zu vermeiden, sie noch einmal ficken zu müssen. Deshalb stelle ich ihr eine Menge blöder Fragen, die mir überhaupt nichts bedeuten. Jetzt sagen Sie mir, dass in einer*

Szene, in der ich eine Menge Fragen stelle, diese Fragen mir auch etwas bedeuten müssen.

MS: *Natürlich. Wenn Sie Ihnen nichts bedeuten, warum sollte ein Publikum stillsitzen und eine so lange Szene ansehen, in der Sie Fragen stellen, und Ihre Partnerin weicht aus, und Sie bohren nach. Sie müssen interessiert sein; warum würden Sie sonst so hartnäckig nachfragen, obwohl sie sich sträubt?*

B: *Richtig. Und jetzt fällt mir ein, dass ich jedes Mal, wenn sie mich fragt, ob ich mit dem Sex aufhören will, sage: »Nein, nein, nein. Ich will weiter mit dir ins Bett gehen.« Also muss es mir doch gefallen, oder? Sonst würde ich doch nicht weitermachen. Sie sagen, dass es in jeder Szene um Liebe geht, aber ich liebe Mrs. Robinson nicht, und sie liebt mich nicht. Also wie kann es um Liebe gehen?*

MS: *Aber es geht doch um Liebe* **machen,** *nicht wahr?*

B: *Es geht um zwei Leute, die ficken.*

MS: *Synonyme. Liebe machen, ficken, vögeln. Wichtiger ist, worum es tatsächlich geht: Wie kommt es, dass wir so viel Zeit zusammen verbringen, wenn wir nicht ineinander verliebt sind? Es geht um zwei Leute, die Liebe wollen und sich mit weniger zufriedengeben. Am Ende verlassen Sie sie, um Liebe zu finden; Sie finden die Liebe, die Sie mit ihr nicht haben finden können, mit ihrer Tochter. Mrs. Robinson gehört zu den armen Wesen, die es aufgegeben haben, nach Liebe zu streben, und sich mit der Leere von bloßem Sex zufriedengeben. Also geht es in dieser Beziehung doch um Liebe, nicht wahr?*

B: *Mir fällt ein, dass einer der Gründe, warum ich ihr all diese Fragen stelle, darin liegt, dass ich mich wundere, ob sie in mich verliebt ist.*

MRS. ROBINSON: *Ist das nicht mal wieder typisch Mann? Natürlich bin ich nicht in ihn verliebt. Er kam einfach sehr gelegen. Ich benutze ihn; er gibt mir, was ich will.*

MS: *Und Sex ist alles, was Sie wollen?*

Mrs. R: *Alles.*

MS: *Sie haben so ein tolles Leben zu Hause, alles, was Sie brauchen, ist ein bisschen Sex, stimmt's?*

Mrs. R: *Diese Bemerkung gibt mir doch zu denken. Ich habe mit meinem Mann kein sehr gutes Verhältnis; wir haben nur zweimal im Jahr Sex: an seinem Geburtstag und zu Weihnachten – wenn er sich erinnert, dass Weihnachten ist. Aber eine Menge älterer Ehepaare leben so, nicht wahr?*

MS: *Nur weil eine Menge Ehepaare so leben, heißt das noch lange nicht, dass es in Ordnung ist, ein Leben ohne Liebe zu leben. Es sieht so aus, als würden die älteren Leute heutzutage genauso nach Liebe suchen wie die jungen.*

Mrs. R: *Aber das ist nicht, was ich will. Ich will keine Liebe.*

MS: *Warum nicht.*

Mrs. R: *Ich bin zu desillusioniert. Ich glaube nicht an Liebe.*

MS: *Woran glauben Sie?*

Mrs. R: *An nicht viel.*

MS: *Kommen Sie, Mrs. Robinson. Es muss einen Grund geben, warum Sie am Leben bleiben.*

Mrs. R: *Ich glaube an meine Tochter! Sie ist der Grund, warum ich weiterlebe.*

MS: *Gut. Und sie ist der Grund, warum Sie die Sache mit Benjamin so geheimhalten müssen?*

Mrs. R: *Ja. Ich denke schon. Ich will nicht, dass er irgendetwas mit ihr zu tun hat. Ich brauche Sex, doch ich will nicht, dass meine Tochter auf irgendeine Weise davon berührt oder beschmutzt wird, denn sie ist das einzig Gute und Reine in meinem Leben.*

MS: *Sie sehen Ihre sexuelle Erfahrung mit Benjamin also als etwas Schmutziges an?*

Mrs. R: *Natürlich. Wir sind einfach zwei Tiere, die sich auf diesem Hotelbett wälzen. Einfach zwei Tiere, die sich bespringen.*

MS: *Tiere halten Sex nicht für schmutzig; sie tun es einfach. Wenn Sie es wie die Tiere tun, warum sollte es schmutzig sein?*

Mrs. R: *Nun, es ist eine höchst unangemessene Beziehung. Ich könnte seine Mutter sein!*

MS: *Haben Sie ihn deshalb ausgewählt: weil er völlig unpassend ist?*

Mrs. R: *Ich habe nicht darüber nachgedacht. Ich dachte, ich habe ihn gewählt, weil er zufällig da war; doch Sie sagen, zufällige Entscheidungen seien nicht gut. Ja, ich glaube, es gab einen sehr guten Grund, ihn zu wählen: Er passt so wenig zu mir, dass es ausgeschlossen ist, mich in ihn zu verlieben; es wird zu keinen Komplikationen kommen.*

MS: *Also denken Sie doch an Liebe?*

Mrs. R: *Ich will keine Liebe, das wäre eine Komplikation.*

MS: *Also könnte es passieren?*

Mrs. R: *Ja, ich nehme an, es könnte passieren. Ich will sichergehen, dass es nicht passiert.*

MS: *Und Ihre Wahl fällt auf Benjamin, weil mit ihm die Gefahr gering ist, dass es passiert?*

Mrs. R: *Ja. Eine sichere Wahl.*

MS: *Warum regen Sie sich dann so auf, wenn er anfängt, mit Ihrer Tochter auszugehen?*

Mrs. R: *Ich will nicht, dass meine Tochter mit dem Mann rummacht, mit dem ich ins Bett gehe!*

MS: *Warum nicht? Welchen Unterschied macht es, wenn Sie für ihn nichts empfinden?*

Mrs. R: *Aber für* sie *empfinde ich etwas!*

MS: *Aber Sie sagten selbst, dass Ben im Bett großartig ist. Wenn Sie sich nichts aus ihm machen, warum soll sie ihn nicht haben, wenn sie ihn mag?*

Mrs. R: *Das Bild, wie er mit ihr Liebe macht, nachdem er mit mir Liebe gemacht hat – das wäre schmutzig.*

MS: *Ah! Es ist also das Bild, wie sie Liebe machen, das Sie beunruhigt. Ist es Eifersucht?*

MRS. R: *Nein, nein, nein. Es ist das Bild, wie er seinen Penis in mich steckt und sich umdreht und ihn in meine Tochter steckt. Das ist ekelhaft.*

MS: *Inzest?*

MRS. R: *Nein. Ich würde mich wie eine Hure fühlen.*

MS: *Aber das sind Sie doch.*

MRS. R: *Ach wirklich?*

MS: *Sie sagen, mit Gefühlen habe es nichts zu tun; Sie tun es nur wegen des Sex. Sie sagen, Sie tun es, weil es schmutzig ist; das sei es, was Ihnen daran gefällt.*

MRS. R: *Genau deswegen, weil es schmutzig ist, möchte ich nicht, dass er es mit meiner Tochter macht. Ich will nicht, dass ihr Leben so schmutzig und durcheinander ist wie meins.*

MS: *Glauben Sie, Sie hätten keine Liebe verdient?*

MRS. R: *Daran habe ich nie gedacht. Ich nehme es an.*

MS: *Sie lieben sich selbst nicht.*

MRS. R: *Ja.*

MS: *Sie haben Angst, in der Beziehung zu Benjamin Liebe entstehen zu lassen, weil das ein Betrug an der Liebe zu Ihrer Tochter wäre?*

MRS. R: *Das stimmt. Sie ist das Wichtigste in meinem Leben.*

MS: *Die meisten Mütter sind in der Lage, ihre Töchter zu lieben und gleichzeitig einen Mann zu lieben.*

MRS. R: *Ja. Also … ich habe das Gefühl, ich kann es nicht.*

MS: *Warum?*

MRS. R: *Ich habe Angst, verletzt zu werden.*

MS: *Jetzt kommen wir der Sache näher.*

MRS. R: *Sie meinen, ich könnte mich in Benjamin verlieben, und ich versuche sicherzugehen, dass er nicht unwürdig wird, geliebt zu werden? Also geht es in der Szene doch um Liebe – sie handelt davon, wie ich versuche zu verhindern, dass sich in unser Verhältnis Liebe einschleicht.*

MS: *Sehr gut. Es ist eindeutig, dass Sie in dieser Szene etwas verbergen, und deshalb wollen Sie nicht mit ihm reden oder seine Fragen beantworten. Die Schauspielerin muss das hinzufügen, was Mrs. Robinson versucht zu verbergen.*

Mrs. R: *Und Sie meinen, das, was ich zu verbergen versuche, ist ein mögliches Gefühl für ihn?*

MS: *Gibt es etwas, wofür Sie sich entscheiden könnten, was noch stärker wäre?*

Mrs. R: *Vielleicht haben Sie recht.*

MS: *Ich sage nicht, dass diese Entscheidung an die Stelle des Wunsches treten soll, Ihre Tochter zu beschützen. Ich meine, Sie sollten diese Entscheidung* ***zusätzlich*** *treffen. Dadurch erhalten Sie eine viel stärkere emotionale Basis für jede Entscheidung, die Sie treffen wollen.*

Deswegen plädiere ich dafür, die Frage »Habe ich eine seelische Beziehung zu diesem Mann?« mit Ja zu beantworten. Sagen Sie ja. In jeder Szene. Dadurch erhalten Sie viel mehr, womit Sie arbeiten können. Ihr emotionales Engagement in der Beziehung wird vertieft. Alles, was Sie vorhin wählten, wird ohnehin in der Szene sein, es steht ja im Text. Die Entscheidung, an die ich Sie herangeführt habe, ist die, den Dingen, die Sie bereits gewählt haben, mehr Tiefe zu verleihen.

Warum sträuben sich Schauspieler gegen Liebe? Sie hilft ihnen – in jeder Szene.

Mrs. R: *Mein Geheimnis und mein Rätsel besteht also darin, dass dieser Junge auf keinen Fall erfahren darf, was ich zu fühlen beginne. Ich bin auch erstaunt über dieses Gefühl, denn alles, was ich ursprünglich wollte, war guter Sex, und jetzt fange ich an, mich gefühlsmäßig zu beteiligen – gegen meinen Willen. Ich erforsche das Rätsel in mir selbst: Mrs. Robinson, wie konnte dir*

> *das passieren? Wie kannst du dich in jemanden verlieben, der so alt ist wie deine eigene Tochter? Dann setze ich den Gegensatz ein: Ich befehle mir, dass ich mich nicht in ihn verlieben darf. Ich verbiete mir, irgend etwas für ihn zu fühlen; ich reiße mich zusammen. Doch da ist auch diese Sehnsucht nach ihm, dieses Gefühl, dass ich ohne ihn nicht leben kann.*
> *Ich will keine seelische Beziehung mit ihm, aber ich habe sie bereits. Ja, das ist eine viel stärkere Entscheidung. Ich hatte Gleichgültigkeit gewählt: Ich kann mit allen Sex haben; wenn du nicht willst, finde ich jemand anderen. Die Entscheidung, die Sie mir vorschlagen, ermöglicht es mir, das Spiel zu spielen, doch ich riskiere einige gefährlich reale Gefühle.*

Alle guten Stücke enthalten Rätsel und Geheimnisse, die der Schauspieler erkunden kann. Hamlets Neugier, was es mit der Wiederverheiratung seiner Mutter auf sich hat, wird nie wirklich befriedigt. Etwas in Gertrude entzieht sich ihm stets. Und Gertrude ist verblüfft über das seltsame Verhalten ihres Sohnes. Was ist das für ein Geheimnis, das er ihr nicht mitteilt? Warum benimmt er sich auf so unvorhersehbare Weise? Was will er?

In *Ein Mann zu jeder Jahreszeit* nimmt Sir Thomas More eine rigorose moralische Position ein, eine Position, die für jeden Normalsterblichen unmöglich wäre. Das gibt den Menschen seiner Umgebung ein Rätsel auf. Warum benimmt Sir Thomas More sich so? Meint er es wirklich so? Es steckt in dem Mann ein Geheimnis, das von allen anderen im Stück erkundet werden muss.

Die Figur, die Al Pacino in *Hundstage* darstellt, ist in mancher Hinsicht so komplex wie Hamlet. Er hat eine Frau und Kinder, die er liebt; doch er überfällt eine Bank, um für seinen männlichen Liebhaber Geld zu besorgen. Warum handelt er auf diese Weise? Was ist das Geheimnis seines seltsamen Lebens? Das

Benehmen einer so komplexen, widersprüchlichen Figur kann nicht einfach als gegeben vorausgesetzt werden.

Eleanor und Henry in *Der Löwe im Winter* sind für immer ein Rätsel füreinander. Andauernd sagen sie das Verhalten des anderen voraus, nur um feststellen, dass sie beide unvorhersehbar sind. Sie beharren darauf, sie würden einander kennen, doch sie sind immer wieder aufs Neue voneinander fasziniert, denn *es gibt immer noch mehr zu erfahren.* Die Schauspieler, die diese beiden wundervollen Rollen spielen, tun gut daran, in das Geheimnis einer solchen Beziehung einzudringen.

Robert De Niro ist großartig in der Kunst, das Geheimnis des Innenlebens einer Figur anzudeuten. In *New York, New York* wissen wir nie, welchen Aspekt er als Nächstes enthüllen wird: Ist er einfach nur ein Schwein, oder ist er ein Mann, der um seine Liebe und um seine Karriere kämpft? Es ist die Art, wie er das Geheimnis einer Figur einsetzt, die seine Darstellung so faszinierend macht; sie ist reich an Widersprüchen und Gegensätzen, und keinen Moment lässt er darin nach, das Geheimnis der Beziehung, in der er steckt, auszuloten.

3. BESTÄNDIGKEIT

Beständigkeit ist der Tod einer guten Darstellung.

4. EINIGE DINGE, DIE EIN SCHAUSPIELER WISSEN MUSS

Was mache ich, wenn das Vorsprechen nicht gut läuft?

Es gibt zwei Maßnahmen, die ein Schauspieler treffen kann, wenn er das Gefühl hat, das Vorsprechen läuft so schlecht, dass es ihm zu entgleiten droht: die Schuld auf den anderen schieben oder ihm Liebe schenken.

Warten Sie nicht auf einen Moment im Skript, der eine dieser beiden gegensätzlichen Maßnahmen rechtfertigt, denn dann ist es zu spät. *Tun Sie es jetzt.* Sie sind am Ertrinken, retten Sie sich. Ihr schlechtes Gefühl reicht als Motivation aus. Aller Wahrscheinlichkeit nach geben Sie sich selbst die Schuld, dass es so mies läuft. Dadurch wenden Sie sich nach innen, und Sie sind grüblerisch und passiv und allein, sodass Sie sich im Grunde aus der Szene verabschieden.

Sie müssen etwas finden, was Ihren Partner miteinbezieht, und Sie müssen es augenblicklich finden. *Schieben Sie die Schuld auf Ihren Partner oder Ihre Partnerin!* Es ist ihre Schuld, dass die Szene schiefgelaufen ist. Ja, ja, ich weiß, es ist nicht wortwörtlich ihre Schuld, und vielleicht ist es überhaupt nicht ihre Schuld. Ja, ich weiß, es ist irrational, und genau aus diesem Grund sollten Sie es tun; es ist emotional, es wird sofort wieder eine Beziehung zwischen Ihnen und Ihrer Partnerin herstellen – und das Lesen wird lebendig. Nehmen Sie die Worte, die im Skript stehen, um damit Ihrer Partnerin alle Schuld zuzuweisen; Ihr Ausbruch muss so heftig sein, dass er Ihre Partnerin umwirft.

Dann, wenn Sie sich wirklich schlecht fühlen, weil Sie Ihren Zorn an der unschuldigen Partnerin ausgelassen haben, schließen Sie den gänzlich unerwarteten Gegensatz an: Sie machen

Ihr schreckliches Benehmen – fälschlicherweise ihr die Schuld zuzuschreiben – wieder gut, indem Sie ihr Liebe schenken. Viel Liebe. Nehmen Sie sie in die Arme, küssen Sie sie leidenschaftlich. (Die Absurdität verleiht der Szene auch Humor.)

»Aber das passt nicht in die Szene«, wenden Schauspieler ein, wenn ich mich für diese Dinge stark mache. »Das steht doch nicht im Text!« In all den Jahren, in denen ich Schauspieler beim Vorsprechen scheitern, vor meinen Augen habe untergehen sehen, erlebte ich es doch auch, wie sie sich durch eine solche Maßnahme retteten, die Aufmerksamkeit der Auditoren auf sich zogen und sich interessant machten. Selbstverständlich »passt es«! Und erinnern Sie sich daran, dass es bei einem Vorsprechen wichtiger ist, den Auditoren die ganze Bandbreite Ihrer emotionalen Ausdruckskraft zu zeigen, statt zu beweisen, dass Sie das Skript verstanden haben. Was könnte Ihr emotionales Leben besser illustrieren als ein Ausbruch von Anschuldigungen, auf den ein überschwängliches Schenken von Liebe folgt?

Auch die umgekehrte Vorgehensweise funktioniert, wenn ein Vorsprechen schlecht läuft: ein plötzlicher Ausbruch von Liebe, dem ein gleichermaßen intensiver Ausbruch von Beschuldigungen folgt. Jetzt ist der Zeitpunkt gekommen, an dem ein Schauspieler zu mir sagt: »Ich habe ihr Liebe gegeben, und sie hat darauf reagiert. Was mache ich jetzt? Ich habe bekommen, was ich wollte; wie kann ich ihr die Schuld geben?« Nichts leichter als das. Bekommen, was man wollte, kann in ein Nichtbekommen, was man wollte, verwandelt werden, wenn Sie nicht glauben, dass der andere es ernst meint. Wir alle haben im Leben Situationen erlebt, in denen einer sagte: »Ich liebe dich«, und wir glaubten es nicht. Oder die *Art* von Liebe, die uns geboten wird, ist nicht die, die wir verlangen. Schließlich gibt es Leute, die sich scheiden lassen, obwohl sie einander immer noch lieben. Sie konnten sich nur nie auf die Art von Liebe einigen.

Die Bedingungen der Liebe. Eine äußerst wichtige Angelegenheit für einen Schauspieler. Die meisten Szenen in einem Stück (genau wie im Leben) sind Verhandlungen zwischen zwei Menschen darüber, ob sie sich lieben oder ob sie Feinde sind. Versuche, zu einer Übereinkunft zu gelangen, die es beiden erlaubt, sie selbst zu bleiben. Das ist Konflikt. Konflikt ist Drama.

Konflikt interessiert uns viel mehr als Übereinstimmung. In der Übereinstimmung liegt wenig Drama, folgt sie nicht auf ein ausgeprägtes Zerwürfnis oder folgt auf sie kein Zerwürfnis. Wenn Sie im Text keinen Konflikt entdecken, erzeugen Sie ihn, jetzt, auf der Stelle. Sie erzeugen Konflikt, indem Sie Schuld zuweisen oder Liebe schenken.

Den Partner zu verändern ist eines der wichtigsten Motive

Immer wenn es Ihnen nicht gelingt, in der Szene ein überzeugendes Motiv zu finden, nehmen Sie den Wunsch, Ihren Partner zu verändern.

Der Wunsch, unsere Freunde, unsere Familie, unsere Geliebten, jeden, der uns etwas bedeutet, zu verändern, ist bei uns allen ausgeprägt. Menschen wollen, dass andere Menschen so sind, wie sie glauben, dass sie sein sollen, und nicht so, wie sie nun einmal sind.

Jemanden zu verändern ist ein sehr aktives Motiv. »Ich liebe dich, doch ich will, dass du dich veränderst.« »Ich will dir zeigen, wie ich dich haben will.« »Lass mich dich formen, und wir werden beide glücklich sein.«

Die Bedingungen einer Beziehung sind für jeden Menschen andere. Der Streit über diese Bedingungen drückt sich unter anderem in der *spezifischen* Weise aus, in der Sie den anderen verändern wollen.

Gehen Sie mit dem Wunsch, den anderen zu verändern, nie auf eine abstrakte Weise um. Sie müssen die Veränderungen, die

Sie wünschen, sehr spezifisch machen. »Ich will, dass du lernst, meine Mutter zu mögen«, ist besser als: »Eine Familie muss zusammenhalten.« »Ich werde mich scheiden lassen, wenn du nicht aufhörst, Cracker im Bett zu essen, und wenn du nicht jeden Abend von der Arbeit gleich nach Hause kommst«, ist besser als: »Mit unserer Ehe steht es nicht zum Besten.«

Diese Vorstellung ist für Schauspieler besonders schwierig zu begreifen, denn wir wachsen in dem Glauben auf, wir würden die Menschen, die wir lieben, zu sehr achten, als dass wir sie verändern wollten. Es scheint kein angenehmer Charakterzug zu sein, jemanden verändern zu wollen, und wir behalten dieses Wissen um unsere Motive gern für uns. Die meisten hüten dieses Geheimnis so erfolgreich, dass sie selbst nichts davon wissen.

Dieses Geheimnis ist ein wesentliches Stück Information für einen Schauspieler. Ohne den Wunsch, seinen Partner zu verändern, kann er auf der Bühne oder auf der Leinwand nicht funktionieren.

Born Yesterday ist ein gutes Beispiel. Paul ist der intellektuelle Reporter, der von dem grobschlächtigen Millionär Brock, einem erfolgreichen Tycoon, angeheuert wird, um Brocks Geliebten Billie Dawn Klasse beizubringen. Paul ist von Billie hingerissen, doch da er ihr gegenüber sehr zurückhaltend, fast kalt ist, sind Schauspieler oft verwirrt, welche Entscheidung sie in dieser Szene treffen sollen. Wofür kämpft Paul? Darum, Billie Dawn in vielerlei Hinsicht zu verändern: 1. ihre Moral zu verändern, sodass sie nicht länger Brocks Geliebte bleibt; 2. sie dazu zu bringen, sich in ihn zu verlieben; 3. ihr Bewusstsein zu erweitern und sie »gebildeter« zu machen, sodass sie für ihn eine angemessene Partnerin sein kann. Billie will Paul verändern, sodass aus einem spießigen Fatzke ein Kerl aus Fleisch und Blut wird, mit dem sie sich wohlfühlen kann. Je spezifischer die Veränderungen sind, die der Schauspieler wählt, desto wirkungsvoller das

Lesen; alle Entscheidungen, die dafür sorgen, dass *Born Yesterday* funktioniert, beruhen auf dem Wunsch der Figuren, einander zu verändern.

Über Freundschaft

Zu den schwierigsten Szenen für Schauspieler beim Vorsprechen gehören Szenen über zwei Freunde. Das Lesen ist oft farblos, lustlos, es mangelt ihm an Konflikt und Energie. Ich glaube, der Grund liegt darin, dass Schauspieler Freundschaft als etwas Nettes, Problemloses, Entspanntes, Gemütliches, Vertrauensvolles ansehen. Eine schöne Idee, doch für einen Schauspieler nicht zu gebrauchen, denn sie beraubt ihn jeglichen Antriebs; es fehlt ein wichtiges Element: etwas, wofür er kämpft. Im Ergebnis erhalten wir Szenen, die sehr verhalten und von geringem dramatischem Wert sind.

Freundschaft wird von einem entscheidenden Faktor mitbestimmt, den die meisten Schauspieler einfach nicht beachten. Ein Faktor, der ihnen am meisten helfen könnte: Konkurrenz.

Viele Schauspieler protestieren lautstark, wenn ich sage, dass es in einer Freundschaft Konkurrenz gibt. Sie sehen Konkurrenz als etwas gar nicht Nettes, als aggressiv und unschön an. Zwischen Freunden herrscht doch keine Konkurrenz; das wäre ja furchtbar!

Doch wir konkurrieren mit unseren Freunden. Darin liegt einer der Hauptgründe, warum wir Freunde haben: wegen der Stimulation. Um zu sehen, wer besser Tennis oder Golf spielt, wer am weisesten und wer am geistreichsten ist; wer die besten Plätzchen backt, wer die nettesten Kinder hat, wer in der besten Gegend lebt. Konkurrenz ist gesund, und dennoch hören Schauspieler (wie die meisten Leute) das Wort *Konkurrenz* mit Abscheu, weil sie dabei nur an unbarmherzigen Wettbewerb in der Wirtschaft denken oder an aggressive Länder, die Krieg gegeneinander führen. Natürlich kann Konkurrenz aggressiv und kriegerisch sein, doch es gibt sie auch in der Form einer gesunden Stimulation, etwa, wenn wir gegen einen Partner Tennis spielen wollen, der genauso gut oder besser ist als wir.

Freundschaft ist vielleicht die einzige Beziehung in unserem Leben, in dem die Partner gleichberechtigt sind. Mit unserem Geliebten oder Ehepartner können wir nicht gleichberechtigt sein; in der Beziehung zu unseren Eltern oder unseren Kindern herrscht keine Gleichheit. In all diesen Beziehungen *streben* wir nach Gleichheit; es ist sehr schwierig, wenn nicht unmöglich, sie zu erreichen. In der Freundschaft hingegen können wir Gleichheit erreichen. Wir suchen uns Freunde, die mit uns auf einer Stufe stehen – meistens jedenfalls –, und nicht Menschen, die uns unterlegen oder überlegen sind. Sie haben vielleicht Eigenschaften, die uns das Gefühl geben, sie seien uns in mancher Hinsicht überlegen (oder unterlegen), doch im Großen und Ganzen beruht Freundschaft auf dem Fundament der Gleichheit. Und gerade diese Gleichheit ist es, die es uns ermöglicht, zu konkurrieren und dabei das Gefühl zu haben, dass Konkurrenz in Ordnung ist. So sehr in Ordnung, dass die meisten tatsächlich nicht einmal wissen, dass sie konkurrieren.

Wenn wir nicht konkurrieren würden, hätten wir keinerlei Anreiz, eine Sache gut zu machen. Warum sollten wir gute Plätzchen backen, wenn nicht, damit sie mit anderen guten Plätzchen verglichen werden? Warum eine hervorragende Runde Golf spielen, wenn sie nicht mit dem Spiel eines anderen verglichen wird, der auch gut ist? Wir mögen es nicht, Dinge zu tun, die wir nicht gut tun; wir mögen Scheitern nicht; wir mögen Erfolg. Scheitern oder Erfolg wären uns gleichgültig, wenn wir nicht konkurrieren würden.

In der Freundschaft liegt eine gegenseitige Akzeptanz, die es uns ermöglicht, zu entspannen und die Konkurrenz *zu genießen.*

Freundschaften – gute, echte, wahre Freundschaften – neigen dazu, länger zu halten als die meisten anderen Beziehungen. Das liegt daran, weil es in der Freundschaft Vertrauen gibt und die Freiheit, zu konkurrieren, die Freiheit, zu kritisieren und kritisiert zu werden – Freiheit, weil wir akzeptiert werden und Ehrlichkeit deshalb möglich ist. In keiner anderen Beziehung in unserem Leben ist es so leicht, entspannt und in gegenseitiger Anerkennung in Konkurrenz zu treten.

Zu konkurrieren heißt nicht automatisch zu verletzen. Der Wettbewerb stimuliert uns; wir zwingen einander, zu wachsen, bewusster zu werden, uns mehr anzustrengen, uns noch mehr zu bemühen, ein Ziel anzustreben, das wir bislang nicht erreichten. Wenn wir allein sind, schüchtern und nicht stimuliert, tun wir viel weniger.

Es gibt zugegebenermaßen brutale Konkurrenz. Der Wunsch zu siegen kann so groß sein, dass jemand auch seinen engsten Freund niedertrampelt. Oder ein Freund stellt sich als eine solche Enttäuschung, als eine solche Pflaume heraus, dass wir uns bemüßigt sehen, ihm die Leviten zu lesen. Einem Freund werfen wir viel eher etwas an den Kopf, weil wir wissen, dass der Freund uns vergeben und uns weiterhin sein Freund sein lässt – und uns im Gegenzug bald etwas an den Kopf wirft. Es ist dieses Element des *Gefährlichen,* sich aufs Glatteis zu wagen, das Schauspieler in einer Szene zwischen Freunden oft nicht berücksichtigen. In der Freundschaft herrscht großes Vertrauen, und eine Enttäuschung bringt uns aufgrund höherer Erwartungen leichter dazu, vehement zu reagieren; wir sind eher bereit, auf einen Freund einzuprügeln als auf einen Feind.

Nach allen diesen Gefahrenelementen muss ein Schauspieler in einer Szene zwischen Freunden Ausschau halten. Wenn es nicht im Text steht, müssen Sie eine eigene Gefahr erfinden. Gelassenheit hat noch nie eine wirkungsvolle dramatische Szene hervorgebracht.

Wann ein Schauspieler »Was?« sagen muss

Häufig verstehen Schauspieler nicht, warum ein Autor eine Figur »Was?« sagen lässt. Sie verschwenden eine Menge Energie daran, das »Was?« zu rechtfertigen, so als wollte der Autor sagen, dass die Figur nicht verstanden hat, was der andere sagte. Kein Autor würde Zeit vergeuden, nur um die Information zu wiederholen. Seine Absicht ist emotional, nicht faktisch. Sie müssen immer davon ausgehen, dass Sie gehört haben, was gesagt wurde, und dass Sie nicht um eine Wiederholung bitten, weil Sie taub oder unaufmerksam sind. Im Gegenteil: Sie finden das, was Sie gehört haben, unglaublich oder unannehmbar.

»Was?« heißt: »Ich würde doch gerne wissen, was zum Teufel du damit sagen willst!« Oder Sie spielen um Zeit: Sie haben etwas für Sie Missliches gehört und streuen Ihrem Gegenüber Sand in die Augen, bis Sie eine clevere Antwort gefunden haben.

Wie man eine Geschichte erzählt

Eine gut erzählte Geschichte beginnt an einem Punkt der Unschuld. Wir berichten nicht gleich am Anfang, wie eine Geschichte ausgehen wird. Wir erzeugen Spannung. Wir erzeugen Wirklichkeit, indem wir die Geschichte in der gleichen Reihenfolge erzählen, wie wir sie erlebt haben; das heißt, wir beginnen an einem *Punkt der Unschuld,* dem Punkt, an dem wir noch nicht wussten, was geschehen würde, und davon ausgingen, dass es ein Tag wie jeder andere werden würde.

Ein Beispiel: Der Kurs ist zu Ende; es ist Mitternacht. Ich räume das Klassenzimmer auf, schalte alle Lichter aus, gehe die Treppen hinunter zur Straße und schließe die Tür hinter mir ab. Ich bemerke einen Mann, der in einer betont lässigen Pose an der Ecke steht. Ich schließe die Tür ab und gehe die Straße hinunter, doch einen halben Block weiter bemerke ich, dass der Mann mir folgt. Folgt er mir, oder geht er nur zufällig in meine Richtung? Ich bleibe stehen und gebe vor, ein Schaufenster zu betrachten; er bleibt stehen. Ich biege um die Ecke, obwohl es nicht mein Weg ist; er biegt auch um die Ecke. Schließlich drehe ich mich um: »Verfolgen Sie mich?« Er zieht ein Messer. Und so weiter.

Ich fange die Geschichte nicht so an, dass ich sage: Letzte Nacht hat mich ein Mann mit einem Messer bedroht. Das wäre schlechtes Geschichtenerzählen, denn der Zuhörer erlebt die Geschichte nicht so, wie ich sie erlebt habe, *von einem Punkt der Unschuld* aus, dem Punkt, an dem ich nicht die geringste Ahnung hatte, dass mir etwas Widriges zustoßen würde.

Tennessee Williams' Werk ist voll von Geschichten, die am Punkt der Unschuld beginnen; das gilt auch für viele andere Theaterautoren. (Eugene O'Neill ist ein kunstloser, wenn auch machtvoller Dramatiker, der dazu neigt, das Ende zu Beginn zu erzählen; ein kunstvoller Autor erzählt es so, wie es geschieht.) Das ist eine wichtige Erkenntnis für einen Schauspieler.

Plötzlich letzten Sommer ist eines der besten Beispiele dafür, eine Geschichte vom Punkt der Unschuld aus zu erzählen. Dieses Tennessee-Williams-Stück sollten Sie gut studieren: Sie können viel daraus lernen. Die Heldin, die mit einer Lobotomie rechnen muss (wenn der Arzt ihr nicht glaubt, dass ihr Vetter von Menschen gefressen wurde), erzählt mehrere lange, komplizierte Geschichten im Laufe des Stücks. Der Arzt hat nur wenige Zeilen zu sprechen; lediglich um ihr Mut zuzusprechen, ihr Anregungen zu geben, sie zu unterstützen, sie zum Weitererzählen dieser unglaublichen Geschichten zu bewegen.

Home Free! von Lanford Wilson ist ein Zweipersonenstück über einen Bruder und eine Schwester, die auch ein Liebespaar sind und die vorgeben, miteinander verheiratet zu sein. Sie haben viele Geschichten zu erzählen. Der Punkt der Unschuld ist für die Darstellung in diesem Stück wesentlich.

The Prime of Miss Jean Brodie enthält eine Szene zwischen Miss McKay, der Direktorin, und Miss Brodie, in der Miss McKay an einem Punkt der Unschuld beginnt. Statt Miss Brodie geradeheraus zu beschuldigen und ihr zu kündigen, treibt sie sie in die Falle mit Hilfe einer ganzen Reihe von Spielchen und Tricks, die Miss Brodie dazu bringen sollen, sich selbst zu verraten. Katz-und-Maus-Spiele beginnen normalerweise an einem Punkt der Unschuld: Ich? Ich bin nur ein Schmusekätzchen, ich würde niemals eine kleine Maus wie dich fressen!

Wenn ein Autor die Katze aus dem Sack lässt und das Ende am Anfang erzählt, wenden Sie dennoch die gleiche Methode an: Sie fangen von vorn an, gehen zurück an den Punkt der Unschuld, sodass Ihr Partner diese anfängliche Erfahrung und jeden weiteren Schritt bis zur Lösung mit Ihnen teilt.

Bühnenanweisungen sind Fallen

Beim Vorsprechen sollten Bühnenanweisungen im Großen und Ganzen ignoriert werden. Einige sind natürlich nötig. Wenn in der Bühnenanweisung steht, dass Sie einen Revolver aus der Handtasche ziehen und den Mann erschießen, können Sie das nicht gut übergehen. Doch halten Sie sich nur an die wesentlichen Bühnenanweisungen; alle anderen sind unwesentlich und können Sie in große Schwierigkeiten bringen.

Missachten Sie Anweisungen wie »sagte sie schwach« oder »indem sie das Gesagte ignoriert« oder »gleichgültig« oder irgendeine andere der tausendundeinen *negativen* Bühnenanweisungen, die Theaterautoren so lieben, weil sie glauben, durch sie würde ihr Skript dramatischer werden – und weil sie beschreiben, was sie vor ihrem geistigen Auge sehen, während Sie spielen müssen, was Sie vor *Ihrem* geistigen Auge sehen.

Befolgen Sie nicht blind die Bühnenanweisungen bei einem Vorsprechen – nur, wenn sie Ihnen nützlich erscheinen.

Übergänge sind künstlich

Nur Schauspieler kennen Übergänge; im Leben habe ich noch nie jemanden dabei beobachtet. Im Leben schalten wir einfach von einem Gefühl zu einem anderen; augenblicklich. Wir halten nicht inne, um jemandem zu zeigen, wie wir von Gefühl A zu Gefühl B gelangten; wir tun es einfach. Dadurch sind Menschen so rätselhaft. Wir wundern uns immer über irgendjemanden: Wie ist sie von dem Gefühl, in ihn verliebt zu sein, zu dem Gefühl, über ihren entlaufenen Hund zu weinen, gelangt?

Vergessen Sie Übergänge. Unglücklicherweise werden sie angehenden Schauspielern eingehämmert. Sie gehören nicht in ein Vorsprechen. Sie haben nichts mit dem Leben zu tun. Sie sind ermüdend. Sie sind offensichtlich. Sie sind unnötig. Und sie sind eine Zeitverschwendung. Sie entspringen dem Wunsch, zu zeigen, wie viel harte Arbeit in Ihrer Vorbereitung steckt. Auditoren wollen nicht sehen, wie die Rädchen sich drehen; sie wollen das Ergebnis sehen. Das Ergebnis besteht aus einer Reihe von Handlungen, nicht aus Übergängen.

Je unmittelbarer und unerwarteter Ihre Gegensätze sind, desto faszinierender ist das, was Sie tun, denn es ist frisch, es ist Ihr Eigenes, es ist unvorhersehbar. Ein Übergang ruiniert all dies. Er macht das, was als Nächstes geschehen wird, vorhersehbar. Vermeiden Sie Übergänge.

Bei den Proben kann es notwendig sein, den Prozess, den ein Mensch durchläuft, um von A nach B zu gelangen, bewusst zu machen. Dann müssen Sie die Übergänge deutlich machen. Doch das gehört zu den Proben. Kein Theaterpublikum will, dass

Sie in einer Vorstellung erklären, wie Sie von einem Gefühl zum anderen gelangt sind; es will einfach, dass Sie es tun.

Also tun Sie es.

Soll ich aufhören, wenn das Vorsprechen nicht gut läuft?

Nein. Nie. Sie haben die Zeile verloren, an der Sie gerade waren – Sie werden sie wiederfinden. Sie haben das Skript fallen lassen – Sie können es aufheben und weitermachen. Es ist gar nicht zu vermeiden, dass etwas Interessantes entsteht, wenn bei einem Vorsprechen ein Missgeschick passiert. Lassen Sie es zu. Den Text zu vergessen ist keine Todsünde. *Es ist keine Vorstellung.* Die Auditoren werden nicht ihr Geld zurückhaben wollen, wenn Sie einen Aussetzer haben; sie wissen, dass so etwas vorkommt. Alles, was sie von Ihnen erwarten, ist, dass Sie sich wieder fangen und weitermachen.

Ganz gleich, wie furchtbar das Lesen läuft, hören Sie nicht auf. Wenn Sie aufhören und darum bitten, noch einmal von vorn beginnen zu dürfen, erwarten die Auditoren, dass irgendein tolles Wunder sich ereignet. Das ist selten der Fall. Ich höre Auditoren sagen: »Warum hat sie von vorn angefangen? Ich merke keinen Unterschied.«

Statt aufzuhören, wenn Sie das Gefühl haben, dass es furchtbar läuft, sollten Sie die Beschuldigen-oder-lieben-Nummer abziehen: Machen Sie ihm die Hölle heiß, oder küssen Sie ihn und überschütten Sie ihn mit zuckersüßer Liebe. Beide Vorgehensweisen – auch wenn Sie sie für den Text völlig unangemessen halten – stellen eine Verbindung her zu Ihrem Partner, erzeugen Beziehung, erneuern das, wofür Sie kämpfen, und erwecken das Interesse der Auditoren an Ihnen. Sie haben nichts zu gewinnen, wenn Sie aufhören, doch alles, wenn Sie ein Risiko eingehen und das Beschuldigen-oder-lieben-Spiel spielen, um sich zu retten.

Welcher Bergsteiger ist interessanter: derjenige, der zurückkriecht und von vorn anfängt, oder derjenige, der fast abstürzt, sich knapp in Sicherheit bringen kann und weiterklettert.

Wahrheit allein reicht nicht, wenn sie nicht dramatisch ist

Schauspieler machen sich – zu Recht – große Sorgen über die Wahrhaftigkeit ihrer Darstellung. Sie neigen dazu, Wahrhaftigkeit über alles zu stellen, auch wenn es sich um eine winzige, banale, alltägliche Wahrheit handelt. Doch das reicht nicht. Wozu soll Wahrheit gut sein, wenn sie langweilig und öde ist? Aufregende Wahrheiten können auch wahrhaftig sein. Sie müssen lernen, diesen den Vorzug zu geben.

Ich stelle oft fest, dass Schauspieler zögern, sich für das Außergewöhnliche zu entscheiden, aus Angst, sie würden nicht wahrhaftig sein. Mit Sicherheit ist ein Vorsprechen dann besser, wenn der Schauspieler Risiken eingeht, wenn er es ein bisschen zu weit treibt in Richtung des Extremen, in Richtung des Ausgefallenen, des Ungewöhnlichen. In unserer Fantasie und in unseren Träumen begehen wir alle Vergewaltigung, Mord, Inzest, und geben uns allen erdenklichen großartigen und bizarren sexuellen Aktivitäten hin. Im wirklichen Leben ängstigen diese Dinge uns, doch sie sind wirklich, es gibt sie, und wir alle kennen solche Erfahrungen, auch wenn wir sie nicht im wahrsten Sinn des Wortes erlebt haben. Verwenden Sie sie. Bleiben Sie nicht am Alltäglichen kleben. Für das, was er alle Tage sehen kann, will kein Mensch Geld ausgeben.

Hüten Sie sich, das Ende der Szene zu spielen

Als ich einmal mein Lieblingstheaterstück, *Die Möwe*, inszenierte, hatten wir nach der Hälfte der Zeit eine Probe, die einfach grandios war. Von da an ging es mit den Schauspielern stetig abwärts. Alle fingen an, die Dinge so zu spielen, wie sie am Ende sein würden, und das, was eine mitreißende Darstellung komplexer menschlicher Verhaltensweisen gewesen war, wurde zu einem Trauerspiel. Die Besetzung weinte sich buchstäblich durch das gesamte Stück. Sie wussten, dass das Ende bevorstand, und das war alles, was sie spielten. Hüten Sie sich davor! Wenn ich noch einmal mein Lieblingsbeispiel, ein weiteres Tschechow-Stück, anführen darf:

Die drei Schwestern ist nicht die Geschichte von drei traurigen Schwestern, die nie nach Moskau kommen; es ist die Geschichte von drei lebhaften Mädchen, die bis zum Äußersten kämpfen, um nach Moskau zu gelangen.

Sie müssen das Melodram von ganzem Herzen annehmen, nicht vor ihm davonlaufen

Genauso, wie sie bestrebt sind, Übertreibungen zu vermeiden, haben Schauspieler Angst davor, melodramatisch zu sein. Wenn sie in einer Szene ein Melodram vermuten, lesen sie auf einmal viel gedämpfter, mit einer stoischen Resignation, die Gefühle verdecken soll. Schauspieler scheinen anzunehmen, dass Gefühle zu vermeiden die beste Art und Weise ist, mit Melodram umzugehen. So kann ihnen niemand den Vorwurf machen, sie seien melodramatisch. Auf die gleiche Weise versuchen sie den Vorwurf abzuwehren, sie würden überzogen spielen: indem sie gar nicht spielen.

Wenn ich sie frage, warum sie den Eindruck machen, als würden sie unter Wasser spielen, in einem Zustand feuchter Trägheit – wenn ich sie frage, warum sie in der Szene keine größeren Forderungen stellen –, geben sie mir zur Antwort: »Ich wollte nicht melodramatisch sein.« Warum nicht? Woher hat Melodram bloß seinen schlechten Ruf? Im Leben sind die Leute die ganze Zeit melodramatisch.

Das Einzige, was eine melodramatische Handlung benötigt, um sie echt wirken zu lassen, ist ein Gegensatz: Das Bewusstsein, dass das, was Sie tun, tatsächlich melodramatisch ist, bringt Humor in die Szene. Dann können Sie ruhig fortfahren, melodramatisch zu sein. Humor kann jedes noch so ausgefallene Benehmen glaubwürdig machen, denn Humor ist Bewusstsein.

Es gibt im Leben zwei gegensätzliche Entscheidungen, die wir treffen, wenn wir melodramatisch sind: Wir werden so davon mitgerissen, dass uns alles egal ist; unser Bedürfnis ist so stark, dass wir einfach losstürmen, melodramatisch eben. Oder unser Verhalten wird uns bewusst, und wir machen uns darüber lustig. Wird Melodram mit Überzeugung ausgestattet, funktioniert es. Wenn Sie sich entscheiden, dass es melodramatisch sein soll, damit Sie sich dann davor zurückziehen können, werden Sie es nie erfüllen. Rückzug zeigt nur einen weiteren gehemmten, uninteressanten Schauspieler; davon gibt es mehr als genug. Stürzen Sie sich hinein. Wir wollen Schauspieler, die bereit sind, ein Risiko einzugehen.

Natürlich ist Melodram ein Risiko. Glauben Sie, *Der Pate* oder *Lenny* oder *Der letzte Tango in Paris* wären jemals realisiert worden, hätten ihre Autoren sich vor dem Melodram gefürchtet?

Es gibt keine passiven Figuren

Schauspieler lieben Kategorien. »Diese Figur ist stark«, »diese Figur ist schwach«, »diese ist aggressiv«, »jene ist passiv«. *Eigenschaften* sind für einen Schauspieler beim Vorsprechen völlig uninteressant. Diese Abstraktionen führen nicht dazu, dass er eine Handlung darstellt; sie stehen dem Schauspieler nur im

Weg. Charaktereigenschaften zu erkunden gehört in die Proben; beim Vorsprechen sind sie hinderlich.

Vergessen Sie »stark« oder »schwach«, »aggressiv« oder »passiv«. Es gibt keine passiven Figuren; es gibt keine schwachen Figuren. Es gibt Siege, und es gibt Niederlagen, doch jeder Schauspieler muss um das kämpfen, was er will und was er braucht. Wenn Sie sich darauf konzentrieren, das zu bekommen, was Sie brauchen, werden Sie sich nicht von vorgefassten Meinungen über die Figur beirren lassen.

Der Zweck des Vorsprechens besteht darin, zu zeigen, wer Sie sind

Und nicht darin, zu beweisen, dass Sie wissen, was die Szene bedeutet, und dass Sie darin Regie führen könnten. Sie kommen nicht zum Vorsprechen, um die Szene richtig zu spielen, sondern um den Auditoren zu zeigen, wer Sie sind. Berauben Sie sich nicht selbst dieser Chance. Machen Sie sich weniger Sorgen um das zur Verfügung stehende Material und mehr darüber, was *Sie* in dieser Situation tun und fühlen würden. Das Stück gibt Ihnen die Situation vor; Ihre Aufgabe ist es, sich selbst in diese Situation zu begeben.

Ich habe Regisseure sagen hören: »Dieser Schauspieler hat alles in der Szene falsch gemacht. Aber er war so interessant. Wir nehmen ihn.« Der Regisseur wird das Stück proben, um Ihnen zu zeigen, wie es richtig ist; es richtig zu machen ist beim Vorlesen nicht Ihre Hauptsorge.

Allerdings habe ich Regisseure auch schon sagen hören: »Dieser Schauspieler hat keine Ahnung, worum es in der Szene geht. Wer ist als nächster dran?«

Sie gehen also ein gewisses Risiko ein, wenn Sie sich in der vom Stück vorgegebenen Situation selbst zum Einsatz bringen, statt die Figur auszufüllen. In den Tausenden von Vorsprechen, denen ich beigewohnt habe, wurden die weitaus meisten dadurch entschieden, wie die Schauspieler sich selbst zum Einsatz brachten, und nur wenige dadurch, wie die Schauspieler ihr Vorsprechen auf der Figur begründeten.

Es gibt in diesem Buch zu jedem Vorschlag eine Ausnahme

Natürlich. Ausnahmen bestätigen die Regel. Berücksichtigen Sie immer das, was anders ist. Setzen Sie ihre Fantasie ein und Ihre Instinkte. Unbeweglichkeit ist tödlich im Leben eines Schauspielers.

Anfälle von Wut und Reue nach einem Vorsprechen sind wichtige Zeichen

Denn das bedeutet, dass Sie sich während des Lesens zu sehr beherrscht haben.

In meinen Kursen erlebe ich oft, dass ein Schauspieler nach einem gestellten Vorsprechen einen Wutanfall bekommt über sich selbst oder sein Scheitern auf lebhafte und witzige Weise kommentiert. Warum hat er diese Wut und diesen Humor nicht fürs Lesen eingesetzt, wo sie von größerem Wert gewesen wären und die Auditoren etwas davon gehabt hätten? Oft sind Schauspieler in der Diskussion, die auf ein Vorsprechen folgt, interessanter, als sie auf der Bühne waren. Diese Tatsache lässt zwei Schlüsse zu: 1. Sie haben sich nicht selbst eingesetzt. 2. Sie haben Energie unterdrückt, die sie direkt in das Vorlesen hätten einfließen lassen müssen.

Kein Wunder, dass die meisten Lesungen grau und leblos wirken.

Sich selbst die Schuld zu geben richtet sich nach innen. Es ist Energie, die in Ihr Inneres strömt und Sie abtötet. Nach dem Vorlesen quillt sie hervor. Geben Sie während des Lesens Ihrem

Partner die Schuld; dadurch stellen Sie eine Verbindung zu ihm her, einen Energiefluss zwischen sich und einem anderen Menschen.

Es gibt nur einen Grund, warum eine Figur trinkt

Theaterautoren verwenden in ihren Texten oft Trinken und Betrunkenheit, um die dramatische Wirkung zu erhöhen. Trinkende Figuren sind häufig farbiger. Können Sie sich George und Martha in *Wer hat Angst vor Virginia Woolf?* ohne Alkohol vorstellen?

Schauspieler haben im Umgang mit dem Trinken die größten Schwierigkeiten, vor allem beim Vorsprechen. Sie konzentrieren sich zu sehr auf die körperlichen Aspekte, fallen betrunken um, stolpern umher und lallen unverständlich – und nichts davon ist für sie von dramatischem Wert.

Es gibt nur einen Grund, warum Leute in einem Stück trinken: um Hemmungen zu verlieren, um Dinge sagen und tun zu können, die sie normalerweise nicht tun oder sagen, weil sie zu viel Angst haben, zu blockiert, zu rücksichtsvoll oder zu feige, zu höflich oder zu furchtsam sind. Nach ein paar Drinks ist der Damm gebrochen, die Schleusen sind offen, und es strömt aus ihnen heraus.

Das ist die einzige positive, die einzige nützliche Entscheidung, die ein Schauspieler bei einem Vorsprechen treffen kann. Jede andere Entscheidung wäre negativ. Bei jeder anderen Entscheidung neigt der Schauspieler dazu, die Beziehung zu vernachlässigen, nur um auf völlig egozentrische Weise lallen und herumstolpern zu können, was in der Szene keinerlei emotionalen Zweck hat und ihr keinen neuen Impuls verleiht. Die Trinkerei wird zu einer alles andere verdrängenden Belanglosigkeit.

Wird andererseits das Trinken eingesetzt, um Hemmungen zu verlieren, um schützende Mauern einzureißen, können die

Emotionen frei fließen in Richtung des Ziels, für das man kämpft. Es schiebt den Zensor beiseite, der uns normalerweise daran hindert, für das, was wir wollen, zu kämpfen.

Schauspieler neigen dazu, Trinken negativ einzusetzen. Es ist wichtig, das Positive zu finden: Lassen Sie es zu, dass das Trinken emotionale Bedürfnisse erhöht, Sie frei macht, um tief vergrabene Gefühle zum Ausdruck zu bringen. Nicht um die Verbindung zum anderen zu vermeiden, sondern um sie zu suchen. Nicht um die Welt und wer gerade darin ist unscharf und verschwommen wahrzunehmen, sondern um *Konfrontation zu suchen,* um für das, was Sie wollen, mit Mitteln zu kämpfen, die Sie sich normalerweise versagen. Nicht um sich vor Ihrem Partner zurückzuziehen, sondern um auf eine reichere, drängendere Weise Wärme und Kameradschaft und Liebe zu suchen.

Erinnern heißt sehen

In jedem neuen Kurs frage ich einen Schüler: »Wo waren Sie am Samstag Nachmittag um halb vier?« Fast immer blickt der Schauspieler weg von mir, bevor er antwortet; er muss *sehen,* wo er am Samstag um halb vier gewesen ist, sonst kann er es mir nicht sagen. Schauspielen heißt sehen. Wir haben Bilder von dem, was wir erlebt haben, und wir haben Bilder von dem, was wir in der Zukunft erleben werden. Wir sehen unser gesamtes Leben in Bildern.

Und was sieht dieser Schauspieler, wenn er mir endlich sagen kann, wo er am Samstag um halb vier gewesen ist? Er sieht sich selbst in einer Umgebung, zusammen mit anderen. Wir sehen alles auf diese Weise: keine isolierte Nahaufnahme eines Gesichts, sondern eine Person in einer ganz bestimmten Umgebung. Versuchen Sie nicht, sich ein Gesicht vorzustellen, wenn Sie sich an jemanden erinnern; nehmen Sie die ganze Person an einem bestimmten Ort.

Bei Monologen, bei denen Schauspieler oft Schwierigkeiten haben, ihre vorgestellten Partner oder überhaupt vorgestellte Menschen in der Szene zu sehen, kann es hilfreich sein, sich *eine Umgebung* vorzustellen. Sie sollten Menschen an einem Ort, bei einer für sie typischen Tätigkeit sehen; Sie dürfen nicht versuchen, die Gesichter isoliert zu sehen. Die Leinwand und mehr noch das Fernsehen haben uns irrigerweise glauben gemacht, wir würden in Großaufnahmen sehen. Wir sehen in der Totale.

Beim Spielen geht es um das, was wir tun, nicht um das, was wir tun sollten

Spielen beruht auf den verschiedenen Formen menschlichen Verhaltens, nicht darauf, wie Menschen sich verhalten *sollten.* Natürlich wissen wir alle, dass wir andere nicht ungerecht behandeln, nicht rachsüchtig sein und nicht gnadenlos gegeneinander kämpfen sollten; doch Menschen *tun* diese Dinge. Spielen heißt, zu tun, was Menschen tun. Es geht nicht um Moral.

Nur Schauspieler halten den Blickkontakt für ewig aufrecht

Schauspieler sind die einzigen Leute auf der Welt, die sich gegenseitig in die Augen starren, wenn sie miteinander sprechen. Der Rest der Menschheit neigt dazu, auf das zu blicken, wovon gerade die Rede ist: Wir sehen Bilder auf unserem eigenen persönlichen Fernsehbildschirm. Sehen Sie sich Leute im richtigen Leben an: Derjenige, der zuhört, blickt auf den, der spricht; derjenige, der spricht, ist damit beschäftigt, *Bilder zu sehen;* nur ab und zu sieht er zu seinem Partner hin, um zu prüfen, ob dieser eine ermutigende oder anerkennende Reaktion zeigt und ihm noch folgt.

Schauspieler starren einander in die Augen, um zu beweisen, dass sie eine Beziehung zueinander haben. Das ist künstlich. Augen verschwimmen, wenn sie zu lange in ein anderes Paar Augen sehen. Sie sollen nicht Augen sehen, Sie sollen Bilder sehen.

Lesben, Prostituierte und Schwule sind auch Menschen

Was Schauspielern wirklich oft den Rest gibt, ist, die Rolle einer Lesbe, einer Prostituierten, eines Schwulen oder eines Zuhälters zu lesen. Offenbar glauben sie, diese Leute seien völlig verschieden von uns, dass ihr Verhalten seltsam, durchgeknallt, bizarr, fremdartig ist und vor allem dass es jenseits von allem liegt, was der Schauspieler selbst je getan oder erfahren hat. Wenn sie eine Prostituierte spielen, wiegen sie sich in den Hüften und laufen wie auf Stelzen, sie tätscheln ihre Handtaschen und kauen Kaugummi. Dabei handelt es sich um die Klischees einer Hure, nicht um die Wirklichkeit.

Ich versuche den Schauspielern klarzumachen, dass in dem Kurs, den sie gerade besuchen, rechts von ihnen vielleicht ein Callgirl sitzt und links eine Lesbe oder ein Homosexueller. Das äußerliche Verhalten unterscheidet sich nicht von dem Verhalten anderer Leute; es ist ihr Inneres, ihr Gefühlsleben, das beleuchtet werden muss.

Im wirklichen Leben verkleiden sich Leute manchmal und spielen die Rolle, die sie innehaben. Es gibt Prostituierte, denen es Spaß macht, gegen die Gesellschaft zu rebellieren und es den Normalos zu zeigen mit ausgeflippten Kleidern und Handlungen; und ein Zuhälter trägt vielleicht knallbunte, fantastische Kleidung, um zu zeigen, wie erfolgreich er ist. Doch Verkleidung verschafft Ihnen keine Rolle.

Sich eine rein äußerliche Verhaltensweise überzustülpen wird die Auditoren viel weniger überzeugen, als wenn Sie glaubwürdiges inneres, emotionales Leben erzeugen in einer Beziehung, die darauf beruht, dass die Partner einander brauchen. Die meisten Leute, die von der sogenannten Normalität abweichen, halten diese Tatsache geheim; ihr Aussehen und ihr Benehmen unterscheidet sich nur wenig vom Rest der Welt.

Der junge Mann in *Schmetterlinge sind frei* ist blind. Schauspieler lieben es, alles zu geben, um Blindheit zu demonstrieren: Sie starren geradeaus (als hätten sie einen steifen Hals), und oft verhalten sie sich, als wüssten sie nicht, wo die Töne herkommen, wenn jemand mit ihnen spricht (als wären sie taub); sie stoßen gegen Sachen; sie bedenken nicht, dass dieser junge Mann stolz darauf ist, wie gut er sich an das Blindsein angepasst hat: Seine Kompensation ist so perfekt, dass die in ihn verliebte junge Frau lange Zeit nichts davon merkt. Der Schauspieler ist so sehr mit dem *Problem* beschäftigt, dass er die Beziehung zu der jungen Frau und den Spaß am Flirten mit ihr völlig vernachlässigt. Beim Vorsprechen für eine Broadway-Produktion des Stücks vergaßen so viele Schauspieler, ihre Emotionen, ihren Humor zu zeigen, weil sie sich ausschließlich auf das Blindsein konzentrierten, dass ihnen schließlich gesagt wurde, sie sollten es gänzlich ignorieren.

Schauspielerinnen, die für die Laura in der *Glasmenagerie* vorsprechen, haben zuweilen eine stärkere Beziehung zu ihrem lahmen Bein als zu dem männlichen Besucher! Kommt Schüchternheit zum lahmen Bein hinzu, erhält man Schauspielerinnen, die mit dem Kopf unterm Arm vorsprechen: Man kann sie nicht sehen, man kann sie nicht hören – wie sollten sie da die Rolle bekommen? Die Rolle der Laura kann zur Falle werden, voller Anfälligkeiten und rein negativ definiert – wenn Sie nicht alles daransetzen, das, *wofür* Sie kämpfen, genau festzulegen, statt in Lauras Leid zu ertrinken.

Kaugummi ist keine Charakterisierung

Immer wenn ich einen Schauspieler sehe, der Kaugummi kauend auf die Bühne kommt, weiß ich, dass es Ärger geben wird. Schauspieler glauben, Kaugummikauen entführe sie in eine andere Welt und verwandle sie in andere Menschen; sie verlassen sich darauf, dass der Kaugummi die Arbeit für sie erledigt. Tut er nicht. Vergessen Sie Kaugummi. Er erzeugt keine Beziehung, er erzeugt nicht das, wofür Sie kämpfen; er ist ein billiger und durchschaubarer Trick. Das Einzige, was er leistet, ist, die Auditoren zu ärgern und zu verhindern, dass sie sehen, wer Sie sind.

Viele Schauspieler glauben, diese brillante Idee – Kaugummi zu kauen – sei originell. Lassen Sie sich gesagt sein: Auditoren sehen in einer Woche mindestens zehn Kaugummikauer.

Rache ist ein wichtiges Motiv

Selten entscheiden sich Schauspieler für Rache als Ziel, für das sie kämpfen; dabei gehört Rache zu den wichtigsten Motiven in der menschlichen Natur. Wenn wir tief verletzt sind, wollen wir zurückschlagen.

Natürlich gehört dies zu den Verhaltensweisen, die weniger geschätzt werden, weshalb die meisten Leute es sogar vor sich selbst verbergen. Sie *wissen* nicht, dass sie aus dem Wunsch nach Rache handeln.

Und oft ist Rache ein blindwütiger Akt, ein Zuschlagen, das den Nächstbesten trifft – für die Verletzungen, die uns ein ganz anderer zugefügt hat. »Blind vor Wut« heißt es, und so können wir tatsächlich nicht sehen, wenn wir Rache ausüben.

Red Cross, das faszinierende Stück von Sam Shepard, ist dafür ein gutes Beispiel. Der junge Mann übernachtet mit einem jungen Mädchen in dem weißen Haus im Wald; der Leser nimmt an, dass die beiden verheiratet sind oder aber eine Affäre haben.

Das Mädchen weist seine Bedürfnisse zurück und geht in die Stadt; sie lässt ihn allein im Wald zurück mit seinem verborgenen Selbstzerstörungswunsch, der Furcht vor dem Alleinsein, dem Bedürfnis nach Bestätigung. Das Zimmermädchen kommt herein, um die Betten zu machen. Es wird klar, dass sie sich von dem geheimnisvollen jungen Mann angezogen fühlt. Er spielt mit dieser Anziehung, malt ihr aus, wie sie zusammen in der Sommernacht nackt schwimmen gehen, dann weist er sie zurück und verletzt sie. Schauspieler haben die größten Schwierigkeiten, den Grund für dieses Verhalten zu finden. »Rache!« sage ich. Sie sehen mich verwirrt an: »Was um alles in der Welt hat das Zimmermädchen mir getan?« »Nichts«, erwidere ich. »Warum«, fragen sie, »würde ich sie dann verletzen wollen?« »Sie lassen sie bezahlen für das, was das andere Mädchen Ihnen angetan hat. Wir lassen andauernd Unschuldige bezahlen. Ihre Freundin hat Ihre Bedürfnisse zurückgewiesen, also drehen Sie sich um und weisen das Zimmermädchen zurück.« Die meisten sehen immer noch verstört drein.

Uns ist so sehr daran gelegen, gut von uns selbst zu denken, dass wir uns blind stellen dagegen, wie Menschen sich tatsächlich verhalten. Wenn Sie Schauspieler sein wollen, müssen Sie damit beginnen, das verwickelte, verborgene und häufig unfaire Verhalten zu begreifen, das von dem Wunsch nach Rache ausgelöst wird.

Häufig ist Rache langlebig. Eine Verletzung, die uns von den Eltern oder einem Kindheitsfreund zugefügt wurde, wird oft erst vergolten, wenn wir erwachsen sind. Die meisten von uns verspüren den Wunsch nach Rache, nehmen aber Abstand davon, weil sie Rache an sich nicht gut finden oder weil sie die Verletzung überwinden; diese kurzlebigen Rachewünsche sind zwar wichtig, doch sie sind bei weitem nicht die einzigen, die unser Verhalten bestimmen.

Nicht wenige erfolgreiche Geschäftsleute, die es aus eigener Kraft geschafft haben, sind das Ergebnis eines Übersehenwerdens in der Kindheit. Nicht wenige schöpferische Leute »zahlen es den Leuten heim«, die sie als untalentiert oder uninteressant abstempelten.

Einige Hollywood-Stars beweisen der Welt, dass sie geliebt werden, nachdem eine lange Kindheit von Vernachlässigung und Ablehnung hinter ihnen liegt (das klassische und typische Beispiel ist Marilyn Monroe). All dies sind Racheakte. Bedenken Sie, dass nicht jede Rache schädlich oder zerstörerisch sein muss; häufig ist Rache äußerst kreativ, eine enorme Kraft, die die Menschen treibt, ihren Wert zu beweisen.

Die Nacht wird kommen ist Emlyn Williams' Studie über einen jungen Mann aus der Unterschicht, der es hasst, als Niemand behandelt zu werden. Er sieht sich selbst als klug, fähig und als guter Beobachter (er ist es auch), und er begeht einen Mord, um »ihnen« zu beweisen, wie sehr sie ihn unterschätzt haben. Er hätte sich ebenso dafür entscheiden können, Gedichte oder Musik zu schreiben, um so die Welt zu zwingen, ihn zu bewundern. Ist nicht unsere ganze schöpferische Arbeit das Ergebnis einer Rache an all den Zweiflern, die behaupteten, wir seien dazu nicht fähig? Es gibt immer Zweifler, die an der Seitenlinie stehen und uns zurufen, wir könnten unsere ehrgeizigen Ziele nicht erreichen. Wenn wir ihnen zeigen, dass wir es doch können, rächen wir uns.

Verführung ist ein vorgeschobenes Ziel

»Zu verführen« ist ein künstliches und unwahres Ziel. Ich bezweifle, dass irgendein Mensch zu sich sagt: Ich gehe heute Abend aus, um jemanden zu verführen. Ich glaube, *verführen* ist ein Wort, das wir auf andere anwenden, nicht auf uns selbst. Vielleicht denken wir: Ich würde heute Nacht gern mit jemandem ins Bett gehen (oder in noch weniger delikaten Worten), doch die Idee der Verführung ist für die meisten Menschen nicht wahrhaftig und für einen Schauspieler nicht zu gebrauchen.

Es ist von Bedeutung, welche Begriffe ein Schauspieler gebraucht. Wenn er »Verführen« als Ziel nennt, wird seine Darstellung unemotional, manipulativ, grob. Nennt er als Ziel die Suche nach Wärme und Vereinigung mit einem anderen Menschen, wird das Ergebnis liebenswert sein. Schließlich wissen wir alle, dass fast jeder Mensch sich wie ein Schwein benehmen kann; was wir in einem Schauspieler sehen wollen, ist Liebenswürdigkeit, Wärme und Gefühl. Selbst wenn wir die Rolle des Bösen besetzen, wollen wir sie – wenn wir klug sind – mit jemandem besetzen, der anderen Sand in die Augen streut und sie glauben macht, er sei ehrlich und ein Held.

Nehmen Sie den Film *Das Apartment* (aus dem das Musical *Promises, Promises* gemacht wurde). Fred MacMurray ist der Verführer, doch er muss die Heldin – tatsächlich eine ganze Reihe von intelligenten, attraktiven jungen Damen – davon überzeugen, dass er sie und nur sie liebt. Das kann er nicht, wenn er den Verführer spielt, sondern nur, wenn er den einsamen Mann, der Liebe braucht, spielt. Denn auch Verführer brauchen Liebe. Sie verbergen es vor sich selbst (moderne Menschen tun es mehr als je zuvor) und behaupten stur, sie würden ausschließlich Sex haben wollen; doch sie wollen gewollt werden, und das heißt, sie wollen Liebe, auch wenn sie nicht die Absicht haben, Liebe zu schenken. Der Schauspieler tut immer besser daran, sich für Liebe statt für Verführung zu entscheiden.

Wenn jeder einen aggressiven Verführer gebraucht hätte, um endlich seine oder ihre Jungfräulichkeit zu verlieren, wären die meisten von uns immer noch Jungfrau.

Eine Maxime für Schauspieler

Setzen Sie das ein, was Sie wissen. Verschwenden Sie keinen Gedanken an das, was Sie nicht wissen.

Ein Schauspieler erhält bei einem Vorsprechen eine Szene zum Lesen, und er kennt das Stück nicht, kennt die vorangegangene Szene nicht, kennt die folgende Szene nicht, kennt weder die Story noch die anderen Figuren. Schauspieler neigen dazu, sich um all diese Dinge, die sie nicht kennen, Gedanken zu machen, statt sich allein auf das zu konzentrieren, was sie wissen, und damit zu arbeiten.

Wofür Sie sich auch in der Szene entscheiden, es reicht für das Lesen völlig aus – vorausgesetzt, Sie stellen eine wirkliche Beziehung zu Ihrem Partner her und verwenden die Wegweiser.

Setzen Sie das ein, was Sie wissen. Verschwenden Sie keinen Gedanken an das, was Sie nicht wissen.

Vermeiden Sie, in Blöcken zu spielen

Schauspieler neigen dazu, in Blöcken zu spielen statt in Gegensätzen. Ein Block ist ein Abschnitt von »Ich liebe dich«, auf den ein Abschnitt von »Ich verabscheue dich« folgt, auf den ein Abschnitt von »Hau ab, fahr zur Hölle« folgt.

Gegensätze statt Blöcke zu spielen heißt, ja, nein, ja, nein, ja, nein zu spielen, statt zehn Minuten »Ja«, gefolgt von zehn Minuten »Nein«. Gegensätze sind viel interessanter als Blöcke. Blöcke werden vorhersehbar; Gegensätze bleiben überraschend.

Und: Ihre Handlung kann im Gegensatz zu Ihren Worten stehen. Sagen Sie: »Ich hasse dich«, während Sie Ihren Partner küssen.

Finden Sie die Extreme in den Gegensätzen: Je weiter Sie in die eine Richtung gehen, desto wahrscheinlicher ist es, dass Sie instinktiv den Gegensatz zum Ausdruck bringen.

Wenn Sie Gegensätze gleichzeitig spielen, löschen sie sich gegenseitig aus und lähmen Sie. Spielen Sie Gegensätze in verschiedenen Momenten.

Wie Sie sich am besten auf sich selbst verlassen, wenn eine physische Handlung verlangt wird

Da ein Vorsprechen nicht geprobt wird, kann sich ein Schauspieler nicht darauf verlassen, dass sein Partner in der Szene eine verlangte körperliche Aktivität tatsächlich durchführt. Der Partner versagt nicht absichtlich, doch es kann sein, dass er die Bühnenanweisung übersehen hat, dass er an etwas anderes denkt; vielleicht hat er eine ganz andere Vorstellung als Sie, wann die Handlung stattfinden soll – es gibt Hunderte von Gründen, warum eine physische Handlung, auf die Sie warten, unterbleibt. Was tun?

Es ist immer am gescheitesten, eine physische Handlung in Hinsicht auf Ihre Reaktion auf die Handlung zu begreifen. Sie können einen Kuss annehmen, auch wenn Sie nicht geküsst werden; Sie können auf eine Ohrfeige reagieren, auch wenn niemand Sie tatsächlich ohrfeigt. Ich habe Vorsprechen erlebt, wo der Schauspieler auf eine Ohrfeige wartet, die Ohrfeige kommt nicht, der Schauspieler stockt, und der emotionale Wert der Szene geht den Bach hinunter, weil der Schauspieler von der Ohrfeige *abhängig* war und, als sie nicht kam, unterging. Wenn Sie hingegen spielen, Sie hätten die Ohrfeige erhalten, kann das emotionale Leben der Szene weitergehen. Was ist wichtiger: buchstäblich geohrfeigt werden oder das, was mit Ihnen emotional geschieht, wenn Sie geohrfeigt werden? Doch wohl Letzteres – und das erreichen Sie durch eine emotionale Entscheidung.

Vor nicht langer Zeit sah ich zwei Schauspielerinnen zu, die diese fabelhafte Szene aus Jean Anouilhs *Einladung ins Schloss oder Die Kunst, das Spiel zu spielen* [in Christopher Frys Übertragung unter dem englischen Titel *Ring Round the Moon,* A. d. Ü] lasen, in der das Mädchen aus der Unterschicht und das Mädchen aus der Oberschicht die Sache ein für alle Mal ausfechten. In der Szene tritt das Oberschicht-Mädchen dem Unterschicht-Mädchen auf die Schleppe und zerreißt ihr hübsches Kleid; während des Vorsprechens sah ich, wie die Schauspielerin wartete und wartete, damit die andere ihr auf die Schleppe treten würde. Es passierte nicht. Das Mädchen reagierte nicht, als sei es geschehen, und so machte der Rest der Szene wenig Sinn; ihr emotionales Engagement schwand; die Wirklichkeit der Szene ging verloren. Es gab kein Kleid, keine Schleppe – warum sollte es ein Drauftreten geben, wo es sowieso nur um ein gemimtes Drauftreten ging? Sie hätte es, wann immer sie wollte, erhalten können. Die Moral: Zerreißen Sie Ihr Kleid beim Vorsprechen immer selbst.

Schüchternheit ist der Wunsch, selbstsicher zu sein

Schauspieler erzeugen eine schüchterne Person durch ein allgemeines Schüchternsein. Die Handlung, schüchtern zu sein, besteht aber darin, nicht schüchtern sein zu wollen, sondern selbstbewusst, mutig, aggressiv. Der Schüchterne träumt davon, das Gegenteil zu sein von dem, was er ist. Seine ganzen Anstrengungen sind darauf gerichtet, seine Schüchternheit zu überwinden.

Schüchternheit wirkt dann am überzeugendsten, wenn sie durch Gegensätze hergestellt wird: etwas Beherztes tun und von der Schüchternheit überwältigt werden, weil Sie wissen, Sie können die Beherztheit nicht aufrechterhalten. Beständige Schüchternheit ist langweilig, inaktiv, passiv. Ein Konflikt zwischen Schüchternheit und dem Wunsch, sie zu überwinden, ist aktiv und interessant.

Entscheiden Sie sich für das Aktive.

Velma in *Birdbath* zum Beispiel: Sie geht zu Frankies Wohnung und hofft, er würde ihr helfen, ihre Schüchternheit zu überwinden. Das gleiche erhofft sich Laura von dem Besucher in der *Glasmenagerie*.

Die Entscheidung, den Partner zu ignorieren, ist eine schlechte Entscheidung

Theaterautoren schreiben schrecklich gern »Sie ignoriert ihn« in ihre Bühnenanweisungen. Das ist eine Falle für Schauspieler. Den Partner zu ignorieren ist einfach eine weitere negative Entscheidung; es lähmt Sie.

Stattdessen sollten Sie das Aktive am Akt des Ignorierens finden. Wir ignorieren jemanden, weil uns das, was er sagt, nicht gefällt. Das heißt, wir wünschen, er würde etwas anderes sagen als das, was wir hören. Das heißt, wir wollen, dass er sich verändert.

Das Aktive am Ignorieren besteht in dem Wunsch, die andere Figur in der Szene verändern zu wollen: sie soll aufhören, das zu sein, was sie ist, und zu dem werden, als das wir sie haben wollen.

Finden Sie heraus, als was Sie Ihren Partner haben wollen, und nehmen Sie dies als Grundlage für Ihre Entscheidung. Wählen Sie etwas Spezifisches.

Sehen wir uns noch einmal die *Glasmenagerie* an. Laura scheint während des größten Teils des Stücks ihre Mutter und ihren Bruder zu ignorieren. Die Schauspielerin muss präzise Entscheidungen treffen, was sie von ihnen will, und in einem stillen Dialog die Kommunikation herstellen, in der sie ihre Bedürfnisse den beiden Menschen mitteilt, die ihr am nächsten stehen. Sie muss sich ausmalen, dass die beiden sie so behandeln, wie sie sich wünscht, behandelt zu werden; wie sie sich ändern und ihr geben, was sie braucht.

Es ist wichtig, die andere Figur in der Szene zu studieren

Die meisten Schauspieler lernen meiner Erfahrung nach ihre eigene Rolle und schenken der anderen Figur in der Szene nur wenig Beachtung. Ein Riesenfehler. Sie müssen die andere Figur studieren, denn das, was Sie in der Szene tun, hängt von dem ab, was diese tut.

Sie finden mehr Antworten zu dem, was Sie in der Szene tun, wenn Sie Fragen stellen über die Ziele und Motive der anderen Figur:

Was will sie?

Warum will sie es von Ihnen?

Was erwartet sie von Ihnen?

Wofür kämpft sie, und was hat das mit Ihnen zu tun?

Welche Beziehung hatte sie vorher zu Ihnen?

Welches Spiel spielt sie? Was hat sie für ein Bild von sich selbst?

Wie nimmt sie ihr Verhältnis zu Ihnen wahr?

Worin besteht der Konflikt zwischen Ihnen? Wie sieht sie ihn?

Versetzen Sie sich in ihre Lage.

Je mehr Sie über die Gefühle und Bedürfnisse und Wünsche der anderen Figur wissen, desto reicher wird die Beziehung, die Sie zu ihr herstellen – desto besser wird das Lesen.

Was Zuhören ist

Zuhören ist mehr als hören, es ist die Botschaft *empfangen,* die Ihnen gesendet wird. Zuhören heißt reagieren. Zuhören heißt, von dem, was man hört, berührt zu sein. Zuhören heißt, das Gesagte ins Ziel treffen zu lassen, bevor man reagiert. Zuhören heißt, dass Ihre Reaktion einen Unterschied macht.

Zuhören ist aktiv. Zu viele Schauspieler machen aus dem Zuhören einen passiven Prozess.

Zuhören heißt sprechen, während zu einem gesprochen wird; nicht laut sprechen, sondern einen *stillen Dialog* erzeugen, der auf das antwortet, was zu einem gesagt wird. Das ist aktiv. Aktives Zuhören heißt antworten. Hier haben Sie Gelegenheit, Ihr eigenes Stück zu schreiben, denn der stille Dialog hängt allein von Ihnen ab.

Je spezifischer Ihr stiller Dialog antwortet, desto besser hören Sie zu.

Was tun Sie, wenn Sie die Figur, die Sie spielen, hassen?

Erstens ist es wichtig, zuzugeben, dass Sie die Figur hassen. Viele Schauspieler glauben, es sei falsch, die Figur zu hassen, und sie verschließen sich dieser Erkenntnis. Lassen Sie es heraus. Gestehen Sie: Ich hasse diese Figur. So haben Sie einen Anfang gemacht, das Problem in den Griff zu kriegen.

Denn das Problem muss gelöst werden, es darf nicht minimalisiert oder übersehen werden. Es ist seltsam: Wenn ein Schauspieler die Figur hasst, gibt es normalerweise einen tief sitzenden persönlichen Grund dafür. Manchmal enthüllt die Figur einen Charakterzug, den der Schauspieler an sich selbst nicht mag; oder sie steckt in einer Beziehung, die einer Beziehung im wirklichen Leben des Schauspielers gleicht, und das ist für ihn so schmerzhaft, dass er lieber davonläuft, als damit umzugehen (Hassen ist eine Art Davonlaufen). Eine so starke Reaktion wie Hass deutet auf eine tiefgehende Verletzung.

Versuchen Sie spezifisch zu benennen, *was* Sie an der Figur hassen. Wenn Sie genaue Gründe nennen können (nicht nur Verallgemeinerungen), können Sie auf spezifische Weise damit umgehen. So kann ein Nachteil in einen Gewinn verwandelt werden.

Versuchen Sie herauszufinden, ob Sie auch die andere Figur in der Beziehung hassen. Vielleicht stellen Sie fest, dass es die Beziehung ist, die Sie hassen, und nicht die Figur. Auch dadurch erhalten Sie spezifische Informationen, mit denen Sie arbeiten können.

Noch eine merkwürdige Tatsache: Auch wenn Schauspieler eine Figur lieben, geraten Sie in die Bredouille. Ihre Lieblingsrolle in Ihrem Lieblingsstück ist manchmal die Rolle, für die Sie am schlechtesten vorsprechen.

Beides, die Figur hassen wie die Figur lieben, heißt, dass der Schauspieler durch eine *allgemeine* Gefühlsreaktion blind wird. Zerlegt man die Reaktion in spezifische Informationen, kann das Problem gelöst werden.

Vorschlag: Lesen Sie noch einmal den Abschnitt in Wegweiser Nr. 2 über Charlie II aus *A Palm Tree in a Rose Garden,* der diese Frage gut illustriert.

Alle Menschen lieben es zu leiden

Eine ausgeprägte Rivalität besteht zwischen Menschen in der Frage, wer am meisten gelitten hat:

1. Ich habe mehr gelitten als du.
2. Ich habe mehr gelitten als irgendjemand sonst.
3. Du wirst nie wissen, wie viel ich gelitten habe; aber du könntest es wenigstens versuchen.
4. Ich will dir das ganze Ausmaß meines Leidens berichten (du wirst es nicht glauben).
5. Meine Kindheit bestand nur aus Leiden; meine Frau versteht mich nicht; ich bin zu sensibel; mein Problem ist, dass ich zu ehrlich bin, usf.

Ein Grund, warum Menschen es lieben zu leiden, liegt darin, dass sie recht haben, wenn sie leiden.

Ein Grund, warum Menschen es lieben zu leiden, ist, dass Leiden beweist, wie tief sie fühlen; welch bodenlose Abgründe an Gefühl unter dieser tapfer lächelnden Oberfläche liegen.

Menschen kämpfen mit allen Mitteln, um das Ausmaß ihres Leidens unter Beweis zu stellen. Sie haben das Gefühl, dass ihnen niemand zuhört. (Meist zu Recht. Wir Menschen sind unglaublich selbstbezogen.)

Wenn ein Schauspieler für eine Szene seine Entscheidungen trifft, die die Rivalität mit seinem Partner definieren, muss er immer bedenken, wie sehr wir alle leiden und wie schwer es ist, das Leiden zu beweisen.

Studieren Sie *Luv,* das sehr komische Stück von Murray Schisgal, das die wahrhaftigsten Szenen von Rivalität im Leiden enthält – vor allem den Abschnitt auf der Brücke, in dem Ellen und Milt (oder Harry?) darum kämpfen, wer die tragischste Kindheit hatte. »Ich wurde von zwei Jungen auf dem Parsons Boulevard vergewaltigt … Ich wuchs bei einem Onkel auf, der Alkoholiker war … Ich habe an meinem Geburtstag nie Geschenke bekommen.« Die Extreme scheinen absurd, doch sie sind auch real. Konkurrieren Sie. Wenn Sie das nicht tun, werden Sie allein leiden. Was haben Sie vom Leiden, wenn niemand etwas davon erfährt?

Was Angst ist

Angst ist, was wir nicht wissen. Die Lösung ist, zu wissen, wovor Sie Angst haben; dann können Sie die Angst bekämpfen.

Ein Beispiel: Ein guter Freund von mir kann in der Dunkelheit seine eigene Wohnung nicht betreten. Er schließt die Tür auf, steht unschlüssig im Hausflur und lauscht, dann tastet er mit einer Hand nach dem Schalter und macht die Wohnzimmerlampe an. Er steht im Flur und späht in sein eigenes Wohnzimmer. Wenn er von seinem Posten alle Ecken sorgfältig gecheckt hat, betritt er ganz langsam das Wohnzimmer, wobei er die Tür hinter sich offen lässt. Zentimeterweise macht er so seinen Weg in die Küche, den Flur, den Essbereich, das Schlafzimmer und schließlich auf die Terrasse. Er sieht unter die Möbel, unter das

Bett, in die Schränke, hinter Kommoden – überall, wo sich jemand verstecken könnte. Mit einem Seufzer der Erleichterung schafft er es endlich, die Eingangstür hinter sich zuzumachen, die vier Stangenschlösser und das Kombinationsschloss, die Kette und das Polizeischloss. Es dauerte Jahre, bis ich herausfand, dass diese schreckliche Angst von einer Kindheitserfahrung herrührte. Er war in einem katholischen Zuhause aufgewachsen; seine Eltern lagen im Dauerstreit miteinander, ohne dass eine Scheidung als Lösung möglich gewesen wäre. Die Eltern ließen ihn oft allein in der Obhut eines sadistischen Babysitters, der ihn in einen Schrank sperrte, alle Lampen ausschaltete und sich versteckte, nachdem er die Schranktüren geöffnet hatte. Er verbot dem Kind, aus dem Schrank zu kommen, bevor nicht ein bestimmtes Signal ertönte; dann kroch der Junge in die dunkle Wohnung, wissend, dass der Babysitter ihn irgendwann anspringen würde.

Auf einem Spaziergang auf dem Land stieß mein Freund einen Schrei aus, als ein Zweig, den ein plötzlicher Wind bewegte, ihn im Gesicht berührte. Mir wurde klar, dass seine Ängste nicht sehr tief saßen und er bei dem kleinsten versehentlichen Auslöser in Panik geriet. Viele Schauspieler sind so. Sie schreien innerlich; sie sind voll von schrecklicher Angst in dieser Situation des Vorsprechens, und jederzeit kann ein Zweig ihr Gesicht streifen und sie zum Explodieren bringen.

Ich habe diese Geschichte erzählt, um zu illustrieren, was Angst ist: Wir haben Angst vor dem, was wir nicht kennen. Wir müssen das Licht einschalten, um das, was wir nicht kennen, zu beleuchten, sodass wir sehen und wissen und die Angst bannen. In den meisten Fällen stellen wir fest, dass es das, was wir fürchten, *nicht* gibt. In 99 Prozent der Fälle. Würden wir im Schrank tatsächlich einen Einbrecher entdecken, wäre unsere Angst gerechtfertigt, doch zumindest wäre das etwas Konkretes, mit dem wir uns auseinandersetzen können. Wir können ihm einen Stuhl über den Schädel hauen, wir können davonlaufen. Wir können in Ohnmacht fallen, sodass er davonläuft. Wir können fragen: »Was machen Sie hier?«, und er kann antworten: »Ich suche einen Kragenknopf, den ich vor zehn Jahren in diesem Schrank verlor.« Die meiste Zeit aber sind unsere Ängste grundlos: Wir wissen nicht, wovor wir uns fürchten.

Im Laufe der Jahre habe ich begriffen, dass die meisten Schauspieler vor dem Vorsprechen eine Heidenangst haben. Sie wissen nicht, warum. Es ist eine namenlose, unspezifische Angst. In den Kursen, die ich gab, konnten Schauspieler zum ersten Mal *spezifische Methoden* lernen, wie sie in einer angsterfüllten Situation funktionieren und die Angst zum Verschwinden bringen können. Der Schauspieler konzentriert sich darauf, *wie* er in dieser Situation funktioniert, statt darauf, ob er es kann oder nicht. Er konzentriert sich darauf, seine Aufgabe in der Szene zu erfüllen, statt sich Gedanken zu machen, ob die Auditoren ihn mögen. Er konzentriert sich darauf, sein emotionales Engagement in der Szene auszudrücken, statt irgendwelche verschwommenen Wünsche der Auditoren erfüllen zu wollen, Wünsche, die er nicht kennt und die er nicht verstehen kann (warum also sollte er sich den Kopf darüber zerbrechen?). Dort, wo jemand sich über das Unbekannte Gedanken macht, darüber, was in den Köpfen des Feindes stecken könnte, dort lauert die Lähmung durch die Angst.

Natürlich haben die Auditoren Probleme und Unsicherheiten und Vorurteile, doch da ein Schauspieler niemals eindeutig wissen kann, welcher Art diese sind, tut er am besten daran, sich auf das zu konzentrieren, was er leisten kann, statt auf das, was *vielleicht* von ihm erwartet wird. Schalten Sie das Licht ein beim Vorsprechen, statt im dunklen Schrank zu kauern. Lernen Sie, wie Sie funktionieren können, statt das Opfer Ihrer undefinierten Ängste zu werden.

Ja, ich weiß: Diese Norman-Vincent-Peale-Ideen sind leicht auszusprechen und schwer zu verwirklichen. Angst heißt im Dunkeln sein. Sie müssen *lernen,* das Licht einzuschalten. Leicht ist es nicht. Niemand hat Ihnen einen Rosengarten versprochen, als Sie beschlossen, Schauspieler zu werden. Schauspieler sein heißt harte Arbeit bis zuletzt.

Versuchen Sie das, wovor Sie Angst haben, zu definieren. Machen Sie eine Liste der Bestandteile dieser Angst. Wenn Sie Ihre Angst definieren, haben Sie die Chance, sie zu bekämpfen. Wenn Sie Ihre Angst weiterhin als Abstraktion (und das ist Angst) begreifen, sind Sie verloren. Unterwerfen Sie sie. Es gibt etwas, was Sie tun können gegen die Angst vor dem Vorsprechen: Sie können spezifische Maßnahmen ergreifen, um ihr zu begegnen.

Fragen Sie sich immer wieder: Was ist es, wovor ich Angst habe? Je spezifischer Ihre Antwort ausfällt, desto besser sind Sie gegen die Angst gewappnet.

Seien Sie spezifisch.

Angst ist eine Verallgemeinerung.

Seien Sie spezifisch.

Schauspieler sollten mit den Zeilen reagieren, nicht zwischen den Zeilen

Viele Schauspieler lieben es, zwischen den Zeilen zu reagieren – in diesen berühmten und oft so unnötigen Pausen, die sie zwischen jede Zeile einschalten. Das Resultat ist dieser unnatürliche Rhythmus: Zeile, Reaktion, Zeile, Reaktion, Zeile, Reaktion.

Im Leben reagieren wir mit dem, was wir sagen, während wir es sagen. Wir trennen unsere Gefühle nicht von unseren Worten. Nur Schauspieler tun das.

Machen Sie es wie im Leben. Reagieren Sie mit den Zeilen, nicht getrennt davon.

Akzente sind normalerweise keine gute Idee

Wenn ein Akzent nicht gefordert wird. Finden Sie es heraus: Fragen Sie die Auditoren, ob sie in der Szene einen Akzent haben wollen, bevor Sie sich die Mühe machen, einen nachzuahmen. Manchen Schauspielern fallen Akzente leicht, manche tun sich schwer damit. Erfordert die Szene einen Akzent, versuchen Sie ihn irgendwie zu sprechen mit der Erklärung, dass er mit der Zeit besser werden würde. Wenn Ihre Nachahmung von Akzenten wirklich miserabel ist, sollten Sie mit jemandem arbeiten, der gut darin ist, und Sie sollten Platten mit dem jeweiligen Akzent hören. Vergessen Sie nicht: Es ist die *Musik* eines Akzents, die wichtig ist, nicht, wie ein bestimmtes Wort oder ein bestimmter Buchstabe betont wir. Zwei Vorschläge:

1. Sprechen Sie im Alltag in dem geforderten Akzent: Rufen Sie Freunde an, und sprechen Sie mit ihnen in dem Akzent; sprechen Sie beim Einkaufen Fremde darin an. Es ist wichtiger, sich an den Rhythmus und die Musik zu gewöhnen, statt sich durch die Szene, die Sie lesen werden, zu quälen, wodurch Sie sich lediglich gespreizt anhören und sich befangen fühlen. Auch wenn die Leute Sie für verrückt halten: Reden Sie vor dem Vorsprechen so lange es geht in dem geforderten Akzent.

2. Die Akzentfrage darf nicht so sehr in den Vordergrund rücken, dass das ganze Vorsprechen zu einer Übung in Akzentnachahmung wird. Denken Sie immer daran, dass Sie das, wofür Sie kämpfen, und all Ihre anderen Ziele vergessen werden, wenn der Akzent Ihnen so viel Kopfschmerzen bereitet. Sobald es in einer Szene einen Akzent gibt, rufen Sie sich ihre emotionalen Ziele *immer wieder* ins Bewusstsein.

Zwei Erfahrungen:

Als ich für die Broadway-Produktion von *Bitterer Honig* eine Schauspielerin suchte, die Joan Plowright als Partnerin von Angela Lansbury ersetzen sollte, war es eine amerikanische

Schauspielerin mit einer ausgeprägten New Yorker Sprechweise, die die Rolle am besten las. Ich bat sie, nach Hause zu gehen und an ihrem Akzent zu arbeiten; dann sollte sie noch einmal lesen. Dreimal kam sie zum Vorsprechen, und jedes Mal war sie nicht in der Lage, ihre New Yorker Sprechweise durch einen englischen Akzent zu ersetzen. Das war sehr schade, denn sie wäre glänzend in der Rolle gewesen.

In meinem New Yorker Workshop lasen zwei Schauspieler eine Szene aus Christopher Hamptons faszinierendem *Total Eclipse* über die stürmische und bizarre Liebesbeziehung zwischen den beiden berühmten französischen Dichtern Baudelaire und Rimbaud. Die Schauspieler, sonst fähige und interessante Leute, trugen Baskenmützen und sprachen in dem unverständlichsten französischen Akzent, den ich außerhalb des Varietés jemals gehört hatte. Ich wies sie darauf hin, dass in dem Stück alle die gleiche Sprache sprechen würden – wieso sollten sie dann Akzent sprechen? Tschechow würden sie doch auch nicht in einem russischen Akzent sprechen, oder? Das Problem des Akzents hatte sie so in Anspruch genommen, dass sie kaum in der Lage waren, etwas Sinnvolles in der Szene zu machen oder eine glaubwürdige Beziehung herzustellen.

Viele Auditoren ziehen es vor, Sie die Szene beim ersten Lesen ohne Akzent sprechen zu lassen; wenn sie Sie für die Rolle in die engere Wahl ziehen, werden sie Sie bitten, noch einmal mit Akzent vorzulesen. Andere wollen gleich beim ersten Mal einen Akzent hören. Am besten fragen Sie, was gewünscht wird.

Ein Schauspieler muss seinen Partner stören

Eine Bitte ist als Motiv für einen Schauspieler nicht stark genug. Seine Bedürfnisse müssen so stark sein, dass er bereit ist, den anderen in der Szene *zu stören,* um zu bekommen, was er braucht.

Versuchen Sie alle Ihre Ziele unter dem Blickwinkel des Störens zu sehen. Stören heißt, dass Sie fordern, gehört zu werden. Die meisten Menschen sind so mit sich selbst beschäftigt, dass sie Sie nicht hören, wenn Sie sich nicht aufdrängen.

Stören heißt, Sie treten dem anderen in den Weg, sodass das, was Sie wollen, stärker ist als das, was er oder sie will.

Der Erfolg einer Szene hängt von der Stärke der Bedürfnisse ab

Ihre Bedürfnisse müssen so stark sein, dass Sie alles daransetzen, den anderen dazu zu bringen, Sie wahrzunehmen und Ihre Probleme zu lösen.

Vergessen Sie auch nicht das Gegenteil: Sie werden die Probleme Ihres Partners lösen.

Nehmen.

Und geben.

Gefühle können wirkungsvoll mit dem Körper ausgedrückt werden

Bedenken Sie, dass ein Schauspieler beim Vorsprechen nur kurze Zeit auf der Bühne ist: zwei bis vier Seiten, fünf Minuten, selten länger. In dieser kurzen Zeitspanne muss er die Auditoren so viel wie möglich über sich selbst wissen lassen.

Eine überzeugende Möglichkeit, den Auditoren etwas über sich bekannt zu machen, liegt im körperlichen Ausdruck dessen, was Sie fühlen. Es heißt: »Ein Bild sagt mehr als tausend Worte.« Ein körperliches Bild übt eine starke Wirkung aus. Es vermittelt Ihrem Partner das, was Sie fühlen, und macht auf die Auditoren unbedingt Eindruck.

Denken Sie an Marlon Brandos vielgerühmten Stanley Kowalski

in *Endstation Sehnsucht*, eine aufgrund ihrer ausgeprägten Körperlichkeit beeindruckende Darstellung.

Der körperliche Ausdruck ist kein Ersatz für Gefühl, sondern eine Erweiterung davon. Eine Ohrfeige ist ein starker körperlicher Ausdruck eines Gefühls, genau wie ein Kuss; eine Berührung ist stärker als nur die Sehnsucht; das Bedürfnis zu berühren ist stärker als eine abstrakte innere Sehnsucht.

Definieren Sie Ihre Ziele vom körperlichen Ausdruck her.

Begreifen Sie Ihre Handlungen vom Körperlichen her.

Ein rein inneres Gefühl reicht nicht aus. Es muss dem Partner *vermittelt* werden. Eine körperliche Störung Ihres Partners ist die stärkste Möglichkeit, sie oder ihn das ganze Ausmaß Ihrer Wünsche wissen zu lassen.

Rhythmus

Ein Schauspieler muss beim Vorsprechen stets, in jeder Szene, seinen eigenen natürlichen Rhythmus einsetzen. Jeder von uns hat seinen individuellen Rhythmus, in dem er sich bewegt und atmet und spricht. Wird dieser Rhythmus gestört, tritt an seine Stelle etwas Unnatürliches, das den Auditoren unecht, gespreizt, seltsam, unwirklich erscheint. Wir spüren, dass etwas nicht stimmt. Sie schneiden Ihren eigenen Lebensfluss ab, wenn Sie Ihren eigenen Rhythmus kaputtmachen.

Den eigenen Rhythmus zu zerstören ist zu einem großen Teil ein Akt der Selbstopferung. Wenn Sie die Lebensmusik, zu der Sie sprechen und atmen, mutwillig stören, stören Sie die Wahrheit Ihrer innersten Gefühle. Auf jeden, der Ihnen zusieht, werden Sie unwirklich wirken, denn Sie sind vor sich selbst unwirklich.

Wenn ich sehe, wie Schauspieler in Soap-Operas kämpfen, um diesem unnatürlichen Beerdigungsrhythmus Realität zu verleihen, der in der Welt der Soaps vorherrscht, leide ich mit ihnen, denn ich weiß, sie haben nicht die geringste Chance. Haben Sie Ihren eigenen Rhythmus verloren, verlieren Sie Ihr eigenes Leben.

Mit Konventionellem gewinnen Sie keinen Blumentopf

Die meisten Schauspieler entscheiden sich für das Konventionelle statt für etwas Ausgefalleneres, weil sie glauben, konventionell entspräche mehr der Wirklichkeit. Konventionell ist gewöhnlicher, konventionell ist langweiliger. Im Wettstreit zwischen konventionell und ausgefallen gewinnt ausgefallen jedes Mal.

Es ist wenig verwunderlich, dass etwa die Heilsarmee eine Aura des Scheiterns umgibt. Die Uniformen, die diese Verlierer tragen, sind so unattraktiv, dass man lieber mit dem Flachmann in der Gosse liegt, als seine Seele retten zu lassen. Wenn Rettung der Seele bedeutet, so trist zu sein wie die Heilsarmee-Tussi, mit strengem Haarknoten und Omabrille auf der Nase, dann gewinnt ganz bestimmt die schillernde Seite der Sünde.

Ist Ihnen schon einmal aufgefallen, wie oft jene, die Sünder porträtieren, einen Oscar erhalten, während die Heiligen immer unter »ferner liefen« auftauchen?

Das Negative steht immer schon geschrieben

Es ist eines der wundersamen Geheimnisse der Theaterliteratur, dass das Negative immer schon geschrieben steht und dass es die Aufgabe des Schauspielers ist, das Positive hineinzubringen.

Das heißt, das Nein steht wörtlich und ausdrücklich im Skript:

Nein, das will ich nicht.

Ich möchte gehen.

Lass mich in Ruhe.

Ich werde nicht tun, was du willst.

Die Aufgabe des Schauspielers ist es, die Negationen zu durchschauen, um die andere Seite der Medaille, das Ja, das auch in jeder Szene steckt, zu entdecken:

Was willst du?

Warum bist du noch da, wenn du gehen willst?

Wenn du in Ruhe gelassen werden willst, warum hast du diese Beziehung immer noch?

Was willst du tun?

Da viele Szenen über das Nicht-hier-sein-Wollen geschrieben werden, ist es die Aufgabe des Schauspielers, die Frage zu stellen: Warum bin ich hier?

Die positive Antwort auf diese Frage ist das, was die Szene motiviert.

Schauspieler müssen lernen, eine wichtige Sache nicht aus den Augen zu verlieren: Es gibt immer eine Wahl. Wenn Sie wirklich gehen wollen, warum sind Sie dann in einer Szene mit diesem anderen Menschen? Beantworten Sie diese Frage, und Sie werden in der Lage sein, die Szene zu spielen. Bleiben Sie bei dem »Ich will hier nicht sein«, werden die Auditoren für die Rolle einen Schauspieler finden, der will.

Lernen Sie, alle Bewusstseinsebenen zum Einsatz zu bringen

Schauspieler glauben, sie würden erst dann wirklich in einer Szene sein, wenn sie die Gegenwart der Zuschauer und alles andere außer dem, was sich zwischen ihnen und ihrem Partner abspielt, völlig vergessen haben. Aus diesem Grunde gehen sie oft hart mit sich ins Gericht – unnötigerweise, denn im Leben ist das ganz anders. Wir hören Radio, wir blicken aus dem Fenster, wir spülen Geschirr oder machen den Hausputz und beschäftigen uns noch mit vier anderen Dingen, die unsere Aufmerksamkeit fordern, und dennoch können wir uns in einer Beziehung im wirklichen Leben auf unseren Partner konzentrieren. Konzentrieren heißt, die Aufmerksamkeit auf den Partner zu bündeln, nicht auf alle möglichen anderen Dinge zu verteilen.

Wir funktionieren auf vielen Ebenen gleichzeitig. Wir sind uns der Ablenkungen bewusst, und wir handhaben das Problem mit Hilfe von Konzentration. Sie erzeugen eine unwirkliche Situation, wenn Sie auf der Bühne so sehr von Ihrem Partner gefesselt sind, dass sie nichts anderes mehr wahrnehmen. Nutzen Sie das Vorhandensein von Ablenkungen, um Konzentration zu *erzeugen.* Auf diese Weise lösen wir das Problem im Leben.

Angemessen zu handeln gehört in die Vorstellung, nicht zum Vorsprechen

Sie brauchen beim Vorsprechen Ihre Handlungen und Ihren Text nicht so in Übereinstimmung zu bringen, wie Sie es in der Vorstellung tun. Wie bei der Improvisation spüren Sie Impulse, die mit den Worten, die Sie gerade sprechen, im Widerstreit stehen. Tun Sie's: Führen Sie die Handlung aus, vertrauen Sie Ihrem Impuls. Warten Sie nicht auf den richtigen Augenblick. Der, der wartet, wird nie ankommen. Tun Sie es jetzt, in dem Moment, in dem Sie es fühlen.

Und außerdem kann der Widerstreit zwischen Ihren Worten und Ihrem »unangemessenen« Verhalten Interessantes zutage fördern.

Eine lange Rede ist nur mehrere kurze Reden

Vor einer langen Rede schrecken Schauspieler zurück. Sie können eine lange Rede leicht in den Griff bekommen, wenn Sie sich vorstellen, sie bestünde aus mehreren kurzen Reden; dabei setzen Sie im Laufe der Rede die Ruhepunkte, und zwar indem Sie auf die Antworten Ihres Partners warten. Bestehen Sie auf Antworten, bevor Sie weiterfahren (natürlich nicht unbedingt verbalen Antworten). Dadurch wird die Beziehung immer wieder erneuert, der Kontakt wird wirklich, und Sie vermeiden es, lediglich die geschriebenen Worte zu sprechen (wie es bei langen Reden oft geschieht).

Überschneidungen sind realistisch

Zwei der fesselndsten Schauspieler, die ich je auf der Bühne erlebt habe, waren Alfred Lunt und Lynn Fontanne. Ein Merkmal ihrer Arbeit waren Überschneidungen: Der eine übertönte die Zeilen des anderen. Im Leben tun das Leute die ganze Zeit; die meisten Schauspieler warten geduldig, bis sie mit dem Sprechen an der Reihe sind. Spricht Schauspieler A versehentlich in Schauspieler Bs Text, hält B sofort inne, statt weiterzureden, wie wir es im wirklichen Leben tun.

Natürlich waren Lunt und Fontane Meister im Überschneiden; fürs Vorsprechen stellt es ein gewisses Risiko dar. Ein Risiko, das einzugehen sich lohnt, wie ich finde, denn Überschneiden ist *realistisch*. Es bringt eine Dringlichkeit in die Szene, es zwingt die Schauspieler, einander zuzuhören, und es betont die Wichtigkeit: dass es immer um Leben und Tod geht.

Schauspieler sollten gute Lügner sein

Bei den meisten Schauspielern fällt es sofort auf, wenn im Skript steht, die Figur lüge. Sie lügen so schlecht, dass jedermann die Lüge durchschaut.

Wenn Ihre Figur lügt, lügen Sie gut. Tun Sie es überzeugend. Die meisten von uns lügen im Leben äußerst effizient und überzeugen andere mit links davon, dass sie die Wahrheit sprechen. Warum sollte eine Lüge auf der Bühne dermaßen offensichtlich sein? Dadurch geht doch der ganze Spaß verloren.

In Szenen zwischen Schauspielern des gleichen Geschlechts herrscht immer Rivalität

Das klingt wie eine grobe Verallgemeinerung, nicht wahr? Es stimmt aber. Ich würde sagen, in allen Szenen herrscht Rivalität, denn Drama handelt von dem, was du willst, versus dem, was ich will. Da Schauspieler Rivalität immer gern meiden, wenn es sich um eine Szene zwischen Menschen des gleichen Geschlechts handelt, sollten Sie daran denken, dass Rivalität in solchen Szenen sogar noch wesentlicher ist.

Sich für das Bedürfnis nach Trost als Ziel zu entscheiden, ist schlecht

Wenn Sie sich dabei ertappen, wie Sie blasse Verben wählen, um das, wofür Sie kämpfen, zu beschreiben, sollten Sie wissen, dass Sie ein blasses Lesen bieten. »Trost-Ziele« funktionieren nicht: »Ich will verstanden werden«, »Ich will Sympathie«, »Ich will gemocht werden«, »Ich will getröstet werden« – all dies und ähnliche Entscheidungen sind für ein Vorsprechen nicht stark genug.

Entscheiden Sie sich für einen Hilfeschrei. Seien Sie verzweifelt, es geht um Leben und Tod! Drohen Sie mit Mord oder Selbstmord, wenn Sie keine Hilfe bekommen, und zwar *sofort!*

Das hört sich vielleicht melodramatisch an, doch es funktioniert. Schwache Trost-Ziele funktionieren nicht.

»Das ist mir egal«

Sich für ein »Das ist mir egal« als emotionale Einstellung zu Ihrem Partner zu entscheiden, funktioniert auch nicht. Wenn es Ihnen egal ist, warum zum Teufel sollten wir uns die Szene ansehen? Wenn es Ihnen egal ist, ist es uns auch egal.

Wenn es Ihnen egal ist, werden wir einen Schauspieler finden, dem es nicht egal ist.

Sie müssen lernen, sich zu unterbrechen, wenn im Skript eine Ellipse auftaucht

Wenn der Autor einen unvollständigen Satz für Sie geschrieben hat, das heißt einen Satz, der von der anderen Figur in der Szene unterbrochen werden soll, dürfen Sie sich beim Vorsprechen nicht darauf verlassen, dass der andere Schauspieler (oder der Bühnenmeister) Sie unterbricht. Es passiert zu oft, dass der andere – so beschäftigt, wie er mit seinen eigenen Problemen ist und damit, was er als Nächstes tun wird – vergisst, Sie zu unterbrechen. Und dann stehen Sie, während Sie auf seinen Zug warten, der aber nicht kommt, als der Versager da, der nicht weiterweiß. Machen Sie es sich zur Gewohnheit, sich beim Vorsprechen selbst zu unterbrechen, indem Sie an die unvollständigen Sätze einen der folgenden Gedanken anfügen (die Sie als inneren Dialog aktivieren):

Vielleicht sollte ich das nicht sagen? Es könnte ihn beleidigen.

Vielleicht war das, was ich sagen wollte, nicht zutreffend, und ich sollte es gar nicht sagen.

Ich muss vorsichtig sein mit dem, was ich sage, sonst bekomme ich Ärger.

Was habe ich gerade gesagt? Meine Gedanken sind abgeschweift.

Ich werde den Satz nicht zu Ende sprechen, weil ich sehen will, ob du zugehört hast.

Genauso sollten Sie beim Vorsprechen immer bereit sein, etwas zu empfangen, was Ihnen der andere Schauspieler in der Szene gar nicht gesendet hat. Überlegen Sie: Was ist wichtiger, Ihre Reaktion auf ein Ereignis oder dass Ihr Partner dieses Ereignis tatsächlich erzeugt? Es ist Ihr Vorlesen, also ist Ihre Reaktion wichtiger. Wenn Ihr Partner es versäumt, Sie zu ohrfeigen oder zu küssen, müssen Sie so tun, als hätte er es getan; Sie reagieren auf das Ereignis, als hätte es stattgefunden. Ich habe es erlebt, dass Szenen kaputtgingen, weil ein Partner eine bestimmte Sache nicht machte; Ihnen braucht das nicht zu passieren, wenn Sie Ihr eigenes Ereignis erzeugen, und das ist Ihre emotionale Reaktion auf die Handlung. Sie brauchen keine Pistole, die auf Sie zielt, um erschossen zu werden; Sie brauchen nur umzufallen und die Hände auf die Wunde zu pressen.

Sie können lernen, sich beim Vorsprechen allein auf sich selbst zu verlassen, sodass Sie in keiner Weise mehr von Ihrem Partner abhängig sind.

Verwenden Sie »Ich kann es nicht fassen« so wie im wirklichen Leben

Im Leben können wir häufig nicht glauben, was uns geschieht. Wir sagen: »Ich kann nicht glauben, dass mir das passiert«, während es uns passiert. Wenn wir eine Geschichte erzählen, die unglaublich zu sein scheint, sagen wir laut: »Ist das nicht unglaublich?« Schauspieler neigen dazu, diese Art von Reaktion zu missachten und nicht in ihre Darstellung aufzunehmen. Wenn Sie auf der Bühne stehen und etwas Unglaubliches tun, bringen Sie diese Tatsache zum Tragen. Es wird das, was Sie unglaublich finden, in etwas verwandeln, was glaubhaft ist.

Sie brauchen nicht zu zeigen, dass Sie zuhören

Schauspieler machen sich so viele Gedanken über das Zuhören, dass sie dazu neigen, deutlich zu zeigen, dass sie zuhören. Sie brauchen den Auditoren nicht zu zeigen, dass Sie zuhören. Viel besser ist es, das Zuhören auf einen spezifischen inneren Dialog zu begründen, sodass Sie auf das reagieren, was Sie hören, statt dieses pseudoschauspielerische äußerliche Zuhören an den Tag zu legen. Zuhören ist nicht äußerlich, es ist innerlich.

Soll ich Schauspieler sein?

Oft fragen mich Schauspieler, ob ich der Meinung bin, sie sollten es aufgeben, Schauspieler sein zu wollen.

Jedem, der mich fragt, gebe ich die gleiche Antwort: Wenn Sie die Wahl haben und glauben, Sie könnten mit einer anderen Beschäftigung leidlich glücklich werden, gehen Sie augenblicklich nach Hause und machen Sie etwas anderes.

Schauspieler, Autor oder Regisseur am Theater, im Fernsehen oder beim Film zu sein ist nur etwas für die unheilbar Kranken, für jene, die ohne die Schauspielerei nicht leben können; für jene, die keine Wahl haben.

5. MONOLOG, SELBSTGESPRÄCH, STIL

Häufig werden Schauspieler gebeten, mit einem vorbereiteten Monolog zum Vorsprechen zu erscheinen, statt für eine bestimmte Rolle zu lesen. An Provinz- oder Boulevardtheatern, wo der Schauspieler in vielen Stücken mitwirken und Teil einer Truppe werden soll, wird es oft so gehalten. Von einem Schauspieler wird erwartet, dass er mindestens zwei Monologe in seinem Repertoire hat, die er aus dem Stand vorsprechen kann: einen klassischen und einen modernen, einer aus einem Drama, einer aus einer Komödie. Ein Schauspieler tut also gut daran, drei oder vier Monologe vorbereitet zu haben.

Ich kenne nichts, was Schauspieler mehr in Panik versetzt als die Aussicht, einen Monolog vorsprechen zu müssen. »Was soll ich nehmen?« fragen sie, als stünde ihnen nur ganz wenig Material zur Verfügung. Nehmen Sie etwas, was Ihnen gefällt. Ich werde nie begreifen, wie viele Schauspieler sich für einen Text entscheiden, den sie hassen. Wenn Monologe so schwierig darzustellen sind, warum sollten Sie einen wählen, der von vornherein falsch für Sie ist? Wählen Sie etwas, was Sie mögen, mit dem Sie sich sicher fühlen, was Ihnen vielleicht sogar Vergnügen bereitet.

Nehmen Sie auf der Suche nach Material den Begriff Monolog nicht zu wörtlich. Sie können aus einem Stück, das Sie mögen, einen Monolog konstruieren, indem Sie alle Beiträge Ihres Partners entfernen, sodass Sie allein sprechen. Die Zeilen, die der Partner in dem Stück sprechen würde, können Sie als Antworten in einem stillen Dialog verwenden – dadurch stellen Sie die Beziehung her. Es müssen schnelle Antworten sein, nicht genauso lang, wie es dauern würde, die Worte tatsächlich zu sprechen.

Schauspieler schätzen den Erfolg ihres Monologs danach ein, »wie real« sie ihren unsichtbaren Partner machen können. Die am häufigsten gestellte Frage am Ende eines Monologs ist: »Haben Sie geglaubt, dass ich wirklich mit jemandem gesprochen habe?« oder: »Haben Sie meinen Partner gesehen?« Reine Zeitverschwendung. Auditoren sind an Ihrer Fähigkeit, nicht anwesende Leute zu kreieren, nicht interessiert; bei der Aufführung des Stücks werden die Leute anwesend sein. Wieder haben wir es mit einem Problem zu tun, das aus dem Klassenzimmer stammt und unnötig aufgeblasen wird. Wen kümmert's, ob Sie jemanden sehen können, der nicht da ist; wichtig ist, was *Sie* tun.

Was Sie tun, hängt von der Beziehung ab, die Sie herstellen. Beziehung ist nicht angewiesen darauf, den anderen zu »sehen«, sondern beruht auf dem *Bedürfnis* nach einer Reaktion des anderen. Erzeugen Sie das Bedürfnis nach einer Reaktion Ihres Partners, und geben Sie es auf, ihn »sehen« zu wollen. Es gibt nichts Irritierenderes, als einem Schauspieler dabei zuzusehen, wie er in den leeren Raum starrt, fieberhaft – und vergebens – bemüht, jemanden zu erschaffen, den es nicht gibt. Aus diesem Grund schreibe ich Ihnen hier das einzige Mal eine Regel vor. Eine absolute Regel, von der Sie nicht abweichen dürfen. Ich nenne sie die Neunzig-zu-zehn-Regel. Sie besagt: Zehn Prozent der Zeit blicken Sie in einem Monolog auf Ihren vorgestellten Partner; neunzig Prozent der Zeit blicken Sie auf die Bilder dessen, wovon Sie sprechen. Beobachten Sie im wirklichen Leben Leute, die einen Monolog sprechen. Derjenige, der spricht, blickt auf die inneren Bilder; nur zehn Prozent der Zeit vergewissert er sich der Reaktionen seines Partners, um sicherzugehen, dass dieser noch folgt und begreift, was er mitzuteilen versucht. Derjenige, der nicht spricht, ist der, der den anderen neunzig Prozent der Zeit beobachtet.

Bedürfnis ist die größte Hilfe, wenn man einen Monolog spricht. Das Bedürfnis nach einer bestimmten Reaktion oder einer Reihe von Reaktionen von Ihrem unsichtbaren Partner. Nehmen Sie jemanden aus Ihrem Leben als unsichtbaren Partner; das ist besser, als eine Person zu erfinden. Wählen Sie keine literarische Figur als Partner. Wählen Sie jemanden, den Sie gut kennen. Erzeugen Sie ein starkes Bedürfnis nach etwas, was nur er Ihnen geben kann. Erzeugen Sie ein starkes Bedürfnis, den Standpunkt Ihres Partners zu verändern.

Alle Wegweiser lassen sich auch auf die Arbeit mit Monologen anwenden. Sie müssen *noch spezifischer* sein, denn es gibt niemanden außer Ihnen auf der Bühne. Sie brauchen emotionale Reaktionen von Ihrem Partner, nicht nur nach außen sichtbare.

Wenn es in der Szene mehr als eine Figur gibt, wie es bei Shakespeare so oft der Fall ist (wo Sie unter Umständen mit einem ganzen Hofstaat rechnen müssen), stellen Sie sich die verschiedenen Figuren an ganz unterschiedlichen Orten auf der Bühne vor und verleihen Sie jeder einzelnen eine einzige Einstellung Ihnen gegenüber, die Sie bekämpfen oder mit der Sie übereinstimmen.

Bühnenarrangement für Monolog

Stellen Sie Ihren imaginären Partner in den *Bühnenvordergrund,* mit dem Rücken zu den Auditoren und dem Gesicht Ihnen zugewandt; dann können Sie den gesamten Bühnenhintergrund ganz für sich allein verwenden. Nützen Sie ihn aus.

Schauspieler neigen dazu, stocksteif dazustehen, wie angewurzelt an einem Fleck, wenn Sie einen Monolog sprechen. Die ganze Bühne gehört Ihnen. Bewegung kann von großem Wert sein.

Selbstgespräch

Beim Selbstgespräch stehen Sie allein auf der Bühne und reden mit sich selbst. So erfahren die Zuschauer Gedanken und

Gefühle des Schauspielers, nicht aber die anderen Figuren im Stück; diese sind nicht anwesend oder können die Worte des Schauspielers nicht hören.

Was heißt das, mit sich selbst sprechen? Es heißt eigentlich, mit anderen zu sprechen. Wenn wir uns zum Ausgehen fertigmachen, sagen wir laut: »Wo habe ich bloß die Schlüssel hingelegt?« Wir fragen nicht uns selbst, wo wir die Schlüssel hingelegt haben, wir fragen einen anderen. Wir wollen, dass ein anderer unsere Schlüssel findet oder uns sagt, wo sie sind. Wer ist dieser »andere« in diesem Fall? Es kann sich um eine bestimmte Person handeln: Mitbewohner, Ehefrau oder Ehemann, die im Moment nicht da sind, oder aber es handelt sich um jene unbestimmte, geheimnisvolle Person in unserem Leben, mit der wir alle sprechen: die Person, die alle Antworten kennt.

In anderen Zeitaltern sprachen die Menschen zu Gott; sie blickten nach oben und sprachen direkt mit Ihm da oben im Himmel, so, wie wir alle Zero Mostel als Tevje in *Anatevka* mit Gott haben sprechen sehen. In unserer Zeit, in der sich die meisten als Atheisten oder Agnostiker begreifen, sprechen wir nicht mehr mit Gott (auch wenn wir in Momenten großer Belastung noch sagen: »Lieber Gott, hilf mir« und mit Ihm einen Handel abschließen, für den Fall, dass er hilft). Stattdessen sprechen wir mit jemandem, der hier auf der Erde wohnt, in Hörweite, statt oben im Himmel. Es kommt vor, dass wir uns, während wir mit einem wirklichen Menschen sprechen, an eine imaginäre Person zur Linken oder zur Rechten wenden und sagen: »Was soll ich bloß mit ihr machen?« oder: »Hast du gehört, was sie gerade gesagt hat?« Wer ist dieser Mensch, mit dem wir auf diese Weise sprechen? Es ist jemand, der immer auf unserer Seite steht, jemand, der anders als die reale Person, mit der wir zusammen sind, immer mit uns übereinstimmt. Und wenn Sie einmal darauf achten, werden Sie feststellen, dass wir dieser unsichtbaren Person Fragen stellen, auf die wir eindeutig eine bejahende Antwort erwarten. Er ist ein lebenslanger Begleiter, dieser Mensch, der die Antworten kennt. Diesen Menschen werden Sie oft brauchen, wenn Sie Monologe sprechen.

Im Leben sprechen wir auch zu Menschen, die wir kennen, wenn wir mit uns selbst sprechen. Manchmal führen wir mit einem einzigen Menschen eine lange Unterhaltung. Oft handelt es sich dabei um eine Probe dessen, was wir ihnen von Angesicht zu Angesicht zu sagen beabsichtigen; oder wir reagieren im Selbstgespräch auf eine Kränkung und sprechen das aus, was wir dem anderen nie direkt sagen würden.

Manchmal sprechen wir zu mehr als einem Menschen. Das ist das Wunderbare an Selbstgesprächen im Leben: Wir können herbeizitieren, wen immer wir wollen, und ihn nach Belieben wieder fortschicken; wir können ihn zurückrufen und sofort wieder verabschieden. Wir können unser Selbstgespräch mit allen Leuten, die wir kennen, bevölkern oder aber mit den Reichen und Berühmten, die wir niemals kennenlernen werden. Die Kontrolle liegt ausschließlich bei uns, weshalb ein Selbstgespräch eine befriedigende Sache ist – für unsere geistige Gesundheit wesentlich.

Der Prozess des Mit-sich-selbst-Sprechens läuft im Leben auf einer so unbewussten Ebene ab, dass den meisten überhaupt nicht klar ist, dass sie für gewöhnlich mit jemand anderem reden. Es heißt zwar *mit sich selbst sprechen* – doch in Wahrheit sprechen wir normalerweise mit jemandem, von dem wir uns vorstellen, dass er hier bei uns ist. Wieder ist es Ihre Aufgabe als Schauspieler, in einem Selbstgespräch herauszufinden, wer diese Person ist oder wer diese Personen sind, mit denen Sie sprechen. Nachdem Sie diese Beziehung hergestellt haben, nimmt das Selbstgespräch Wirklichkeit an. Diese Beziehung zu anderen, zu wirklichen Leuten in ihrem Leben, lassen Schauspieler bei der Vorbereitung oft weg, und aus diesem Grund bereiten ihnen Selbstgespräche und Monologe solche Schwierigkeiten. Noch einmal sei es gesagt: Wie immer beim Vorsprechen ist die Herstellung einer Beziehung das Wichtigste, was der Schauspieler beachten muss.

Die meisten Schauspieler betrachten Selbstgespräche mit großem Misstrauen und halten sie für einen gemeinen Bühneneinfall der Stückeschreiber (vor allem Shakespeares), um damit Schauspieler zu foltern. Das ist Unsinn. Selbstgespräche sind keine Bühneneinfälle; sie wurden direkt aus dem Leben genommen. Wir sprechen die ganze Zeit mit uns selbst. Wenn Schauspieler statt Theaterkonventionen das Leben als Quelle nehmen würden, würden sie für alles, was in einem Stück geschieht, Erklärungen finden.

Gehen Sie zum Leben zurück, um Antworten zu finden. Sie lehnen sich zu sehr an das an, was Sie andere Schauspieler auf der Bühne, auf der Leinwand oder dem Bildschirm haben tun sehen. Sie vergessen, dass jede Handlung in einem Stück eine Quelle im Leben hat; jeder Einfall hat seine Quelle im Leben. Wenn Sie sich dessen während Ihrer Arbeit als Schauspieler stets bewusst sind, werden Ihr eigenes Fantasieleben, Ihre Tagträume zur Quelle, die das meiste Material hervorbringt.

Das À-part-Sprechen ist ein weiterer Kunstgriff, der Schauspieler aus der Bahn wirft. Dabei ist es nicht schwer zu begreifen, wenn Sie bedenken, wie wir im Leben à part sprechen (wie oben beschrieben). Es heißt einfach, mit der Person, die die Antworten kennt, zu sprechen, mit dieser bestimmten Person, mit der wir diese bestimmte Erfahrung teilen wollen. Dehnen Sie *diese Person* auf das gesamte Publikum aus, und Sie erzielen eine Beziehung, mit der Sie arbeiten können, wenn Sie à part sprechen. Noch besser an einem À-part ist die Tatsache, dass Sie von *dieser Person* eine Reaktion *tatsächlich* erhalten können, wenn es sich dabei um das Publikum handelt. Wie befriedigend das sein kann!

Eine weitere wichtige Überlegung in Hinsicht auf Monolog und Selbstgespräch ist diese: Hören Sie immer mit einem Vorhang auf. So, wie das gesamte Stück mit dem Vorhang endet, sollte ein Monolog mit einem Vorhang enden – vorzugsweise in einem Moment, den Sie halten können, nachdem Sie Ihrem Partner/Gegenspieler soeben einen Schlag versetzt haben, und Sie sehen zu, wie er landet und denken: »Versuch das zu übertreffen, mein Junge!« Halten Sie den Moment so lange, wie wenn Sie darauf warten, dass der Vorhang fällt. Es kommt zu oft vor, dass der Schauspieler am Ende eines Monologs mit einem panischen und apologetischen Ausdruck dasteht und zu sagen scheint: »Ich weiß, das war furchtbar. Bitte, verzeihen Sie mir. Ich wünschte, ich wäre tot.« Sie müssen in einem Moment aufhören, in dem Sie Sieger sind.

Alle Monologe sind zu lang und zu langsam.

Die Auditoren geben Ihnen eine Eins plus, wenn Ihrer zu den schnellen, kurzen gehört.

Qualität, nicht Quantität.

Was ist »Stil«?

Alle Auffassungen von Stil führen Schauspieler in die Irre.

»Stil« ist ein Begriff, der aus dem Vokabular eines Schauspielers gestrichen werden sollte. Er ist eine Falle, denn normalerweise bedeutet er, etwas Äußerliches überzustülpen. Wenn ein Schauspieler glaubt, ein Stück erfordere »Stil«, gibt er es auf, in subjektiver Weise zu arbeiten, und fängt an, objektiv zu denken – und das ist immer sein Ruin. Er wird künstlich und maniriert – und das heißt unglaubwürdig und leer. Der Herr bewahre uns davor, Schauspielern zusehen zu müssen, wenn sie »Stil« spielen.

Stellen Sie sich »Stil« als Verhaltensweise vor. Eine Verhaltensweise, die *von den Figuren* gewählt wurde als ein Weg, mit den spezifischen Dilemmata ihres Lebens fertigzuwerden. In dem schillernden »Stil«-Drama *Bunbury* zum Beispiel sehen die Figuren alles unter dem Gesichtspunkt von Immobilien. Die richtige Adresse ist alles: Leben Sie auf der richtigen Seite des Parks oder auf der falschen Seite, in der Stadt oder auf dem Land? Immobilien sind wichtiger als Geld, denn wo Sie leben, ist ein Gradmesser nicht nur für Geld, sondern auch für Geschmack. An zweiter Stelle nach Immobilien steht die Entschlossenheit der Figuren, ihre Unabhängigkeit zu demonstrieren, indem Sie stets das Gegenteil sagen von dem, was von ihnen erwartet wird. Sie sind pervers. Sie bekämpfen die Konventionen und behaupten, dass das Gegenteil von dem, was die meisten Menschen schätzen, das Wertvollere ist. »Sie kennen meinen Vater nicht? Ich freue mich, sagen zu dürfen, dass niemand ihn kennt. Er geht nie aus dem Haus. Der Beweis seiner Männlichkeit liegt darin, dass er unter dem Pantoffel steht.«

Es ist wichtig für einen Schauspieler, zu erkennen, dass die Figuren sich bewusst entschieden haben, sich auf diese Weise zu verhalten. *Sie* haben sich eine bestimmte Verhaltensweise ausgesucht, nicht der Autor und nicht der Regisseur. Es ist ihr Lebensstil. Der Autor hat die Entscheidungen der Figuren nur aufgezeichnet. Stellen Sie bei einem Stück wie *Bunbury* die Fragen: Wofür kämpfen die Figuren, und welche Spiele wählen sie, um ihr Ziel zu erreichen? Erst dann werden Sie wirkliches, motiviertes Verhalten entdecken, statt es mit einer künstlichen Gerissenheit zuzukleistern. Dann wird unter der Oberfläche von Rollenspielen echtes Gefühl wirksam, anstatt dass die Figur nur eine hohle, leere Marionette ist.

Wir spielen immer noch die gleichen Spiele, wie die Menschen sie zur Zeit von Oscar Wilde oder Molière oder Sheridan spielten. Grundbesitz ist uns immer noch wichtig. Bedenken Sie, wie beeindruckt wir sind, wenn jemand eine Wohnung am

Sutton Place South, ein Haus in East Hampton, eine Villa an der Riviera hat. Bedenken Sie, wie wir auf Partys wetteifern, wer am witzigsten, wer am raffiniertesten, wer am eingeweihtesten ist. Unterscheidet sich dieses Verhalten von Cecily und Gwendolen beim Teetrinken im Garten?

Bei einem »Stil«-Drama müssen Sie sich fragen: Was ist die Ursache dafür, dass die Leute diese Verhaltensweise gewählt haben? Versuchen Sie eine Entsprechung im modernen Leben zu finden. Die Rollenspiele beantworten die Fragen nach dem »Stil«. Und die Kostüme. Verschiedene Kleider können verschiedene Verhaltensweisen bewirken.

Das Problem des »Stils« kann leicht zu lösen sein. Stil ist ein Verhalten, das die Figur sich ausgesucht hat; er stammt nicht vom Autor oder aus der Epoche.

Noch eine Entscheidung, die Sie treffen sollten: Genießen Sie, *wie* Sie das sagen, was Sie sagen. Sprache ist ein wichtiger Teil des Lebensstils der Figuren; sie wetteifern um den fantasievollsten Gebrauch der Sprache. Kommunikation ist überlegen, wenn sie in überlegener Sprache formuliert ist. Genießen Sie eine überraschende Wendung, *le mot juste,* eine fantasievolle Ausschmückung, ein poetisches Bild. Das Fernsehen hat die Lust an der Sprache fast völlig aus der Welt geschafft und bietet uns stattdessen eine stete Diät an schmuddeligem Realismus, hingenuschelt und unverständlich; es gibt aber noch moderne [englischsprachige] Theaterautoren, die uns Figuren schenken, die an der Art und Weise, wie etwas gesagt wird, ihre Freude haben: Samuel Beckett, T. S. Eliot, Edward Albee, Joe Orton, David Storey, Simon Gray, Ntozake Shange, Enid Bagnold und David Mamet.

6. TEMPO

Fast jedes Vorsprechen, das ich je erlebt habe, war zu langsam.

Ich habe nie ein Vorsprechen erlebt, das zu schnell gewesen wäre.

7. ROMANTIK

Ein Element, das der heutigen Schauspielkunst fehlt, ist Romantik. Insgeheim will jeder Romantik, doch in unserer harten, »realistischen« Zeit, gibt niemand es offen zu. Heutzutage heißt Romantik, dass jemand ein Waschlappen ist. Wir müssen hart sein; wir leben in der Nach-Vietnam-, Nach-Watergate-Ära der Desillusionierung.

Doch wodurch wurde *Equus* zu einem solch phänomenalen Erfolg? Durch Romantik. Und *Der Stadtneurotiker* und *Cousin, Cousine* und *Nächstes Jahr, selbe Zeit* und *A Chorus Line* und *Krieg der Sterne* und *Pippin*. Die unverminderte Beliebtheit von Shakespeares Dramen ist darauf zurückzuführen, dass es sich bei ihnen um unsterbliche Romanzen handelt. Die Leute aber, die diese Sachen auf die Bühne oder die Leinwand bringen, leugnen in der Mehrheit, dass es sich dabei um Romanzen handelt. Schlimmer noch, auch die meisten Schauspieler – obwohl sie bereit sind, Liebe und Sex in der Szene zu erkennen – sperren sich dagegen, Romantik zu sehen, wenn sie Entscheidungen für ihre Darstellung oder ihr Vorsprechen treffen. Die Romantik ist durchs Fenster davongeflogen. Es ist Zeit, sie zurückzubringen. Im Wörterbuch wird Romantik mit Begriffen wie *fantasievoll, nicht der Erfahrung gemäß, visionär, fantastisch, unpraktisch, schwärmerisch* und *verträumt* erklärt. Der Romantiker ziehe das Prachtvolle oder Pittoreske oder das Leidenschaftliche oder eine unregelmäßige Schönheit der klassischen Vollendung und Ausgeglichenheit vor. Wie »klassisch« wir selbst auch immer eingestellt sind, kein menschliches Wesen kann ohne einen romantischen Traum leben; in unserer heutigen Welt herrscht einfach ein Übermaß an Wirklichkeit. Wirklichkeit tötet. Für die Wirklichkeit können wir nicht leben (wenn wir es täten, würden die meisten von uns es nicht lange aushalten, am Leben zu bleiben); wir leben für den Traum dessen, von dem wir hoffen, dass es geschehen wird: Liebe von einem wunderbaren Menschen, Erfolg, Ruhm, Ehre und Applaus. Romantik ist der Traum, dass uns etwas Besseres widerfahren wird.

Menschen werden von Träumen motiviert, von Visionen, was sein könnte, nicht von der Realität und den scharfen Bildern von dem, was tatsächlich ist. Wir leben nicht für das, was vernünftig ist; und doch erlebe ich es ständig, dass sich Schauspieler für das Rationale und Einsichtige als ihre emotionalen Motive in der Szene entscheiden.

Natürlich treffen wir im Leben auch vernünftige Entscheidungen – die Wäsche abzuholen, damit wir ein sauberes Hemd tragen können zum Beispiel –, doch aus solchen Entscheidungen ist ein Drama nicht gemacht. Theaterstücke und Filme sind um die ungewöhnlichen Entscheidungen, die von Menschen getroffen werden, herum gestrickt, und Romantik ist sehr wahrscheinlich die Raison d'Être.

Zwei Schauspielerinnen lasen die wunderbare Szene aus *Die Erbin,* in der die Tante nach unten kommt und erfährt, dass ihre unscheinbare Nichte Catherine die Flucht mit dem attraktiven und weltgewandten Morris Townsend plant. Die Tante findet die Aussicht schrecklich aufregend und fragt, ob sie mitkommen könne, denn Catherine »braucht eine Begleiterin«. Diese Schauspielerin entschied sich ausschließlich für vernünftige Gründe: dass die Leute schockiert sein würden, hätte Catherine keine Begleiterin (sie sah die romantische Freude nicht, an der dramatischen und wagemutigen Flucht *teilzuhaben*); dass Catherine Morris beleidigen würde, würde sie ihn die Größe ihrer Mitgift wissen lassen (sie tat es wie ein Bankier, nicht wie eine Frau, deren romantische Vision soeben von der Wirklichkeit des Geldes zerstört wurde); dass der Vater sie enterben würde (vernünftig gesehen natürlich ein großer Verlust; romantisch gesehen ist es eine köstliche Vorstellung, sich an dem eiskalten Zuchtmeister zu rächen). Ohne Romantik fehlt der Szene die Fröhlichkeit, um die monetären Betrachtungen auszugleichen, fehlt ihr der Traum, um die Furcht auszugleichen, allein zurückgelassen zu werden. Ist die Szene nur pragmatisch und vernünftig, wird sie kalt, blutleer, nüchtern. Die Romantik steht in der Szene geschrieben, und doch habe ich es schon so oft erlebt, wie Schauspielerinnen alles daransetzen, sie zu vermeiden.

Denn die Grundlage für die Szene bildet der Kampf zwischen Romantik und Realität; beide Elemente existieren in beiden Frauen, auf verschiedene Weise, zu unterschiedlichen Zeitpunkten und mit einem unterschiedlichen Reife- und Bewusstseinsgrad. Wenn die Szene nicht mit romantischen Fantasien unterfüttert ist, kann sie eigentlich nicht gespielt werden. Die Catherine bei diesem Vorsprechen handelte auch rein vernünftig: »Um meinem Vater zu entkommen, werde ich diesen netten, vernünftigen Mann heiraten, der mich von hier wegholen wird.« Die Aufregung über die heimliche Flucht fehlte völlig. Sie wirkte, als hätte sie mit ihrem Anwalt einen Termin im Rathaus geplant, um eine Vernunftheirat zu schließen.

Wodurch lebt eine solche Szene? Durch Fantasien, Träume, romantische Vorstellungen. Und doch lassen viele Schauspielerinnen die Romantik ganz heraus; sie machen flach, was aufregend ist, alltäglich, was abenteuerlich und verrückt ist. Vielleicht ist es das Zeitalter der Psychoanalyse, das die Welt der Romantik beraubt hat. Schauspieler stürzen sich auf eine vernünftige Einschätzung ihrer Figuren und missachten das wichtige Element der Romantik – eben das, was uns mit ihnen lachen, weinen und fühlen lässt.

Bringen Sie die Romantik wieder herein. Sie ist das verborgene Leben, eine ursprüngliche Antriebskraft in jedem Menschen.

8. MUSICAL

Die Unterschiede zwischen einem Vorsprechen fürs Theater und dem Vorsprechen für ein Musical sind gering. Ein guter Schauspieler kann beides (vorausgesetzt natürlich, er kann auch singen und tanzen). Für ein Musical vorzusprechen bringt allerdings auch einige besondere Probleme mit sich:

1. Die Szenen sind konzis, knapp und sparsam geschrieben; sie gleichen eher einer Kohlezeichnung als einem Ölgemälde. Es ist die Aufgabe des Schauspielers, einen reichhaltigen Subtext beizusteuern, da heutige Musicals eine komplexe Darstellung erfordern, um deren Wirkung zu vergrößern und zu vertiefen.

2. Der Höhepunkt der Szene erscheint häufig nicht im Text, sondern in einem Lied. In einem gut aufgebauten Musical – wie etwa *Das Lächeln einer Sommernacht* – ist das Lied die Fortsetzung einer Szene und enthält ihr stärkstes emotionales Element. Schauspieler, die nicht daran gewöhnt sind, mit einem Musical zu arbeiten, lassen sich davon verwirren und aus der Bahn werfen; sie fühlen sich von dem Text betrogen, statt zu lernen, die emotionale Linie vom Ende des Dialogs in den Text und die Melodie des Lieds fortzuführen.

3. Oftmals sind Musicalszenen mehr für eine Persönlichkeit als für einen Schauspieler geschrieben. Das heißt, Grundlage der Szene ist die schillernde Persönlichkeit des Stars, der die Rolle spielen wird, und nicht die Nuancen der Figur. Schauspieler also, die keine »Persönlichkeit« sind, werden es schwer haben, aus der Szene etwas zu machen, da alle Farbigkeit in der Szene nicht im Text steht, sondern von den persönlichen Eigenschaften des Schauspielers hineingebracht werden müssen. Darin liegt einer der Gründe, warum Folgeinszenierungen oft den Erfolg der Ur-

sprungstruppe nicht wiederholen können. Ohne Ethel Merman ist *Call Me Madam* ziemlich fades Zeug.

4. Musicals sind eine schnelle Theaterform. Doch nur weil das Tempo schneller ist als im Sprechtheater, heißt das nicht, der Schauspieler dürfe einfach so über die Oberfläche hinwegrasen. Es gibt zu viele Musicals, die so produziert werden, und nur die Musik kann sie retten; das Publikum quält sich durch gesprochene Teile, während es auf die gesungenen und getanzten Szenen wartet. Der Musical-Schauspieler muss wie eine Pflanze Wurzeln schlagen, tiefe Wurzeln. Dann kann er sich mit dem Wind bewegen.

5. Musicals gehen häppchenweise über die Bühne; der Text ist in kurze Szenen unterteilt. Normalerweise gibt es einen Hauptplot und einen Nebenplot, eine Hauptgruppe von Figuren und eine Nebengruppe. Während die Hauptgruppe Kostüme wechselt und zu Atem kommt, hat die Nebentruppe ihren Auftritt. Kontinuität ist schwer zu entdecken; Ihre Szene ist vorüber, bevor Sie es merken, das Profil, das Sie für Ihre Figur entwickelt haben, wird gekappt, und Sie müssen es in die nächste Szene retten, die vielleicht zwei Lieder und eine Tanznummer weit entfernt ist. Hier und jetzt müssen Sie Ihre Punkte machen. Das erfordert Wurzeln, tiefe Wurzeln.

6. Gegensätze sind für den Musical-Schauspieler von elementarer Bedeutung. Szenen sind häufig so geschrieben, dass sie das Gegenteil von dem bedeuten, was die Figur sagt. Da sie so kurz sind, muss der Schauspieler wichtige emotionale Beziehungen in kurzer Zeit herstellen und klarmachen, was er von der anderen Figur *braucht,* oder wir bekommen zwei Schauspieler zu sehen, die ihren Auftritt durchziehen, ohne dass zwischen ihnen irgend etwas passiert. Darin liegt die große Gefahr für Schauspieler im Musical.

7. Die Beziehung zwischen Schauspieler und Publikum ist in Musicals direkter. Jede Zweipersonenszene wird praktisch zu

einer Dreipersonenszene, mit dem Publikum als dritter Person. Das mag einem Schauspieler zunächst künstlich vorkommen, bis ihm klar wird, dass Menschen diese Art von Verhältnis im Leben oft erzeugen.

Wenn wir im Leben Schwierigkeiten haben, dem anderen unseren Standpunkt zu verdeutlichen, wenden wir uns von ihm ab und einem unsichtbaren Dritten zu mit den Worten: »Was soll ich bloß machen mit ihr? Du siehst doch wie unmöglich sie ist!« Auf diese Weise sprechen wir eine imaginäre Person an: ein Trick aus dem Leben, der häufig gewinnbringend auf die Bühne verpflanzt wird.

Es gibt noch eine andere Art, auf die wir uns der Anwesenheit eines Publikums im wirklichen Leben bewusst sind. Wenn wir uns in einer Gruppe (drei oder mehr Leute, nicht unbedingt eine sehr große Gruppe) befinden, spielen wir »vor dem Publikum« als eine Möglichkeit, eine Zweierbeziehung, die wir in diesem Moment haben, zu betonen oder auszudehnen.

In einer solchen Situation spielen wir häufig für einen Lacher. Wir hofieren die anderen in der Gruppe, um sie auf unsere Seite zu ziehen und sie unserem Partner abspenstig zu machen. »Habe ich nicht recht?« heißt »Hat sie nicht unrecht?«; wenn wir Zustimmung erfahren, erscheinen uns unsere eigenen Ansichten bedeutender und richtiger.

Da es im Leben so viele Möglichkeiten gibt, das Publikum zu nutzen – ja nachgerade mit dem Publikum zu spielen –, findet ein Musicalregisseur ausreichend Rechtfertigung und Motivation, wenn er *das Leben betrachtet statt der Bühne.* Viele Schauspieler wählen Bühne oder Leinwand als Bezugsrahmen – ich wähle immer das Leben: Alles, was auf der Bühne passiert, passiert besser und wahrhaftiger im Leben. Schauspieler haben fortwährend Schwierigkeiten, für die Handlung, die der Autor oder der Regisseur ihnen vorgibt, Motivation zu finden: Ich wage zu behaupten, sie würden wahrhaftigere und dramatischere Tatsachen finden, würden sie das Leben als Quelle nehmen. Beobachten Sie das Verhalten der Menschen! In ihm finden Sie die Antworten.

8. Da das Musicaltheater sehr schnell ist, müssen die Schauspieler in jeder Szene *das Ereignis* finden. Selbst wenn das Hauptereignis in dem Lied gipfelt, das den Höhepunkt der Szene bezeichnet, muss es auch innerhalb der Szene Ereignisse geben: Veränderungen im Bewusstsein der Figur müssen vom Schauspieler aufgespürt und auf eine so starke, vollständige Weise ausgeführt werden, dass das Publikum sie verstehen kann. Ereignislose Szenen funktionieren im Musical nicht.

Ein Ereignis in einer Szene kann unterschwellig oder deutlich sichtbar sein. Im Musical ist es die Aufgabe des Schauspielers, sicherzustellen, dass Ereignisse deutlich sichtbar stattfinden. Das bedeutet nicht deutlich im Gegensatz zu subtil. Es bedeutet klar im Gegensatz zu trübe. Es bedeutet gezielt und präzise statt ausweichend.

9. Musicals sind *nicht* oberflächlicher als Dramen, wie ein verbreitetes Vorurteil bei Schauspielern und Zuschauern es will. Ich habe viel im Musicaltheater gearbeitet, und wenn diese Bleibenwir-an-der-Oberfläche-Einstellung jemals stimmte, entspricht sie jedenfalls heute nicht mehr der Wahrheit. Musicaltheater ist nicht zuckersüß und rosarot, ist nicht einfach Junge-trifft-Mädchen, heißt nicht länger da vorne stehen und ein Lied für die hinterste Reihe schmettern. Die Theater, in denen Sie auftreten, sind größer, weshalb Ihre Darstellung betonter sein muss. In vieler Hinsicht ist Musicaltheater schwieriger als Drama, denn es fordert all das, was ein Schauspieler im Drama leistet, und es erfordert *mehr*. Mehr Schwung, mehr Genauigkeit, mehr Beziehung (da die Beziehung zwischen Ihrem Partner und dem Publikum geteilt ist, ist es noch schwieriger, sie herzustellen, sie zu steuern, noch schwieriger, ihr Realität zu verleihen), mehr

Humor, mehr von allem, was ein Schauspieler zu bieten hat. Vom Singen und Tanzen ganz zu schweigen!

Ich habe das Spielen auf der Musicalbühne dem Spielen auf der Sprechbühne gegenübergestellt, obwohl der Unterschied im Grunde gering ist; ein Schauspieler sollte beide Male auf die gleiche eindringliche und mehrdimensionale Weise arbeiten. Doch beim Musical hat er viel weniger Zeit für das, was er vollbringen muss, weshalb es komprimiert und unmittelbar vollständig da sein muss. Für allmähliches Steigern und subtiles Erproben ist wenig Zeit; der Schauspieler muss das Gefühl sofort voll entwickelt parat haben, sonst ist die Szene vorüber, bevor er zum Zuge kommt.

Das Lied singen

Das wichtigste Element beim Vorsingen ist nicht das Hervorbringen von Tönen, sondern das Herstellen einer Beziehung. Genau wie beim Vorsprechen.

Die meisten Sänger wissen dies nicht. Sie wirken langweilig und lustlos, während sie sich unter großer Anstrengung darauf konzentrieren, perfekte Noten und perlende Vokallaute zu produzieren. Zuschauer sind viel weniger an der Qualität der Stimmen interessiert als an dem emotionalen Leben, das erzeugt wird. Die besten Sänger in der populären Musik sind nicht die mit der besten Stimme, sondern die, die wissen, wie man ein Gefühl vermittelt: Peggy Lee, Billie Holiday, Frank Sinatra.

Beim Vorsingen wird normalerweise nach vorn, ins Theater, zum Publikum hin gesungen. Da die meisten von uns wenig Erfahrung damit haben, zu einer Gruppe eine Beziehung herzustellen, muss der vorsingende Schauspieler daraus eine für ihn ganz persönliche und reale Beziehung machen. In seiner Fantasie muss er im Zuschauerraum eine Person auf den Rang und eine Person in den

Orchestergraben setzen. Zu diesen beiden Personen muss er eine Beziehung herstellen, die auf einem starken Bedürfnis gründet; sein Singen wartet auf ihre Antwort. Er sollte Leute wählen, die ihm sehr sympathisch sind (seine Liebste oder sein Gesanglehrer), die auf seiner Seite stehen, ihm die Daumen halten, die ihm bereitwillig ihre Anerkennung schenken und emotional reagieren, wenn er gut für sie singt.

Setzen Sie Leute aus Ihrem Leben ins Theater und singen Sie für diese. Nicht für die Auditoren, nicht für ein Publikum, sondern für wirkliche Menschen, die Ihnen etwas bedeuten. Gelegentlich können Sie auch die Auditoren, Leute, die tatsächlich anwesend sind, in Ihre Zuhörerschaft aufnehmen, wenn Sie das Gefühl haben, dass Sie gut singen: so bekommen die Auditoren Sie zu hören, wenn Sie sich Ihrer selbst gewiss sind. Sie sollten aber nicht das ganze Lied direkt für die Auditoren singen (außer, diese bitten Sie ausdrücklich darum). Seit vielen Jahren höre ich Schauspielern beim Vorsingen zu, und ich weiß, dass es für Auditoren nichts Ermüdenderes gibt, als wenn für sie gesungen wird! Denn wenn Sie für mich singen, muss ich in Ihrem Liebesduett die andere Hälfte sein; ich muss aufmunternd lächeln und Gefühle zurücksenden, wo ich doch als Auditor nichts anderes will, als Sie objektiv zu betrachten und zu beurteilen – ich will nicht die zweite Hälfte Ihrer im höchsten Maße persönlichen Beziehung sein. Beziehen Sie mich nur gelegentlich ein. Ihr Hauptantrieb sollte sein, mit Ihrem erwählten Partner eine Beziehung herzustellen, die warm, liebevoll ist und auf einem starken Bedürfnis beruht.

Das ist alles.

9. KOMÖDIE

Demokratisch ist es nicht, doch ich glaube, wir müssen die Tatsache akzeptieren, dass die Fähigkeit, Komödie zu spielen, auf einem angeborenen Instinkt beruht. Sie kann nicht erworben werden.

Doch es gibt in unserer naturalistischen Holzhammer-Welt Fälle, in denen dieser Instinkt verschüttet ist und der Schauspieler nicht weiß, dass er Komödie spielen kann. Offensichtlich wird komisches Talent an den Schauspielschulen wenig gefördert – trotz der Beliebtheit von etwa Neil-Simon-Stücken. Das folgende kurze Kapitel soll Ihnen also Mut machen, das Talent, das vielleicht in Ihnen schlummert, zu entwickeln.

Komödie zu spielen unterscheidet sich nicht grundlegend davon, Drama zu spielen. Der Unterschied liegt in der Betonung. Die meisten Darstellungen in der Komödie sind so furchtbar schlecht, weil die Schauspieler sich bemühen, komisch zu sein. Schlimmer noch, sie bemühen sich außerordentlich; ihre Mühen zeigen sich in jedem angestrengten Stöhnen und Ächzen, in dem ganzen Schweiß und der Aufgekratztheit und der unechten Energie, die eimerweise über die komische Rolle gegossen werden. In der Komödie müssen die *Bedürfnisse* einer Beziehung noch ausgeprägter sein als im Drama; der Wettbewerb ist schärfer und unmittelbarer; in den Spielen, die gegeneinander ausgetragen werden, geht es bei jedem Zug noch viel mehr um Leben und Tod, und die Kunst, dem anderen voraus zu sein, ist ein primäres Ziel aller am Spiel Beteiligten.

In der Unfähigkeit, das Leben als Quelle zu nehmen, liegt die zweite Schwäche der meisten Schauspieler, die sich in der Komödie versuchen; ihre Darstellung ist völlig künstlich. Alle

Techniken, die in einer überzeugenden komischen Darstellung eingesetzt werden, werden von Leuten auch im Leben angewendet. Schließlich gibt es großartige Komiker, die noch nie auf der Bühne oder der Leinwand zu sehen waren, die aber an jedem Tag ihres Lebens die tollsten Auftritte haben. Wenden Sie sich dem Leben als Quelle zu und beachten Sie die folgenden Elemente, die zur Komödie gehören:

Gegensätze bilden den Kern der Komödie. Was uns zum Lachen bringt, ist das *unmittelbare* und *unerwartete* Gegeneinanderspielen von Gefühlen. Zum Beispiel: Auf »Ich bin verliebt, ich war noch nie so glücklich!« folgt sofort »Ich wünschte, ich wäre tot!«, ein totaler Wechsel der Gefühle. Übergänge sind der Tod der Komödie. Unerwartete Gegensätze, nicht angekündigte Gegensätze bilden den Lebensnerv des Meisterkomikers – im Leben wie auf der Bühne.

Wettbewerb ist für die Komödie wesentlich. Wer nicht kämpft, verliert. Komödie handelt von dem Wunsch zu siegen. Es ist in der Komödie nicht möglich, *zu* kämpferisch zu sein (natürlich brauchen Sie auch Gegensätze). Sie spielen, um zu gewinnen – immer; es geht immer um Leben und Tod. Zu den Dingen, die uns in einer Komödie am meisten amüsieren, gehört, wie die Figur einer Sache lebenswichtige Bedeutung verleiht, die wir normalerweise für unwichtig halten.

Konkretheit und Wettbewerb gehören eng zusammen: Sie müssen das, wofür Sie kämpfen, ganz konkret benennen. Verallgemeinerungen bringen keine Komödie hervor. Schauspieler neigen zum Verallgemeinern, wenn sie Komödie spielen, und das Ergebnis ist nicht komisch. Die konkreten Details sind häufig winzig: wenn jemand zum Beispiel ein Zwei-Minuten-sechsundvierzig-Sekunden-Ei haben möchte statt eines Drei-Minuten-Eis. Je mehr Sie jeden Handlungsschritt in seine konkreten Einzelheiten zerlegen, desto stärker ist die komische Wirkung, die Sie damit erzielen.

Beginnen Sie an einem Punkt der Unschuld: In der Komödie wird, genau wie beim Erzählen einer Geschichte, Spannung und Humor dadurch erzielt, dass das Publikum Ihre Erfahrung noch einmal durchlebt; so, wie Sie die Dinge erlebt haben von dem Punkt an, an dem Sie nichts Böses ahnend den ersten Schritt machten, bis zu dem Punkt, an dem Sie zum Opfer wurden. Spielen Sie die Gegensätze: Ihre Unschuld versus Ihr jetziges Wissen, Ihre Unschuld versus die Erscheinung des Bösen, Ihre Unschuld versus eine grausame und gleichgültige Welt.

Gescheitheit ist die Grundlage des überwiegenden Teils von Neil Simons Komödien. Es ist die Behauptung einer Überlegenheit: Ich weiß etwas, was du nicht weißt, und habe die Absicht, es dich wissen zu lassen. Ich bin gescheit, und du bist ein Narr. Ich bin »in«, und du bist »out«. Ich bin König, du bist Bauer. Ich bin klug, du bist naiv. Gescheitheit ist ein Spiel, das wir alle irgendwann einmal spielen, einfach aufgrund des Vergnügens, das es bereitet, Bescheid zu wissen und damit vor einem anderen zu prahlen. Manche haben daraus einen durchgängigen Lifestyle gemacht; wenn ein einziges Mal das Gegenteil zutrifft, und es gelingt dem anderen, Bescheid zu wissen, sind sie in ihren Grundfesten erschüttert. Dann kommt die Rache. Meisterhafte Komikerinnen wie Maggie Smith, Tammy Grimes, Carole Lombard spielen Gescheitheit versus Unschuld mit hinreißenden komischen Ergebnissen. Die Grundidee von Noël Cowards wunderbarer Komödie *Intimitäten* ist der Wettstreit zwischen zwei Leuten darüber, wer der Schlauere sei.

Reinlegen heißt, Sie stellen Ihrem Opfer eine Falle und warten, bis es hineinfällt. Dann stürzen Sie sich auf das Opfer und erklären sich zum Sieger. Reinlegen ist böse; Sie spielen den Unschuldigen, um das Opfer in die Falle zu locken, dann machen Sie es fertig. Guter, alter grausamer Spaß. Selten beruht Komödie auf Nettigkeit – sie beruht auf unbarmherzigem Wettbewerb.

Die meisten Schauspieler sind so wild entschlossen nett, dass sie niemals fähig sein werden, Komödie zu spielen.

Ereignisse sind in komischen Darstellungen zu selten zu sehen; dabei sind sie für die Entwicklung des Stücks von entscheidender Bedeutung. Punktbewertung hilft, die Ereignisse zu entdecken: Feiern Sie Ihre Siege, beweinen Sie Ihre Niederlagen. Ereignisse müssen stark vergrößert werden. Je mehr Sie aus ihnen machen, desto großartiger wird die Komödie.

Die Bombe legen ist eine wesentliche Methode, eine komische Wirkung zu erzielen: Sie legen die Bombe und lehnen sich zurück, während der andere die Trümmer aufsammelt. Wenn Sie nicht fähig sind, cool zu bleiben, nachdem Sie das Streichholz an die Zündschnur gehalten haben, gibt es keine Komödie. In der Komödie dürfen Sie sich niemals entschuldigen für die Risiken, die Sie eingingen, oder für die Verletzungen, die sie anderen zufügten. Der Einsatz ist hoch: nur die größten Spieler haben Erfolg. Sie teilen Ihre Schläge aus und kümmern sich nicht weiter darum. Wenn Sie versuchen, die Schläge abzumildern, ruinieren sie die Wirkung. Wenn Sie jeden Pfeil, den Sie abschießen, kommentieren, wird niemand sehen, wie er ins Ziel trifft und wie Sie Ihren Gegner durch die Präzision Ihres Schusses schwächen. Werfen Sie die Bombe, verziehen Sie keine Miene und lassen Sie das Opfer mit den Folgen fertig werden. Wie viele komische Darstellungen habe ich gesehen, die durch die Unfähigkeit des Schauspielers, sich auf seine Treffsicherheit zu verlassen, kaputtgemacht wurden; er macht einen Wirbel darum und zerstört so die Komödie – genauso, wie nicht die geringste komische Wirkung entsteht, wenn er über seine eigenen Witze lacht. Die Bombe zu legen ist eine Technik fürs Leben, nicht nur für die Bühne. All die beschriebenen Komiktechniken sind aus dem Leben genommen.

Blick. Sie können keine Komödie spielen, wenn Sie diese schauspielerische Angewohnheit nicht ablegen, den Blick nicht vom

Partner abzuwenden. Beträchtliche komische Wirkung kann erzeugt werden, je nachdem, worauf Sie Ihren Blick richten. Wie können Sie erfolgreich eine Bombe legen, wenn Sie Ihren Partner nicht aus den Augen lassen, um die Wirkung der Explosion nicht zu versäumen? Besser ist es, abzudrücken, keine Miene zu verziehen und zu warten, bis der Partner tot umfällt. Erst dann blicken Sie auf: Oh, du bist tot? So ist's brav!

Der Blick konzentriert sich auf das Ereignis und das Bild dieses Augenblicks: Sehen Sie dorthin.

Der Blick konzentriert sich auf das Bild Ihrer Absicht: Sehen Sie dorthin.

Der Blick konzentriert sich auf die Exaktheit dessen, was Sie beschreiben: Sehen Sie dorthin.

Der Blick konzentriert sich auf das Fantasiegebilde der wunderbaren Dinge, die kommen werden – zum Beispiel, dass Ihr Partner tot zu Ihren Füßen liegen wird: Sehen Sie dorthin.

Ihrem Partner in die Augen zu starren tötet Komödie: Sehen Sie nicht dorthin.

Sehr wirkungsvoll ist es, den Blick auf den Zuschauerraum zu konzentrieren, das heißt, zum Publikum hin zu spielen. Im Leben tun wir das häufig. Wir teilen unsere Reaktion auf unseren schrecklichen Partner auf der Bühne unserem *eingebildeten* ständigen Begleiter mit. Demjenigen, der alle Antworten kennt. Spielen Sie zum Publikum hin, so, wie Sie es im wirklichen Leben tun, nicht gekünstelt, wie die meisten Schauspieler es auf der Bühne tun. Der Unterschied ist hundert zu eins. Das eine ist selbstbezogen, befangen, unwirklich und unausstehlich. Das andere ist wahrhaft motiviert, aufgrund einer echten Beziehung und eines ganz bestimmten Bedürfnisses.

Rahmen ist eine weitere sehr wirkungsvolle Technik, die wir im wirklichen Leben anwenden. Sie ist genau das, was der Name sagt: Sie basteln um das, was Sie sagen, einen Rahmen, sodass

Ihr Partner die Bedeutung nicht missverstehen kann. Der Rahmen ist für Ihren Partner oder für Ihren eingebildeten Partner: für ihn, der alle Antworten kennt. Rahmen ist eine Methode, zu verlangen, dass Ihr Partner Ihre Fabrikation der Ereignisse anerkennt. Es ist eine Art, zu siegen.

Klarheit ist das Wesen der Komödie. Im Drama dürfen Sie verschwommen sein, doch eine Komödie wird von Unklarheit erstickt und ausgelöscht. Sie müssen *präzise* sein. Schwelgen Sie nicht im Augenblick, wie so viele Fernsehschauspieler es tun. Ich verwende immer wieder das Bild von Pfeil und Bogen: Sie müssen ins Schwarze treffen. Komödie erfordert diesen Grad an Präzision. Klarheit und Präzision sind das genaue Gegenteil von der Darstellungsweise in Soap-Operas. Vor nicht langer Zeit besetzte ich ein Stück, das sehr viel Esprit verlangt: die präziseste und gezielteste komische Form. Um ein Experiment zu machen, luden wir viele Schauspieler zum Vorsprechen ein, die normalerweise in Soap-Operas spielen. Wir sahen äußerst attraktive Leute – gescheit, charmant, interessant –, doch keiner von ihnen war imstande, mit der Präzision zu arbeiten, die Esprit erfordert.

Ähs sind der Tod der Komödie. Lassen Sie die *Ähs* weg. Präzision heißt: keine Verzierungen. Kein *äh,* kein *vielleicht,* kein *wenn, und, aber,* kein Seufzer, kein Kichern, kein Lachen. Schauspieler lieben es herumzustottern, weil sie glauben, dadurch entstünde Komödie. Doch einmal zu viel gestottert, und es ist aus. Sauber arbeiten!

Überdreht sein. Ich mache mich für den Einsatz von Gegensätzen in jeder Form der Schauspielerei stark. Die Komödie aber erfordert noch riskantere Formen. Je unmittelbarer die Gegensätze sind, umso besser ist die Komödie; je größer das Risiko, umso besser stehen die Chancen, dass echter Humor entsteht. Gibt es eine geschicktere Komikerin als Maggie Smith, eine, die größere Risiken in Überdrehtheit eingeht als sie?

Den Moment halten. Schießen Sie Ihren Pfeil ab, lassen Sie ihn landen, und halten Sie dann den Moment, bis jemand übernimmt. Wenn niemand übernimmt, greifen Sie selbst den Moment wieder auf: Bringen Sie einen unmittelbaren, totalen Gegensatz zum Ausdruck, und das Spiel geht weiter – mit Ihnen als Sieger. Komödie schafft Erleichterung (um es noch einmal zu sagen, im Leben genauso wie auf der Bühne), Erleichterung von der Bürde des Tragischen.

Pingpong. Ich wiederhole: Komödie ist ein Pingpongspiel, Drama ist ein Tennismatch. Je schneller und präziser Pingpong gespielt wird, desto brillanter ist es. Das in Soap-Operas und leider auch in vielen Fernsehfilmen übliche Beerdigungstempo tötet die Fähigkeit des Schauspielers, Pingpong zu spielen. Das Spiel kann nicht schnell genug sein; es gibt zu viele Spiele, die zu langsam sind. Schauen Sie zwei Leuten beim Pingpongspielen zu. Sehen Sie, was Tempo, *Lebenstempo* wirklich heißt, und bringen Sie das auf die Bühne.

Timing ist die eine Sache, von der Sie die ganze Zeit hören. Es stimmt: Komödie basiert auf Timing. Timing ist alles. Timing ist das, was Ihnen allein gehört. Niemand handhabt Timing so, wie Sie es tun. Es ist instinktiv, es ist subjektiv – wie könnte es gelehrt werden? Die gleichen Zeilen können von vier verschiedenen Schauspielern gesprochen werden, und einer kriegt einen Lacher, die anderen drei nicht. Es sind nicht die Zeilen, die den Lacher bekommen, es ist das Timing.

Man könnte an dieser Stelle einwenden, dass alles gelernt werden kann, dass kein Mensch mit einem Instinkt für komisches Timing geboren wurde. Natürlich: Jeder Instinkt muss entwickelt, gestärkt, genährt und gepflegt werden, damit er wächst, muss durch Ausprobieren perfektioniert werden. Wenn Schauspieler aufhören würden, andere Schauspieler zu studieren, und statt dessen lieber beobachteten, wie die Leute im Leben den richtigen Zeitpunkt treffen, gäbe es mehr, die das von der Komödie erforderte makellose, traumwandlerisch sichere Timing beherrschen.

Timing heißt, ein Risiko einzugehen. Ein großes Risiko. Sie können dabei auf die Nase fallen. Sie setzen viel aufs Spiel, wenn Sie, nachdem Sie Ihren Pfeil abgeschossen haben, innehalten, für den Bruchteil einer Sekunde innehalten, während Sie auf eine Reaktion warten (von Ihrem Partner, von Ihrem Fantasiebegleiter, vom wirklichen Publikum da draußen), das Warten aber vertuschen: Wenn Ihr Warten je sichtbar wird, sind Sie weg vom Fenster. Innehalten, um auf eine Reaktion zu warten, ist ein riskantes Spiel. Wissen, wann Sie wieder beginnen, wissen, wann Sie zuschlagen können, wann Sie frohlocken dürfen, wann Sie auf dumm machen und wann Sie auf schlau machen sollen. Es geht nicht nur um das Wann, es geht darum, *was* wir *wann* machen.

Das heißt Timing. Davon lebt und stirbt die Komödie.

Versuchen Sie es. Versuchen Sie es im Leben. Versuchen Sie es oft. Vielleicht werden Sie so meisterhaft darin, dass Sie es auf die Bühne bringen können. Auf Sie als wahren Meister warten Ruhm und Reichtum.

Ich würde dafür bezahlen, Sie zu sehen – an jedem Abend der Woche.

10. EINFACHHEIT

Der Schauspieler hat die Aufgabe, Komplexes zu großer Einfachheit zu destillieren. Die einfachsten Entscheidungen sind die eindrucksvollsten.

Nachdem Sie alles zusammengefügt haben – finden Sie die Einfachheit.

11. ERFAHRUNGEN AUS EINEM LEBEN AM THEATER

Was ich in einem Schauspieler suche

In meiner Eigenschaft als Casting Director werde ich oft gefragt, nach welchem hervorstechenden Merkmal ich bei einem Schauspieler Ausschau halte. Meine Antwort ist: Humor.

Ich glaube nicht, dass es jemals einen großen Schauspieler gegeben hat, der keinen Humor hatte. Humor ist das privateste, das bezeichnendste, das persönlichste Merkmal eines Menschen. Das Charakteristikum, durch das wir uns alle voneinander unterscheiden.

Hat ein Schauspieler wahren Humor – und viel davon –, hat er meiner Erfahrung nach ebenso Intelligenz und Wahrnehmungsvermögen, denn ohne diese Eigenschaften als Grundlage kann sich Humor nicht zu einer anspruchsvollen Reife entwickeln. Hat ein Schauspieler wahren Humor, fällt er Urteile und trifft Unterscheidungen, die einzigartig sind. Hat ein Schauspieler Humor, ist es wahrscheinlich, dass er eine gewisse Bedeutung hat, denn Humor ist das Instrument, mit dem die Menschen das Bedeutsame vom Unwichtigen unterscheiden.

Ein ausgeprägter Sinn für Humor heißt eine ausgeprägte Wahrnehmung anderer Menschen, ein stärkerer Wunsch zu kommunizieren und die Fähigkeit dazu. Humor bringt ein besseres Gefühl für die Rivalität in einer Beziehung und größere Freude an dieser Rivalität zum Ausdruck. Die Bereitschaft zu konkurrieren, Rivalität zu genießen, heißt, dass ein Schauspieler Schwung hat. Ein Schauspieler muss Schwung haben, sonst schafft er es nicht. Je mehr *Schwung* er hat, desto wertvoller wird er – vorausgesetzt, dieser Schwung geht Hand in Hand mit einem starken Humor.

Niemand würde in einer Welt ohne Humor leben wollen. Warum würde jemand einen Schauspieler ohne Humor sehen wollen?

Übertriebenes Spielen

Ich frage Schauspieler, warum Sie solch fade, nüchterne Entscheidungen getroffen haben und warum sie kein Risiko eingingen, ausgefallene und extreme Dinge zu wählen. Sie geben mir zur Antwort, sie hätten nicht übertrieben spielen wollen. Ich weiß nicht, woher es kommt, aber alle amerikanischen Schauspieler leben in Angst und Schrecken vor der Übertreibung. Dabei ist doch beinahe alles, was ich zu sehen bekomme, *unter*triebenes Spielen.

Woher kommt diese weitverbreitete lächerliche Angst vor der Übertreibung? Stecken die Eltern dahinter, die Angst hatten, die Kinder könnten dem falschen Propheten nachlaufen und Papas Pläne für sie über den Haufen werfen? Lehrer, die dafür eintraten, Gefühle unter Verschluss zu halten, damit sie sich nicht damit befassen mussten? Männer dürfen im amerikanischen Mythos nicht weinen oder Gefühle zeigen; Frauen müssen schweigen und dürfen kein Aufsehen erregen. Wo ist dieses ewige übertriebene Spielen, das jeder vermeidet? Ich bekomme es fast nie zu sehen.

Ich wage die Behauptung aufzustellen, dass es so etwas wie übertriebenes Spielen nicht gibt; dass ein Schauspieler jegliche Überspitztheit des Gefühls oder des Ausdrucks einsetzen darf, *solange dies etwas mit Beziehung zu tun hat. Übertriebenes Spielen* wollen wir eine Darstellung von Leuten nennen, die für sich allein spielen, die auf narzisstische Weise einen Sturm entfachen, in dessen Zentrum niemand existiert außer ihnen selbst. *Das* ist tatsächlich unecht. Fügen wir der gleichen übertriebenen Darstellung Beziehung hinzu – dass wir den anderen wahrnehmen, dass wir ihn brauchen –, wird sie wirklich, lebensecht.

Diese einmütige Angst vor der Übertreibung wird nicht aufhören, mich in Erstaunen zu versetzen. Einen Großteil meiner Kurse verwende ich dazu, die Schauspieler anzuhalten, dass sie Risiken eingehen, Gefühle zeigen, schreien, brüllen, kreischen, kämpfen, lieben, ihre Gefühle *physisch* ausdrücken. Die meisten von ihnen nähren winzig kleine Flämmchen von Gefühl in ihrem Inneren. »Wer zum Teufel schert sich um diese winzigen inneren Gefühle?«, frage ich. Ein Ausdruck von Gefühl hat keinen Wert, außer er *kollidiert* mit dem, was die andere Person in der Szene möchte. Kommt die Kollision körperlich zum Ausdruck, umso besser.

Vorstellungsgespräche

Die meisten Schauspieler hassen Vorstellungsgespräche und würden lieber vorsprechen. Zu Recht. Ein Vorstellungsgespräch beruht auf Ihrer Fähigkeit, sich zu verkaufen, aber ist es ein akkurates Instrument, Ihre Fähigkeiten als Schauspieler zu messen? Schon vor längerer Zeit habe ich beschlossen, im Verlauf einer Besetzung auf Interviews zu verzichten, weil ich gelernt hatte, sie als reine Zeitverschwendung zu sehen: Wenn jemand in einem Interview mein Interesse erregt, lade ich ihn sowieso für den nächsten Tag zum Vorsprechen ein – warum also den Leuten erst die Qual eines Interviews antun? Allerdings befürchte ich, dass es immer Interviews geben wird. Das Fernsehen liebt Vorstellungsgespräche. Und auch einige gute Regisseure beharren auf dem Verfahren des Interviews, denn in ihm erführen sie etwas über den Menschen hinter dem Schauspieler, und es sei schließlich dieser Mensch, mit dem der Regisseur arbeiten müsse. Ich aber habe zu oft erlebt, wie ein Schauspieler sich im Interview nicht behauptete, und erwarte nichts von solchen Vorstellungsgesprächen. Ein Vorlesen, eine Darstellung bringen viel mehr.

Ich arbeitete an einem sehr komischen Stück von James Kirkwood mit dem Titel *P. S. Your Cat Is Dead!,* und ich vergab die Hauptrolle an einen unbekannten Schauspieler namens Robert De Niro. Zwar hatte ich ihn in Off-Broadway-Produktionen gesehen und in *Bloody Mama*, in dem er einen von Shelley Winters zahlreichen zurückgebliebenen Söhnen gab; doch es war sein Charme und seine romantische Ausstrahlung in einer kleinen Rolle in einem schrecklichen Film, der *Wo Gangster um die Ecke knallen* hieß, die mich überzeugten, er sei der Richtige für den Vito in Mr. Kirkwoods Stück. Mr. De Niro kam zum Vorstellungsgespräch mit einem Arm im Gips, er war schüchtern und gehemmt, schien sich nicht ausdrücken zu können und machte im Allgemeinen einen befangenen, uninteressanten Eindruck. Am Abend besprach der Regisseur mit dem Autor und dem Produzenten die Vorstellungsgespräche dieses Tages, um zu einer Entscheidung zu gelangen, wer zum Vorlesen kommen sollte. Sie kamen zu Mr. De Niro: »Ah, ja, der Junge mit dem Arm in der Schlinge – ich habe nicht viel gesehen. Und ihr?« Als ich das Wort ergriff und meinte, es sei ganz wichtig, dass wir Mr. De Niro vorsprechen hörten, waren die anderen glücklicherweise einverstanden. (Es gibt Regisseure und Produzenten, die sich dagegen gesträubt hätten; in solchen Fällen frage ich mich, warum sie mir den Job gaben – doch die Wege des Theaters sind unergründlich.) Robert De Niros Vorlesen war fesselnd, komisch, brillant. Das war ja auch nicht anders zu erwarten, nicht wahr? Doch Sie dürfen nicht vergessen, dass er damals ein beinahe gänzlich unbekannter Schauspieler war. Sie nahmen ihn für die Rolle des Vito.

Als *P. S. Your Cat Is Dead!* auf die nächste Saison verschoben wurde, um einen passenden Partner für Mr. De Niro zu finden, erhielt dieser eine Rolle in *Der Pate – Teil II*, und wieder verlor das Theater einen großen Schauspieler an die Verheißungen der Leinwand. Und wieder erwiesen sich die 5.000 Kilometer, die zwischen dem Ort, an dem wir Filme drehen, und dem Ort, an dem wir Theater machen, liegen, als fatal: Unsere Schauspieler kehren selten ans Theater zurück, hat der Film sie erst einmal in seinen Fängen – anders in London, wo Filme und Theaterstücke am gleichen Ort produziert werden, wo ein Schauspieler nachts auf der Bühne auftreten und am nächsten Tag einen Film drehen kann und wo es üblich ist, dass ein Schauspieler beides tut.

Robert De Niro gehört zu den Schauspielern, die allein auf der Grundlage von Vorstellungsgesprächen nicht sehr viele Rollen bekommen hätten. Sein Vorsprechen ist brillant, seine Darstellung ist noch besser, doch beim Vorstellungsgespräch ist er eine Niete. Er ist scheu und introvertiert; er lebt durch sein Spiel, nicht durch das Talent, sich in einem Vorstellungsgespräch zu verkaufen.

Viele Schauspieler sind so.

Doch wir müssen uns damit abfinden, dass Vorstellungsgespräche ein weitverbreitetes Übel sind, und lernen, sie zu meistern.

Die Lösung liegt in der Einstellung des Schauspielers. Versuchen Sie, sich in die Lage des Interviewers zu versetzen. Vielleicht machen Sie den ganzen abscheulichen Prozess für sich *und* für ihn leichter: Der Interviewer muss den ganzen Tag da sitzen und Leute aushorchen, herausfinden, wer sie sind, und versuchen, Talent von Gehabe zu unterscheiden. Der Interviewer sieht sich, wie ich bereits erwähnte, Schauspielern gegenüber, die stocksteif dastehen und ihren Lebenslauf in einem Singsang herunterleiern und nicht das Geringste von sich enthüllen wollen. Oder er ist mit dem Gegenteil konfrontiert: mit einer Schauspielerin, die sich so sehr darauf konzentriert, zu strahlen und zu funkeln, dass er den Eindruck hat, er sei versehentlich in eine Versammlung von *Howard Johnson*-Hostessen geraten.

Könnte ein Schauspieler es in den Kopf bekommen, dass es seine Aufgabe ist, dem armen Interviewer zu *helfen,* wäre es für beide Seiten leichter. Könnte der Schauspieler in dem Interviewer einen Mitmenschen sehen statt einen Henker, würde der Schauspieler die Situation als eine soziale Gelegenheit begreifen, wo er vielleicht jemanden kennenlernt, den er mögen wird, mit dem er plaudern und sich frei fühlen kann, dann bestünde die Chance, dass irgendeine Kommunikation stattfindet. Die meisten Interviews zeichnen sich durch einen völligen Mangel an Kommunikation aus; sie sind leere Rituale, wo es doch eigentlich ausschließlich um Kommunikation geht. Versuchen Sie, den Interviewer zu *sehen,* ihn zu verstehen, zu fühlen, worüber er vielleicht sprechen will. Ihr Lebenslauf liegt direkt vor ihm auf dem Tisch, warum sollten Sie über Ihren Lebenslauf diskutieren? Sprechen Sie über etwas anderes: ein Erlebnis, das sie eben in der U-Bahn hatten, wie Sie letzte Nacht ausgeraubt oder vergewaltigt wurden, wie komisch es war, als Ihr Hund Ihre Schwiegermutter gebissen hat, etwas Angenehmes, Irrelevantes, nur um zu plaudern, um das Eis zu brechen und beiden die Gelegenheit zum Entspannen zu verschaffen.

Ich hatte einmal ein Vorstellungsgespräch mit Jerome Robbins. Ich saß zusammen mit einer Gruppe von Schauspielern in seinem Vorzimmer und wartete, bis ich an die Reihe kam. Als ich in sein Büro trat, war er natürlich gerade am Telefonieren, und ich hatte Muße, das Gemälde, das über seinem Schreibtisch hing, zu studieren. Als er sein Telefonat beendet hatte, machte ich eine Bemerkung über das Gemälde, und wir verbrachten die ganze für das Interview vorgesehene Zeit damit, über Malerei zu diskutieren. Wir hatten eine angenehme Unterhaltung. Als ich ging, nahm er meine Bewerbung in die Hand. Ich bekam den Job.

Natürlich ist es riskant, über Malerei zu diskutieren statt über das bevorstehende Projekt. Doch *wenn Sie sensibel sind,* werden Sie nach ein oder zwei Bemerkungen spüren, ob der Interviewer über Malerei diskutieren will oder ob Sie sofort das Thema wechseln sollten. Ein Interview ist ein noch größeres Risiko als ein Vorsprechen; Sie müssen sich innerlich darauf einstellen, dass sie ein Risiko eingehen und sich öffnen müssen; doch dieses Risiko einzugehen ist allemal klüger, als in verkrampfter Haltung dazusitzen, sodass ihr Gegenüber nicht das Geringste über Sie erfährt. Schauspieler hegen die irrige Meinung, dass sie sich davor bewahren, einen Fehler zu machen, wenn sie nichts über sich preisgeben. Der Fehler *ist* aber, nichts preiszugeben. Niemand wird einen starren Roboter anheuern, um eine lebendige Darstellung zu geben.

Glück

Lange Zeit widersetzte ich mich der Einsicht, dass Glück eine Rolle spielte bei dem, was man erreicht hat. In diesem Widerstand stecken Überreste der puritanischen Überzeugung, dass derjenige, der hart arbeitet und nicht aufgibt, gewinnen wird. Stimmt leider nicht.

Es gibt talentierte Leute, die ihr ganzes Leben hart arbeiten und nie die Anerkennung erhalten, die sie verdienen, da der glückliche Zufall – zur richtigen Zeit am richtigen Ort zu sein – an ihnen vorübergeht.

Bedenken Sie auch, dass Schauspieler wie Al Pacino oder Robert De Niro, Barbra Streisand, Elliott Gould und George Segal in den Tagen von Gary Cooper, James Stewart, Randolph Scott, Errol Flynn, Leslie Howard, Ray Milland und Fred MacMurray vermutlich nicht Karriere hätten machen können, in einer Zeit, in der führende Schauspieler englisch oder WASP *[White Anglo-Saxon Protestant]* waren oder aus der amerikanischen Mittelschicht stammten.

Doch man muss auch bereit sein, wenn das Glück einem über den Weg läuft: Hartnäckigkeit, Disziplin und harte Arbeit sind also noch immer von zentraler Bedeutung für den Erfolg. Nehmen wir Robert Redford. Ich hatte ihn in zwei oder drei kleinen Rollen in unbedeutenden Broadway-Flops gesehen, bevor ich die Aufgabe übernahm, die männliche Hauptrolle in einer von David Merrick produzierten Norman-Krasna-Komödie mit dem Titel *Sonntag in New York* zu besetzen. Garson Kanin führte Regie. Ich wollte, dass Mr. Redford zum Vorsprechen kam, doch er hielt sich in Kalifornien auf, um in Film oder Fernsehen den Durchbruch zu schaffen. Sein Agent erzählte, Redford sei pleite und hätte große Probleme, nach New York zu kommen, um für *Sonntag in New York* vorzusprechen. Okay, sagte ich. Ich werde die Szene hier abgrasen, und wenn ich bis kurz vor Schluss niemanden gefunden habe, rufe ich Sie an, und Sie lassen Mr. Redford kommen. Es war der letzte Tag für die Rollenbesetzung, und Mr. Redford war per Anhalter von Hollywood nach New York gekommen. Er bekam die Rolle und ein paar gute Kritiken, und obwohl der Inszenierung kein Erfolg beschieden war, wurde Mr. Redford von Mike Nichols gesehen, der ihm eine Rolle in *Barfuß im Park* gab; die Filmadaption war ein Erfolg. Und von da an ging es mit Mr. Redfords Karriere steil nach oben.

Das Timing war richtig: Ich wollte Mr. Redford nicht eher zum Vorsprechen haben, bevor wir nicht alle anderen verfügbaren Hauptdarsteller gesehen hatten. Zu dem Zeitpunkt würden der Regisseur und der Autor bereit sein, einen unbekannten Schauspieler in Betracht zu ziehen, sogar einen blonden. (Vor Robert Redford herrschte im Showbiz allgemein der Glaube, ein blonder Schauspieler würde es niemals zu etwas bringen. Den Beweis sah man darin, dass es niemals einen blonden Star gegeben hatte. Gene Raymond galt als die Ausnahme, die die Regel bestätigt.) Doch Mr. Redford war bereit, als ihm das Glück über den Weg lief: Er war diszipliniert, arbeitete hart, er war talentiert und hartnäckig.

Vielleicht sind Sie der Meinung, Robert Redford hätte früher oder später auf alle Fälle den Durchbruch geschafft. Wenn ein Mann so talentiert und attraktiv ist wie er oder Paul Newman, neigt man zu dem Glauben, für sie könnte gar nichts schiefgehen. Das stimmt nicht. Es gibt Tausende, die es nicht geschafft haben, oft, weil sie nicht hartnäckig oder diszipliniert oder einfach *besessen* genug waren; manchmal aber, weil sie nie zum richtigen Zeitpunkt am richtigen Ort waren.

Falls Sie Zweifel haben, wird es Ihnen vielleicht klarer am Beispiel von Malern und Schriftstellern, von denen viele zu Lebzeiten nicht anerkannt oder sogar verachtet werden und die posthum zu Ruhm gelangen. Diese Wahl – Ruhm nach dem Tod – hat ein Schauspieler nicht, denn sein Medium ist nicht ein Stück Leinwand oder ein Blatt Papier, sondern sein lebendes und atmendes Selbst.

Hartnäckigkeit

Ich nehme an, jeder, der es auf irgendeinem Gebiet zu etwas bringt, muss sehr hartnäckig sein, doch mir scheint, ein Schauspieler muss noch viel, viel hartnäckiger sein, da sich für jede Rolle etwa fünftausend Leute bewerben. Die meisten Schauspieler scheitern nicht, weil es ihnen an Talent mangelt, sondern weil

1. sie nicht hart genug arbeiten,
2. sie nicht diszipliniert sind,
3. sie alles wortwörtlich nehmen, statt ihre Fantasie einzusetzen,
4. sie ihren eigenen Vorurteilen und Grenzen zum Opfer fallen,
5. sie sich von ihrer negativen Seite beherrschen lassen,
6. sie nicht hartnäckig sind.

Wie die meisten von uns lassen sich auch Schauspieler leicht verunsichern. Anders als die meisten von uns kann es sich ein Schauspieler aber nicht leisten.

Ich sage nicht, dass Sie bekommen, was Sie wollen, wenn Sie

hartnäckig sind. Ich sage, Sie *kommen in Betracht* für das, was Sie wollen. Es gibt zu viele subjektive Faktoren, Unvorhersehbares und Unwägbares bei der Rollenbesetzung, als dass es sinnvoll wäre, einem Schauspieler zu sagen, er würde die Rolle, die er will, bekommen, wenn er nicht aufgibt. Das Kriterium kann nicht sein, ob Sie den Job bekommen oder nicht; das Kriterium ist die Sicherheit zu wissen, dass Sie gut vorgesprochen haben. Denken Sie daran: Auch wenn Sie besser als alle anderen für eine Rolle vorsprechen, kann es sein, dass Sie die Rolle nicht bekommen, weil Sie zu groß oder zu klein, zu schlank oder zu dick, zu gutaussehend oder zu hässlich, zu jung oder zu alt sind, dass Sie zu sehr dem Hauptdarsteller oder sogar dem Buchhalter des Regisseurs gleichen. Rollenbesetzung ist – wie alle kreativen Elemente in Theater und Film – ein äußerst subjektiver Prozess.

Mein Glaube an den Nutzen von Hartnäckigkeit liegt nicht nur darin begründet, dass ich erlebt habe, wie der hartnäckige Schauspieler auch der Schauspieler ist, der gewinnt, sondern auch in meiner persönlichen Erfahrung. Als Assistent von William Hammerstein war ich an der Gründung der New York City Center Light Opera Company beteiligt. Ich kümmerte mich um das Casting und um eine Million anderer Aufgaben, die die rechte Hand eines Produzenten erledigen muss. Was ich selbst aber als Nächstes werden wollte, war Casting Director am Broadway. Der beste Broadway-Produzent zu jener Zeit war David Merrick, und ich startete eine Briefkampagne. Sieben Monate lang schrieb ich jede Woche einen Brief an David Merrick, in dem ich vorschlug, er solle mich als Casting Director einstellen. Ich beklagte mich nie über das Ausbleiben einer Antwort. Stattdessen hielt ich meine Briefe im ungezwungenen Plauderton, und sie handelten zum Großteil von Mr. Merricks Aktivitäten – die Gott sei Dank sehr umfangreich waren, sodass mir der Stoff nicht ausging – und davon, was ich von anderen

Broadway-Produktionen hielt. Ich hütete mich, die Briefe zu lang werden zu lassen. Mein Ziel war Prägnanz, die beeindruckte. Und unterhaltsam war, wie ich hoffte.

Monate zogen ins Land, und Mr. Merrick zeigte keinen Funken Interesse. Ich startete zusätzlich zu den Briefen eine zweite Kampagne und bat alle Leute, die ich kannte, Mr. Merrick meinen Namen zu nennen, wenn je die Gelegenheit sich böte. Schließlich war es so weit. Eines Nachts in Hollywood (ich liebe Geschichten, in denen die Worte »Eines Nachts in Hollywood …« vorkommen. Sie nicht? Für mich sind sie der Gipfel des Unwirklichen) saß die Frau eines guten Freundes beim Dinner neben Mr. Merrick, und sie ließ ein Loblied auf all die Tugenden und die nicht hoch genug zu schätzende Fantasie des Michael Shurtleff vom Stapel. Ich war überzeugt, damit hätte ich es geschafft, doch auch daraus wurde nichts. Ich verstärkte meine Briefkampagne. Jetzt erhielt Mr. Merrick zweimal pro Woche einen Brief von mir.

Ein paar Wochen später kam ein Anruf. Gerade zur rechten Zeit, denn ich hatte damals das nagende Gefühl, ich würde bald auf der Straße sitzen. Ich arbeitete für Ethel Linder Reiner, eine extravagante, sehr reiche Produzentin, die mich mit dem Butler zu verwechseln schien: Jedes Mal wenn sie ins Büro kam, erwartete sie, dass ich aufsprang, ihr den Nerzmantel von den Schultern nahm und ihn in den Schrank hängte. Diese Aufgabe wurde mir immer lästiger. Schon beim Klang ihrer Schritte, wenn sie mit ihren großen, eleganten Füßen den Flur entlanglief, knirschte ich mit den Zähnen: Jetzt ist wieder Butler-Zeit. Eines Tages sah ich nicht von der Schreibmaschine hoch und tat so, als hätte ich ihre Ankunft nicht bemerkt; sie stand da und wartete, dass ich ihr den Nerz abnahm. »Ich warte«, sagte sie. »Ich weiß«, sagte ich und tippte weiter. Sie ließ den Mantel auf den Boden gleiten, stapfte in ihr eigenes Büro und knallte die Tür hinter sich zu. Der Nerz blieb auf dem Boden liegen, und Boten und Besucher traten darauf oder umrundeten ihn, bis ein netter Mensch ihn aufhob und auf einen Stuhl legte. Jetzt setzten sich die Leute darauf. Mrs. Reiners Stimme war eisig, wenn sie mit mir sprach. Nach diesem flammenden Beweis meiner männlichen Unabhängigkeit schien die Zeit gekommen, meine Zelte abzubrechen. Mrs. Reiner war keine Frau, die ihre Pelzmäntel selbst aufhängt. Am nächsten Tag rief mich Mr. Merricks Sekretärin an, um mir zu sagen, dass der große Mr. M. am Freitag um drei Uhr mit mir sprechen wolle.

Zu meiner Überraschung redeten wir zwei Stunden lang. In dieser ganzen Zeit sagte Mr. Merrick kein Wort über meinen Wunsch, für ihn als Casting Director zu arbeiten; um fünf Uhr sagte ich, es sei wohl besser, zu meiner Arbeit zurückzukehren. (Ich sah meine Zukunft vor mir: wie ich den ganzen Tag Pelzmäntel aufhängte.) Als ich bereits die Hand auf der Klinke hatte, um wegzugehen, und bei mir dachte, dass das Showbusiness noch bizarrer sei, als ich es für möglich gehalten hatte, meinte Mr. Merrick: »Also, wir sehen uns Montag.« »Äh«, sagte ich, »wieso sehen wir uns Montag?« – »In Ihren Briefen sagen Sie, Sie wollten für mich arbeiten«, sagte Mr. Merrick, »also fangen Sie am Montag an.«

Ich glaube an Briefkampagnen. Ich glaube an Hartnäckigkeit, daran, nichts unversucht zu lassen, es nicht zuzulassen, übersehen zu werden. Häufig fragen mich Regisseure und Schauspieler: »Wie kann ich einen Job bekommen? Ich würde sogar ohne Bezahlung spielen/Regie führen.« Wenn ich ihnen sage, sich an alle Off-Off-Broadway-Produzenten, -Autoren, -Regisseure zu wenden, sagen sie: »Das habe ich alles schon gemacht.« Und dann stellt sich heraus, dass sie *einmal* angerufen oder *einmal* geschrieben haben, und als keine Antwort kam, gaben sie auf. Wenn Sie etwas wirklich wollen, müssen Sie am Ball bleiben. Niemand steht bereit, um Ihnen etwas, was Sie haben wollen, auf dem Silbertablett zu servieren, ohne dass Sie sich Mühe geben. Ausdauernde, beharrliche Mühe.

Bette Midler gab nicht auf. Als ich sie in meinem Kurs hatte, fand ich sie außerordentlich talentiert (ich musste ihr nichts über Humor beibringen), doch in einer düsteren Laune. »Sie wollen mich nicht in diesem Geschäft«, sagte sie, »ich steige aus.« Wir alle denken das, und zwar oft. Nur die unrettbar Besessenen lassen nicht nach. Ich hatte das Gefühl, Bette Midler meinte nicht, was sie sagte; wenn wir sagen, wir steigen aus, wollen wir uns oft nur selbst dazu bringen, endlich etwas zu unternehmen. Als Midlers Rolle in dem Dauerbrenner *Anatevka* sie nicht weiterbrachte, ging sie ein großes Risiko ein und sang an Samstagabenden in einer Homosexuellenbar. Das führte dazu, dass sie im Palace eine eigene Show bekam und ein Star wurde. Sie nahm ihre eigenen Platten auf, bekam ihre eigene Fernsehshow und dreht jetzt ihre eigenen Filme.

Eine weitere Komikerin, die meinen Kurs mitgemacht hatte, war Lily Tomlin. Sie konnte machen, was sie wollte, wir lachten immer. Sie war sehr komisch. »Sehen Sie«, sagte sie zu mir, »wie schrecklich es ist? Ich will, dass man mich ernst nimmt, und alle lachen über mich.« Sie gab nicht auf; sie begann in irgendwelchen Hinterzimmer-Kabaretts, erhielt Nebenrollen in Comedysendungen im Fernsehen, wo sie bald ihre eigenen Figuren erfinden durfte, und schließlich hatte sie ihre eigene Ein-Frau-Show am Broadway. Sie fand ihr eigenes fragiles Gleichgewicht zwischen ihrem komischen Talent und ihren Fähigkeiten als Schauspielerin. Heute nehmen die Leute sie ernst. Sie schreibt und produziert ihre eigenen Filme und spielt in ihnen die Hauptrolle.

Robert De Niro gab nicht auf. Zahlreich waren die mageren Jahre, in denen er in den Dachböden und in den Seitenstraßen des Off-Off-Broadways auftrat; die Demütigungen in Interviews, wo er, wie ihm sehr bewusst war, selten Eindruck machte, Independent-Filme auf die Schnelle und Nebenrollen. Nichts fiel ihm in den Schoß. Das tut es selten.

Die Leute, die es geschafft haben

Die Schauspieler, die es geschafft haben, arbeiten hart. Fast ein ganzes Leben lang hatte ich Gelegenheit, Schauspieler zu beobachten, eng mit ihnen zusammenzuarbeiten, ihnen zuzuhören, sie zu unterrichten, und ich habe die Erfahrung gemacht, dass diese Tatsache gern übersehen wird: Erfolgreiche Schauspieler arbeiten hart. Nicht viele Amerikaner arbeiten hart; Ruhm fordern sie trotzdem. Bei meiner Arbeit an *Die Heiratsvermittlerin* erlebte ich, dass während des ganzen Jahres, in dem das Stück lief, Ruth Gordon jede Nacht eine Stunde vor den anderen ins Theater kam und auf der Bühne alle ihre Bewegungen und ihren Text durchging, um ihre Rolle frisch und diszipliniert und lebendig zu halten. Was die meisten Schauspieler nicht wissen, ist, dass Disziplin »Neuheit« hervorbringt, nicht Inspiration. Bei den Proben ist Inspiration wunderbar, doch langfristig kann allein Disziplin, in der das Wesen jeder Technik liegt, eine Darstellung lebendig erhalten. Als ich an *Jamaica* arbeitete, erlebte ich Lena Horne jeden Mittwoch und jeden Samstag zwischen Matinee und Abendvorstellung mit ihren Musikern proben, um diesen leichten, »natürlichen« Stil, der ihr eigen war, zu perfektionieren. (Es war eine der erfreulichsten Erfahrungen meines Lebens, mich in den Schatten hinter ihrem Haus zu schleichen und ihr bei der Arbeit zuzusehen.) Anderthalb Jahre nach der Premiere von *Pippin* und nachdem er einen Tony für seine Darstellung erhalten hatte, konnte man Ben Vereen immer noch jeden Nachmittag vor der Aufführung antreffen, wie er seine Rolle probte. Sie müssen Glück haben, um es zu schaffen – es gibt viele talentierte Leute, die kein Glück haben –, doch wenn das Glück endlich zu Ihnen kommt, müssen Sie bereit sein. Ohne harte Arbeit sind Sie nicht bereit. Und um Ihren Platz zu halten, nachdem Sie den Durchbruch geschafft haben, müssen Sie unaufhörlich hart arbeiten und sehr diszipliniert sein. Abgesehen vom Glück scheitern viele talentierte Schauspieler, weil sie nicht hart genug arbeiten. Nach vielen Jahren, in denen ich Schauspieler unterrichtete, wage ich zu behaupten, dass fünfundachzig Prozent nicht hart genug arbeiten. Traurigerweise sind sich die meisten von ihnen dieser Tatsache nicht bewusst. Sie träumen davon, Schauspieler zu sein, und verwechseln wünschen mit arbeiten.

Alter braucht nichts zu bedeuten

Ich schlich mich in den riesigen Zuschauerraum des St. James Theatre und setzte mich hinten hin, um Sir Laurence Olivier und Anthony Quinn bei den Proben für *Becket* zuzusehen. Da ich die Inszenierung besetzt hatte, wurde mir der eine oder andere heimliche Besuch nachgesehen. Sir Laurence probte in Hosenträgern; er schielte über den Rand seiner Brille zu Quinn und Peter Glenville, dem Regisseur, und schien ein sehr alter, unsicherer Mann zu sein, der kaum den Mund aufbekam. Er brummelte etwas; ich konnte ihn nicht verstehen, doch es schien zu bedeuten: »Soll ich mich bei dieser Zeile nach links bewegen?« Wie um alles in der Welt machen wir aus diesen Proben einen akzeptablen Becket?, fragte ich mich.

Bei der Generalprobe befand ich mich gerade hinter der Bühne, als der Bühnenmeister die Plätze aufrief. Die Garderobe von Sir Laurence befand sich gleich links hinter der Bühne. Er kam herausgeschlurft, um in den Kulissen auf seinen ersten Auftritt zu warten. Von einem jungen Becket war nichts zu sehen. Mir sank der Mut. Doch plötzlich richtete Sir Laurence sich vor meinen Augen auf, nahm die Schultern zurück, schüttelte mit purer

Willenskraft fünfundzwanzig Jahre ab, und auf die Bühne trat ein junger Becket, romantisch, wagemutig, temperamentvoll, voller Humor und bezaubernd. Ist es nicht bemerkenswert, wie ein großartiger Schauspieler Alter einfach überwindet?

Warum ich stets dafür bin, Risiken einzugehen

Die zweite Geschichte über Barbra Streisand hat eine Moral.

Nach ihrem ersten Vorsprechen fürs Theater fragte ich mich, was ich mit dieser seltsam aussehenden, sehr jungen Frau mit der erstaunlichen Stimme anfangen sollte. Ich ließ sie für mehrere Shows zum Vorsprechen und Vorsingen kommen; die Reaktion war immer: »Sie singt großartig, aber was machen wir mit einem Mädchen, das so aussieht?« Ich ließ nicht locker. Dann kam *I Can Get It for You Wholesale* von Jerome Weidman und Harold Rome in der Regie von Arthur Laurents (einem bemerkenswerten Theatermann, der für neue Talente einen außergewöhnlichen Blick hatte, wie ich feststellte, als ich mit ihm an Ethel Mermans *Gypsy* und Stephen Sondheims *Anyone Can Whistle* arbeitete, dessen führende Rollen wir mit Lee Remick, Angela Lansbury und Harry Guardino besetzten). Ich war der Meinung, die Rolle der Miss Marmelstein in *Wholesale* sei genau richtig für Miss Streisand.

Ich lud sie für den letzten Tag zum Vorsprechen ein. Sie kam zu spät, rannte in ihrem berühmten Waschbärmantel auf die Bühne und erklärte, sie komme zu spät, weil sie im Schaufenster eines Secondhandshops wunderbare Schuhe gesehen habe und einfach reingehen musste. Von jedem Paar habe leider nur einer gepasst, und ob wir die Schuhe nicht auch wunderbar fänden. Sie trug zwei Schuhe, die nicht zueinander passten; das war das erste Mal, dass ich dieses Phänomen zu sehen bekam, und ich glaube, Miss Streisand hat es erfunden; später wurde es Mode. Sie begann zu singen und hörte nach zwei Takten wieder auf; durch den ganzen folgenden schnell gesprochenen Monolog kaute sie Kaugummi, sie brauche einen Hocker, ob jemand ihr wohl einen Hocker besorgen könne, bitte? Zu dem Zeitpunkt flüsterten die Auditoren mir zu: »Wo haben Sie denn diese Verrückte gefunden?«, bedachten mich mit bösen Blicken und waren schon im Begriff, aus dem Theater zu flüchten. Sie sang die ersten beiden Takte noch einmal und unterbrach wieder: diesmal um den Kaugummi aus dem Mund zu nehmen und ihn an die Unterseite des Hockers zu kleben. Dann sang sie. Und hypnotisierte alle.

Sie wurde gebeten, zwei weitere Lieder zu singen. Danach begaben sich alle auf die Bühne, um ihre Neuentdeckung in näheren Augenschein zu nehmen. Das waren Arthur Laurents; Herb Ross, der Choreograf; Jerome Weidman und Harold Rome, Buch und Musik; hinzu kamen die verschiedenen Assistenten und Mitarbeiter, die bei großen Musicals mit im Vorsprechen sitzen. David Merrick, der Produzent, nahm mich zur Seite.

»Ich dachte, ich hätte Ihnen klargemacht«, sagte er, »dass ich in meinen Shows keine hässlichen Mädchen haben will!«

»Ich weiß, David«, sagte ich, »aber sie ist so talentiert.«

»Talentiert, schmalentiert! Ich will keine hässlichen Mädchen in meinen Shows! Das Gleiche hatten wir schon bei *Carnival*. Jetzt versuchen Sie's schon wieder!«

»Aber –«

»Kein Aber! Schauen Sie sie an! Wie sie sie umschwärmen! Sie lieben sie! Was soll ich jetzt machen? Ich werd' sie nie wieder los!«

David Merrick stürmte grollend davon, und ich wusste, dass ich in der Patsche saß. Ich trat auf die Bühne, und Arthur Laurents gratulierte mir zu meiner Entdeckung, Miss Barbra Streisand. Ich lächelte schwach. Sich Mr. Merrick zum Feind zu machen ist ein kleiner Preis für eine solche Entdeckung, dachte ich grimmig, und stellte mich innerlich auf ein Leben in der Hölle ein; in dem

Moment rief Mr. Laurents mich zurück. Miss Streisand und die anderen waren gegangen; Mr. Laurents war allein; er saß auf der Bühne auf dem Hocker, den Miss Streisand verlangt hatte.

»Schauen Sie sich das an«, sagte Arthur Laurents zu mir. »Fühlen Sie hier die Unterseite des Hockers.«

Ich tat, wie geheißen. Da war kein Kaugummi. Sie hatte ihn nicht wieder an sich genommen; Arthur hatte sie beobachtet, ob sie ihn wieder abziehen würde. Da war überhaupt kein Kaugummi gewesen.

»Mein Gott«, sagte Arthur, »was haben wir uns denn da an Land gezogen?«

An diesem Tag erhielten wir eine erste Ahnung, was für eine unglaubliche Schauspielerin diese junge Sängerin bereits war: eine Abenteuerin, die mit achtzehn ganz genau wusste, was sie will, und das Risiko einging, mit ihrem Waschbärmantel, ihren nicht zusammenpassenden Schuhen, einem Hocker und einem nicht existierenden Kaugummi eine Show abzuziehen.

Nicht lange danach zahlte Mr. Merrick ihr fünftausend Dollar in der Woche für ihre Rolle in *Funny Girl*. Er ließ seinen Namen aus der Produktionsliste nehmen; wegen irgendwelchen komplizierten legalen Sachen, versicherte man mir, doch ich glaube, er konnte einfach nicht zugeben, dass er ein hässliches Mädchen zum größten Star am Broadway gemacht hatte.

Die Moral der Geschichte: Riskieren Sie etwas.

Sie können auf die Nase fallen, aber man wird sich an Sie erinnern.

PS: In einem früheren Kapitel sage ich: »Kauen Sie niemals Kaugummi, wenn Sie vorsprechen.«

An anderer Stelle sage ich: »Es ist die Ausnahme, die die Regel bestätigt.«

Über Regisseure

Regisseure sind seltsame Wesen. Seltsamer noch als Schauspieler. Die guten haben einen ganz eigenen Nimbus; sie sind selten und äußerst begehrt. Die schlechten sind Schwindler, die versuchen, Geheimnis und Autorität aus dem puren Nichtwissen zu generieren. Sie wissen wenig und sind fast völlig immun dagegen, etwas zu lernen. Sie tun so, als wüssten sie alles, wodurch es fast unmöglich wird, mit ihnen zu arbeiten, denn nur der Wunsch zu lernen macht einen Menschen offen und kreativ.

Schauspieler verbringen den größten Teil ihres Lebens mit schlechten Regisseuren. Sprechen Sie mit irgendeinem guten und erfahrenen Schauspieler, und er wird Ihnen sagen, dass er sehr selten mit einem guten Regisseur gearbeitet hat. Dieses Buch will Schauspielern helfen, auch unter einem schlechten Regisseur zu funktionieren. Da er einen großen Teil seines Lebens mit Regisseuren verbringen wird, die mehr lästig als hilfreich sind, bleibt einem Schauspieler nichts anderes übrig, als zu lernen, wie er dennoch funktionieren kann. Was an schlechten Regisseuren so traurig und häufig so destruktiv ist, ist die Tatsache, dass sie nicht wissen, wie ein Schauspieler funktioniert, welche Bedürfnisse er hat, und wie man eine Atmosphäre erzeugt, in der der Schauspieler arbeiten kann. Schlimmer noch: Sie wollen es nicht wissen. Sie wollen Regie führen. Die meisten von ihnen glauben, Regie zu führen hieße, anderen Leuten zu sagen, was sie tun sollen.

Ein guter Regisseur teilt sich mit, er befiehlt nicht. Er erzeugt eine Umgebung, in der der Autor und der Schauspieler arbeiten können. Seine Aufgabe ist es, das Stück zusammen mit den Schauspielern zu erarbeiten, herauszufinden, was sie wissen, und sie an größeres Wissen heranzuführen, zu erahnen, was sie fühlen, und sie dazu zu bringen, ihre Gefühle auszudrücken.

Im Laufe der Proben kann ein Schauspieler experimentieren, Dinge ausprobieren; Fehler zu begehen ist in dem Prozess genauso wichtig, wie herauszufinden, was richtig ist. Wie will ein Schauspieler wissen, was richtig für ihn ist, wenn er nicht erlebt hat, was falsch für ihn ist? Ein guter Regisseur ermutigt die Schauspieler, sich selbst in den Rollen zu entdecken, nicht irgendein Bild, das er sich vorher von der Rolle machte, zu erfüllen. Ein guter Regisseur weiß, dass die Kommunikationskanäle zwischen ihm und den Schauspielern und zwischen ihm und dem Autor offen und durchschaubar bleiben müssen. Er arbeitet hart dafür, dieses Ziel zu erreichen.

Es gibt zwei Sorten von Regisseuren: erfolgreiche und unbekannte. Ich habe mit beiden Arten gearbeitet. Die erfolgreichen haben, seien sie gute oder schlechte Regisseure, eines gemeinsam: Sie sind auf Menschen neugierig. Sie sind vielleicht größenwahnsinnig und berauscht von ihrer *Idee*, die sie dem eigentlichen Stück gegenüber blind macht, doch sie sind neugierig und interessiert daran, was diese Menschen da auf der Bühne tun. Vielleicht haben sie keine Ahnung, wie sie mit den Schauspielern *kommunizieren* sollen (ich bin überzeugt, nur eine Handvoll Regisseure wissen, wie), jedenfalls aber sind sie neugierig.

Wenn unbekannte Regisseure unbekannt bleiben, liegt es zum großen Teil daran, dass sie sich für den Schauspieler als menschliches Wesen nicht interessieren. Ich habe jahrelang mit neuen Regisseuren in New Yorker Workshops gearbeitet. Im Großen und Ganzen ein erbärmlicher Haufen und die meisten erfüllt von der Idee, dass Regie zu führen heißt, anderen zu sagen, was sie tun sollen. Die meisten rasen durch die Gegend wie ein Bulle am Jungfrauenfest, schänden alle, die ihnen vor die Augen kommen, überwältigen sie – wie Zeus es tat –, plündern und zerstören – alles im Namen der *Idee* des Stücks. Die meisten Regisseure würden am liebsten ein Stück inszenieren, in dem es keine Schauspieler gibt, Hauptsache, sie können ihre Idee bekannt machen.

Noch schlimmer ist, dass die meisten Regisseure kein Interesse am Stückeschreiben haben, dafür, was ein Stück ausmacht, wie es aufgebaut ist; was sie zur Verwirklichung eines Stücks beitragen können; wie sie am besten mit dem Autor zusammenarbeiten. Sie haben kein Interesse an ihrem eigenen Handwerk, und sie haben wenig Lust zu lernen. Sie wollen es einfach tun: bringen Sie mir die Schauspieler; und sie bestehen auf ihrer Idee. Die meisten Regisseure sollten fürs Marionettentheater arbeiten, so wenig sind sie gerüstet, mit Menschen umzugehen, so wenig Interesse haben sie an Menschen.

Da diese traurige Zusammenfassung nur allzu wahr ist, müssen Schauspieler lernen, sich selbst zu helfen. Sie müssen lernen, die Kommunikation mit dem Regisseur aufrechtzuerhalten, ganz gleich, wie grob er mit ihnen umspringt und sie schikaniert; ganz gleich, wie wenig er sich für sie interessiert; ganz gleich, wie wenig er über das Stück weiß, das sie gerade proben (und manchmal scheint es, der Regisseur habe ein anderes Stück gelesen als das, das produziert wird); auch wenn er ihnen sagt, sie sollten ihren Text lesen und dabei aussehen und sprechen wie Lana Turner. Schauspieler haben die Neigung, einem Regisseur den Krieg zu erklären, wodurch das gemeinsame Projekt natürlich in die Binsen geht. Die meisten Stücke, die wir sehen, sind Stücke, die in die Binsen gingen – das Ergebnis des Kriegs zwischen Schauspielern und Regisseur. Es hat keinen Zweck, mit dem Regisseur Krieg zu führen: niemand gewinnt. Der Regisseur wird immer sturer, was seine Idee betrifft, und er wird auf die Wünsche der Schauspieler immer weniger eingehen, je mehr er sich über sie ärgert. Da ein Sieg nicht möglich ist (hat es eigentlich je einen Krieg gegeben, bei dem ein echter Sieg möglich war?), müssen Schauspieler lernen, die Kommunikation aufrechtzuerhalten. Und herauszufinden versuchen, wie sie das, was der sture Esel dort ihnen sagt, auf ihre eigene Weise hervorbringen können.

Leicht ist es nicht. Kommunikation mit jemandem, der taub, blind und stumm ist, ist nie leicht. Geben Sie den Versuch nicht auf. Wenn Sie lernen, seine Ansichten in Handlung zu übersetzen, die Sie auf *Ihre Weise* ausführen können, hat das Projekt eine Chance. Erklären Sie ihm den Krieg, ist alles verloren.

Schauspieler haben normalerweise eine bessere Ausbildung und mehr Erfahrung als die meisten Regisseure. So gesehen ist es logisch, dass es der Schauspieler ist, der die Produktion über Wasser halten muss. Es ist der Schauspieler und nicht der Regisseur, der auf der Bühne stehen und sich vom Publikum anglotzen lassen muss. Also ist es verdammt wichtig, dass Sie lernen, die Kommunikation aufrechtzuerhalten! Sie haben keine andere Wahl.

Schauspieler können Kommunikation ermöglichen, wenn sie sich auf diese Aufgabe konzentrieren, statt nur zu meckern und sich über den Regisseur zu beklagen. Wir wissen alle, dass Regisseure unfähig sind, also warum Zeit damit verschwenden, ein Problem zu wälzen, das allseits bekannt ist? Lernen Sie, dem Mann zuzuhören: Gibt es in seinem hochtrabenden Gerede etwas, was Sie brauchen können? Gibt es eine Möglichkeit, ihn dazu zu verleiten, sich das anzusehen, was *Sie* gern ausprobieren würden? Machen Sie dem Mann den Hof! Aus einer solche Werbung kann eine gute Darstellung resultieren.

Eine Bemerkung für Regisseure: Falls Sie der Meinung sind, ich höre mich unangemessen grob an – das ist Absicht. Sie sind ein Haufen arroganter Schnösel, die sich weigern, zu lernen. Mit Ihrer Unerfahrenheit, selbst mit Ihrer Herrschsucht kann ich leben, doch Ihre Weigerung, irgendetwas zu lernen, ist das, was mich an Ihnen so ärgert. Ich weiß jedoch, dass Schauspieler genauso stur und eigensinnig wie Sie sein können, genauso voll von Vorurteilen und blinden Flecken im Auge, genauso beschränkt, und dass es genauso schwierig sein kann, mit ihnen zusammenzuarbeiten. Ich weiß, dass es Zeiten gibt, in denen Schauspieler erwürgt oder wenigstens gefeuert und durch Computer ersetzt werden sollten – sie sind aber nun mal alles, was wir haben.

Es gibt nur eine Lösung für dieses endlose Missverständnis zwischen Schauspieler und Regisseur: Kommunikation. Wenn Sie die Kommunikationswege offenhalten und sich mit ganzer Kraft bemühen, die Signale, die Ihnen gesendet werden, auch zu empfangen; auch Meinungen, die den Ihren diametral entgegengesetzt sind, können in eine lohnende Theatererfahrung umgesetzt werden.

Leider, so sagte es E. E. Cummings, sind die meisten Menschen ins Missverständnis verliebt.

Eine sehr kurze Geschichte für Regisseure

Ich war bei Richard Burtons *Hamlet* nicht für die gesamte Besetzung zuständig; der Produzent Alexander Cohen hatte mich in einer Notlage hinzugezogen; es ging um eine einzige Rolle der Besetzung. Normalerweise lehne ich so etwas ab; ich verstehe mich nicht als Troubleshooter, sondern als Casting Director, der von Anfang an am kreativen Prozess teilnehmen und nicht dann, wenn es zu spät ist, Flickarbeit leisten will. In diesem Fall aber war John Gielgud der Regisseur, und ich war erpicht darauf, für ihn zu arbeiten und ihm eine neue Ophelia zu finden. Ich hatte noch nie mit Sir John zusammengearbeitet und sagte sofort zu. Es stellte sich heraus, dass es nicht Sir Johns Idee gewesen war, die Schauspielerin, die er bereits hatte, zu feuern; der Produzent und andere wollten sie ersetzt haben, und Sir John wollte ihnen entgegenkommen und kehrte von der Test-Tour außerhalb New Yorks zurück, um einen Tag lang neue Ophelias lesen zu hören. Britische Regisseure, so habe ich festgestellt, feuern Schauspieler nur sehr ungern, weil sie das Gefühl haben, es sei zumindest zur Hälfte ihr eigener Fehler – sie haben die Leute schließlich ausgesucht. Amerikanische Regisseure hingegen sind oft ganz erpicht darauf, jemandem den Laufpass zu geben.

Sir John war sehr höflich: »Es sind lauter sehr nette Mädchen«, sagte er, »und ich danke Ihnen, dass Sie sie mir gezeigt haben. Ich werde über alle sehr sorgfältig nachdenken.« Doch ich wusste, er würde hingehen und stracks mit der Ophelia weitermachen, die er bereits hatte, Nacht für Nacht privat mit ihr arbeiten, nach der Aufführung, im Hotelzimmer und sonstwo, denn wenn sie jetzt nicht gut war, war es seine Aufgabe, weiterzumachen, bis sie gut sein würde.

Diese Geschichte enthält für Regisseure eine wichtige Moral: Ein wirklich guter Regisseur übernimmt die Verantwortung für die Leistung seiner Schauspieler.

Die meisten Regisseure tun es nicht und taugen deshalb nichts in ihrem Beruf.

Wer besetzt die Rollen?

Da nie jemand zu wissen scheint, was ein Casting Director macht, lassen Sie es mich erklären, denn es könnte für Schauspieler nützlich sein. Casting Directors besetzen nicht. Regisseure, Autoren und Produzenten besetzen. In den meisten Fällen tragen die Regisseure die größte Verantwortung bei Besetzungsentscheidungen. Casting Directors arbeiten eng mit dem Regisseur zusammen. Dabei handelt es sich um die wichtigste Beziehung im Leben eines Casting Directors, denn es ist seine Aufgabe, das *zu finden,* was der Regisseur für jede Rolle will.

Das heißt, der Casting Director übernimmt das Screening: Er interviewt Leute, lädt Schauspieler zum Vorsprechen ein, er sieht sie sich an, wenn sie auf der Bühne oder in einem Film auftreten. Er muss die Arbeit jedes Schauspielers gut kennen, das heißt, er muss sich eine Riesenmenge an Produktionen ansehen. Als ich für David Merrick arbeitete, war es nicht ungewöhnlich, dass ich in einer Woche zehn oder zwölf Produktionen sah: Broadway, Off-Broadway, Off-Off-Broadway, an all den Orten, an denen Stücke aufgeführt werden. Ich sehe die meisten Filme; ich sehe sogar fern, obwohl ich weiß, dass dieses Medium das verwirrendste und undankbarste ist, wenn es darum geht, das Talent eines Schauspielers zu beurteilen.

Ein kluger Casting Director wird, wenn er eine Entdeckung macht, es sorgfältig so arrangieren, dass der Regisseur und der Produzent glauben, sie selbst hätten diesen neuen, talentierten Schauspieler entdeckt. Wenn dem Regisseur oder dem Autor seine Vorschläge nicht gefallen, muss er sich stets vergegenwärtigen, dass nicht er Regie führt, sondern der Regisseur. Und es ist der Regisseur, der mit diesem Schauspieler arbeiten muss, und seine Instinkte müssen zu jedem Zeitpunkt respektiert werden. Ich will damit nicht sagen, der Casting Director habe keinen großen Einfluss; er ist normalerweise ja an dem Projekt beteiligt, weil der Regisseur seinem Urteil vertraut. Und er ist derjenige, der entscheidet, wen der Regisseur sehen wird. Doch der Casting Director *schlägt vor;* er besetzt keine Rollen. Es ist seine Arbeit, über eine Menge Schauspieler eine Menge zu wissen, sodass er Ratschläge erteilen kann und dem Regisseur von den gegebenen Möglichkeiten die besten präsentiert.

Über Arroganz – und übers Sympathischsein

Die Besetzung von *Jesus Christ Superstar* (ich war an der Bühnenproduktion beteiligt, am Film und an der ursprünglichen Konzerttournee) war eine bizarre und interessante Erfahrung. Produzent war Robert Stigwood, ein scharfsinniger, extravaganter, manchmal erstaunlich klarblickender Mann, so, wie ein Produzent sein sollte; doch er kam aus der Welt der Rockmusik und war anders als alle Broadway-Produzenten, die ich je kennengelernt habe. Von gewinnendem Wesen und sehr amüsant, mit einem verschmitzten, boshaften Humor, hegte er den Wunsch, alles in eine große Party zu verwandeln. (Am letzten Tag des Vorsprechens gab es Hummer und Champagner!)

Die Show zu besetzen war, wie ein Cecil-B.-DeMille-Spektakel mithilfe von Barnum und Bailey zu realisieren; um nichts hätte ich es versäumen mögen. Das Vorsprechen dauerte wochenlang; jeden Tag hörte ich mir vom frühen Morgen bis zum späten Abend all die jungen Männer und all die jungen Frauen an, die vor dem Theater Schlange standen und glaubten, sie könnten singen. Viele der Schauspieler/Sänger, für die wir uns entschieden, hatten außer in ihrer Highschool oder in ihrer Gemeinde noch nie auf der Bühne gestanden; von vielen hat man seither nichts mehr gehört, denn sie konnten zwar *Superstar* singen, und manche hatten sogar Talent, doch nur wenige brachten die notwendige Disziplin auf, ihren Weg am Theater zu machen. Für sie war das alles nur ein Riesenspaß, und etwaige Arbeit erleichterten sie sich durch Drogen.

Tom O'Horgan, der Regisseur, war ein gebildeter Hippie mittleren Alters, der sehr viel über Musik wusste, ein stets höflicher und charmanter Mann, der die meisten anderen Leute mittleren Alters als total rückständig ansah. Er war aufgeschlossen gegenüber der Jugend und fasziniert von ihr, was uns das wunderbare *Hair* und das spektakuläre *Jesus Christ Superstar* brachte. Für talentierte junge Leute hatte er einen exzellenten Blick, wobei ein ausgeprägtes Vorurteil ihn jedoch oft blind machte: Wenn er von jemandem glaubte, er sei »aus Plastik«, war der Entsprechende bereits durchgefallen. »Aus Plastik« hieß kurzes Haar, ein regelmäßiges Bad und keine Drogen, kurz: ordentlich und anständig auszusehen. Er hätte Robert Redford umgehend den Laufpass gegeben. Die Tatsache, dass es unter einem Äußeren »aus

Plastik« eine andere Form von Unangepasstheit geben könnte, interessierte Tom O'Horgan nicht – vielleicht zu Recht, seine Arbeit war rein visuell.

Zu mir war er höflich und hörte sich meine Meinung zu den einzelnen Bewerbern an. Doch dann machte er es fröhlich so, wie er wollte, und holte sich seine Leute aus den hundertundein verschiedenen Truppen, die im ganzen Land – und auf der ganzen Welt – *Hair* aufgeführt hatten. Für seine Vorstellung von der Show lag er völlig richtig. Es funktionierte – *Jesus Christ Superstar* wurde ein Erfolg, was immer ich davon hielt. Vielleicht gehörte ich in seinen Augen zu den Plastikleuten, und ich wurde deshalb von den Schlussberatungen zu den Hauptdarstellern der Show ausgeschlossen. Der Regisseur, der Produzent, die Autoren und der Musikdirektor zogen sich nach dem letzten Bewerber in die Lobby des Mark Hellinger Theatre zurück, während ich im Zuschauerraum sitzen blieb. Das überraschte mich, denn ich hatte schon seit Jahren nicht bei einer Produktion mitgewirkt, bei der meine Ansichten für die Leiter von so geringem Interesse waren – schließlich bezahlten sie dafür. Ich hätte Mr. O'Horgan helfen können, denn ich stimmte mit seinen Ansichten überein.

An diesem Tag waren die Götter auf unserer Seite – mit einem Augenzwinkern. Am Ende des Tages war ich in der Lage, Mr. O'Horgan dabei zu helfen, dass Ben Vereen die Rolle des Judas erhielt (von Anfang an O'Horgans Wahl; er hatte Vereen aus San Francisco einfliegen lassen). Die Beteiligten waren in zwei Lager gespalten darüber, welcher Darsteller Judas spielen sollte: Am Ende stellte sich heraus, dass der Musikdirektor das Zünglein an der Waage war.

Der Musikdirektor hatte noch nie eine Broadway-Show gemacht. Er und ich kamen blendend miteinander aus, denn ich war bereit, ihm die ganze Besetzungsprozedur am Broadway zu erläutern und ihm meine Meinung zu den zweitausendundein

Bewerbern, die wir für diese Inszenierung sahen, wissen zu lassen, und er war auf wohltuende Weise bereit, zu lernen, welche Überlegungen beim Casting wichtig waren. Wir verbrachten eine gute Zeit zusammen. Als die Abstimmung in der Lobby mit einem Patt endete, schlich sich der Musikdirektor in den Zuschauerraum und fragte mich: »Für wenn soll ich stimmen? Stigwood will Kandidat A, O'Horgan will Ben Vereen, die Autoren haben fifty-fifty gestimmt, und meine Stimme ist ausschlaggebend.« Ich sagte: »Stimmen Sie für Ben Vereen.« »Warum?«, fragte mich der Musikdirektor. »Die Tatsache«, sagte ich, »dass bei der Abstimmung ein Patt eingetreten ist, zeigt, dass beide Schauspieler sehr talentiert sind, dass beide sehr, sehr gut singen können, dass beide Charisma haben (damals ein wichtiges Kriterium); beide sind aufregend und intensiv. Aber während Kandidat A hochmütig und distanziert wirkt, ist Ben Vereen sympathisch. Wir sollten in diesem Stück in der Lage sein, mit Judas mitzufühlen. Und die Zuschauer mögen keinen hochmütigen Schauspieler, auch wenn sie ihn bewundern.« Dieses Argument mache ich in der Welt des Castings oft geltend: Sie haben immer einen Punkt gut, wenn Sie die Rolle mit einem sympathischen Darsteller besetzen. Unsympathische Darsteller haben zuweilen lange – auch bedeutende – Karrieren, vorausgesetzt, sie haben Talent, Faszination und Sex-Appeal und Einzigartigkeit, doch in der Beziehung zwischen ihnen und dem Publikum geschieht immer etwas Seltsames. Häufig weiß ein Publikum nicht, dass es den Darsteller nicht mag, doch er oder sie wirkt irritierend, und die Beziehung funktioniert auf seltsame, oft unvorhersehbare Weise. Ich habe viele Produktionen erlebt, bei denen ein Schauspieler zunächst wunderbare Kritiken erhielt, und das Projekt scheiterte dennoch – weil der Schauspieler arrogant war.

Warum habe ich die Rolle nicht bekommen?

Die aufregendste Bewerberin (sie sprach dreimal vor) für die Rolle der Maria Magdalena in *Superstar* war Bette Midler, zu der Zeit bereits eine Berühmtheit. Bette hatte meinen Kurs übers Vorsprechen gemacht, in der Zeit, in der sie in *Anatevka* in einer kleinen Rolle auftrat. Schon zu der Zeit war sie eine außergewöhnliche und bemerkenswerte Schauspielerin; doch so lange Zeit in einer von zig Nebenrollen in *Anatevka* aufzutreten, hatte sie entmutigt. Sie hatte das Gefühl, sie habe eine Hauptrolle verdient. Und sie hatte recht. Bette Midler sang »I Don't Know How to Love Him« wie keine andere: desillusioniert, getroffen, verletzlich; eine Maria Magdalena, die dazu gebracht wurde, wieder an jemanden zu glauben, nachdem sie aufgrund der erlittenen Verletzungen entschlossen gewesen war, niemals wieder an jemanden zu glauben. Tom O'Horgan lag ihr zu Füßen und war stark versucht, sie zu nehmen (obwohl Stigwood und die Autoren die ganze Zeit über die Frau favorisierten, die die Schallplattenaufnahme gesungen hatte, nämlich Yvonne Elliman). Schließlich aber wurde ihm wohl klar, dass diese reife, sinnliche, sehr frauliche Interpretation der Rolle nicht zu seiner Besetzung aus Hippies und Blumenkindern passen würde. Doch er konnte sie nicht einfach so gehen lassen.

Er bat mich, sie ins Theater zu bringen; sie sollte dort warten, bis Mr. Stigwood einträfe. »Miss Midler«, sagte ich, »wären Sie so freundlich …« Und ohne erkennen zu geben, dass wir uns bereits kannten, führte ich sie zu ihrem Platz. Im Gehen flüsterte sie mir zu: »Verraten Sie mich nicht«, und ich verriet sie nicht, denn ich erkannte, dass hier, bei diesem Vorsprechen, ein Star eine herausragende Darbietung bot. Diese Maria Magdalena war königlich und geheimnisvoll, und sie ließ nicht das Geringste durchschimmern von der großartigen Varietékünstlerin, die sie in ihrer Ein-Frau-Show war.

Ich erzählte diese Geschichte, um zu zeigen, dass Schauspieler sich nicht den Kopf darüber zerbrechen sollten, warum sie eine Rolle nicht bekommen haben; sie sollten sich einzig und allein darauf konzentrieren, beim Vorsprechen ihr Allerbestes zu geben. Midler war brillant bei ihrem Vorsprechen für *Superstar*; dennoch bekam sie die Rolle nicht, denn sie passte nicht ins Ensemble. Oft habe ich Regisseure über einen Schauspieler sagen hören: »Das ist das beste Vorsprechen, das ich für diese Rolle je zu sehen bekommen werde. Schade, dass wir ihn nicht nehmen können.« Dieses Bedauern ist durchaus echt. Bei jeder Besetzung muss ein Gleichgewicht hergestellt werden – die einzelnen Rollen müssen wie bei einem Puzzle zusammenpassen –; es gibt einfach Fälle, wo Schauspieler, die glänzend vorsprachen, nicht »passen«.

Ein Schauspieler darf sich damit nicht beschäftigen: Die Gefahr besteht, dass er darüber wahnsinnig wird. Gehen Sie einfach hin und geben Sie beim Vorsprechen Ihr Bestes. Weinen Sie ruhig ein bisschen, wenn Sie die Rolle nicht bekommen, doch fragen Sie nie, warum. Dieses Warum liegt in einer Reihe von Unwägbarkeiten, auf die der Schauspieler keinerlei Einfluss hat.

Versuchen Sie es stets

Zu der Ben-Vereen-Geschichte gibt es eine Fortsetzung.

Ich bezweifle, dass ein Mensch im Zuschauerraum die Schauspieler in *Jesus Christ Superstar* deutlich sehen konnte. Sie waren hinter Masken versteckt und in seltsame Kostüme gehüllt und wurden beinahe wie Marionetten in einer Riesenpuppenshow eingesetzt. Ben Vereens lebendiges Porträt des Judas wurde gar nicht bemerkt – zum Star der Show wurde der Regisseur. So weit, so gut.

Im darauffolgenden Jahr besetzte ich für Regisseur Bob Fosse und Produzent Stuart Ostrow das Stück *Pippin.* Eine der Figuren war Der Alte Mann; es handelte sich um den Anführer einer vagabundierenden Bande von Spielern, weshalb wir ihn den Ersten Spieler nannten – zum Teil auch aus dem Grund, von der Idee des »Alten Mannes« wegzukommen, die, so stellten wir während des Vorsprechens fest, dieser recht schwerfälligen Rolle wenig Leben einhauchte. »Wir brauchen für diese Rolle jemand Lebhaftes«, sagte Fosse zu mir, »und ich hätte liebend gern einen Tänzer.« Ein alter Mann und ein Tänzer? Wir fuhren fort mit dem Vorsprechen; wir ließen jeden Charakterdarsteller der Stadt kommen. Aus irgendeinem Grund gehörte Tanzen bei den meisten nicht zum Repertoire.

Als ich – äußerst zögerlich – Ben Vereen zur Sprache brachte, erfuhr ich, dass Fosse ihn in der Filmversion von *Sweet Charity* als Tänzer eingesetzt hatte. Ich schickte ihm das Skript von *Pippin* zu und bat ihn, sich auf ein Vorsprechen vorzubereiten. Was er zeigte, war sensationell. Er nahm die Alter-Mann-Szenen aus dem Skript – so dürftig, wie sie waren – und webte um sie herum drei Liednummern; das Ganze gipfelte in einem Tanz-Solo. Zum ersten Mal war unser »Alter Mann« in der Person eines jungen, sexy, humorvollen schwarzen Schauspielers, der als Tänzer und Sänger einfach unglaublich war, zum Leben erwacht. Die Rolle wurde erweitert und für Ben Vereen umgeschrieben. Er bekam die Rolle.

Moral der Geschichte: Wenn Sie gebeten werden, für die Charakterrolle eines Achtzigjährigen vorzusprechen, während Sie ein junger, gutaussehender Erster Liebhaber sind, gehen Sie trotzdem hin! Es könnte sein, dass sie ihre Meinung um hundertachtzig Grad ändern. Es könnte sein, dass sie die Show um Sie herum neu schreiben.

Schauspieler beschweren sich über die mangelnde Fantasie von Produzenten und Regisseuren. Doch auch Schauspielern mangelt es oft an Fantasie. Wie oft erlebe ich es, dass sie mir sagen – meist durch ihre ebenso fantasielosen Agenten –, sie seien für die Rolle, für die sie vorsprechen sollen, »nicht richtig«. Das ist verrückt. Wie wollen sie das wissen? Wenn sie schon gebeten werden, für eine bestimmte Rolle vorzusprechen, sollten sie sich die Zeit nehmen, auch hinzugehen. Weiß ein Schauspieler wirklich, wofür er falsch oder richtig ist? Da er nicht weiß, was dem Regisseur oder dem Casting Director vorschwebt, ist er überhaupt nicht in der Lage, ein solches Urteil zu treffen. Im Verlauf des Vorsprechens für eine neue Inszenierung verändern sich die Ideen laufend. Aus diesem Grund habe ich immer gern mit Bob Fosse gearbeitet: Die ziemlich blasse Charakterrolle eines achtzigjährigen Mannes wird mit einem aufregenden neuen schwarzen Darsteller besetzt, aus dem ein Star wird; eine langweilige weibliche Rolle in *Chicago* besetzten wir mit einem Transvestiten mit einer herrlichen Sopranstimme (der Schauspieler hatte davor noch nie eine Frau gespielt); die ernste erste weibliche Hauptrolle in *Pippin* besetzten wir mit einer professionellen Carole-Lombard-Komikerin, für die Mutter in dem gleichen Stück nahmen wir eine sexy junge Tänzerin, sodass es Mr. Fosse gelang, die Rolle in eine Satire über die klassischen Goldgräber zu verwandeln; die Rolle der sentimentalen alten Großmutter besetzten wir mit Irene Ryan, einer mit allen Wassern gewaschenen Varietékünstlerin. Alle diese Besetzungen richteten sich gegen eine konventionelle Interpretation der Rollen. Und dennoch höre ich immer wieder von Schauspielern: »Ich bin für diese Rolle nicht der Richtige.« Im Leben eines Schauspielers sollte es eine Hauptregel geben: *Immer vorsprechen!* Vielleicht entdecken Sie in der Rolle etwas, was Sie beim Lesen des Skripts nicht erkennen konnten; vielleicht stellen Sie fest, dass der Regisseur völlig andere Ideen als der Autor hat. Das Leben eines Schauspielers besteht zur Hälfte aus Vorsprechen, zur Hälfte aus Spielen. Warum bei der Hälfte des Vorsprechens knausern?

Was sagen Sie, wenn Sie nicht vorsprechen wollen, obwohl Sie aufgefordert wurden

Der Produzent Stuart Ostrow sah einen jungen Schauspieler, der neu in New York war, in einer Off-Off-Broadway-Rolle. Er bat mich, ihn für die Titelrolle in *Pippin* zum Vorsprechen einzuladen. Der junge Mann erschien nicht zum vereinbarten Termin. Ich rief seinen Agenten an und erfuhr, dass der Schauspieler sich eine Aufführung von *Pippin* angesehen hatte und die Rolle nicht haben wollte. Ein dummer Entschluss. Wenn ein Schauspieler die Chance erhält, für Bob Fosse und Stuart Ostrow vorzusprechen, sollte er hingehen und vorsprechen. Entschließt er sich, dass er die Rolle nicht haben will, sollte er so viel Takt haben, eine andere Verpflichtung vorzuschützen, statt die Schöpfer der Show zu beleidigen und zu sagen, ihm gefalle die Rolle nicht. Was wird durch eine solche Haltung erreicht? Eine Überlegenheit des Schauspielers? Es sind die Leute, die ihn *in Zukunft* beschäftigen werden, die er beleidigt – ganz unnötigerweise. Diplomatie ist viel besser als Offenheit, wenn Offenheit nur jemanden verletzt, der Ihre »ehrliche« Reaktion weder braucht noch haben will. Auch Schauspieler müssen lernen, dass Offenheit eine wertvolles Gut ist, das mit großer Sparsamkeit und nur zur Erreichung eines kreativen Ziels eingesetzt werden darf.

Es ist verständlich: Schauspieler werden so häufig abgelehnt, dass der Wunsch nach Rache natürlich ausgeprägt ist. Doch Rache bringt ihnen nichts ein – die Welt des Theaters und des Films ist zu klein, um es sich leisten zu können, Leute zu beleidigen. Viel, viel besser ist es, taktvoll und diplomatisch zu sein, wenn Sie einen Job ablehnen: Sagen Sie, Sie müssten aufgrund von früheren Verpflichtungen ablehnen, nicht, weil die Rolle oder das Stück oder das Projekt Ihnen missfiele. Schon das nächste Stück genau dieses Autors oder Produzenten oder Regisseurs enthält vielleicht die Rolle, die Sie für Ihr Leben gern spielen würden.

Einige nützliche Anmerkungen

Schauspieler beschließen, in einer Szene »stark« zu sein. Sie können nicht »stark sein«; es ist eine Abstraktion und schwierig zu erfüllen. Sie können etwas stark fühlen: »Ich fühle stark, dass du nicht heiraten solltest«; »Ich fühle stark, dass dein Vater dein Leben ruiniert«; »Ich fühle stark, dass ich dich liebe.«

Oder Schauspieler beschließen, eine Figur sei »schwach« oder »stark«, was ich für einen Fehler halte. Auch dabei handelt es sich um Verallgemeinerungen, die Sie nicht spielen. Wir alle sind zu Zeiten schwach und zu anderen Zeiten stark; genau wie wir alle zu Zeiten männlich und zu Zeiten weiblich sind (auch wenn die amerikanischen Verhaltensmythen das leugnen). Am besten ist es, Ausschau zu halten, wo und *worüber* Sie in der Szene stark oder schwach sein können, statt eine Figur zu beurteilen, was zu sehr einschränkt.

Schützen Sie sich vor allen Einschränkungen. Wenn ich an einem Stück arbeite, das ich geschrieben hatte, erstaunt es mich, wenn ein Schauspieler mir sagt: »Aber meine Figur würde das nicht tun«, nachdem der Regisseur oder ich ihn aufgefordert haben, eine Handlung auszuführen. Sie sagen mir, ihre Figur würde dieses oder jenes nicht tun, wo doch ich die Figur erfunden habe. Da stimmt etwas nicht. Was nicht stimmt, ist die Entscheidung für eine Einschränkung; jede negative Entscheidung reduziert die möglichen Handlungen.

Humor ist ein ausgesprochen nützliches Mittel, um in einer Szene die Spannung abzubauen. Deshalb brauchen Sie eigentlich keine Angst zu haben, zu weit zu gehen. Genau wie im Leben neigen wir dazu, über uns selbst zu lachen, wenn wir zu weit gehen. Riskieren Sie es.

Lassen Sie es zu, von sich selbst überrascht zu werden – etwas, was Schauspieler oft vernachlässigen. Im Leben ist es normal und natürlich. Tun Sie's also auch beim Spielen. Es kann sehr gewinnend wirken.

Wenn Sie fühlen, wie Sie in einer Szene eine Emotion bis zur Künstlichkeit treiben, sollten Sie dieses Bewusstsein nutzen. Nutzen Sie es auf die gleiche Weise wie im Leben, wenn Sie mit Ihrem Partner kommunizieren und (nicht unbedingt laut) sagen: »Mein Gott, benehme ich mich idiotisch.« Dieses Eingeständnis hindert uns allerdings nicht, uns weiterhin idiotisch zu benehmen. Oder die Emotion schlägt um, und wir werden ganz vernünftig. Oder Sie fühlen, dass Sie zu weit gehen, und geben Ihrem Partner die Schuld: »Schau, wozu du mich treibst! Sonst benehme ich mich nie so.«

Charme ist nützlich. Da wir im Leben Charme einsetzen, um zu bekommen, was wir wollen, ist es erstaunlich, dass so wenige Schauspieler ihren Charme beim Vorsprechen einsetzen. Charme kann sehr produktiv sein. Wenn der andere das Manöver durchschaut und die Unaufrichtigkeit bemerkt, gewinnen Sie seine gute Meinung zurück, indem Sie wieder ernsthaft werden.

Wenn ein anderer Schauspieler Ihnen die Schau stiehlt, verwandeln Sie es zu Ihrem Nutzen. So, wie Sie es im Leben machen würden: Registrieren Sie es mit Humor, und konkurrieren Sie mit ihm. Vor Kurzem erlebte ich ein Vorsprechen von drei Schauspielerinnen, die als die drei verrückten Damen in Jean Giradoux' *Die Irre von Chaillot* zur gleichen Zeit vorlasen. Eine der Schauspielerin zog alle Aufmerksamkeit auf sich: Sie sprach zu einem unsichtbaren Wellensittich auf ihrem kleinen Finger; gleichzeitig redete sie mit ihren eingebildeten Gesprächspartnern und bezog Dickie, den eingebildeten Hund, mit ein. Die beiden anderen wurden von der Bühne gefegt aus dem einfachen Grund, weil sie nicht auf das, was die fantasievolle Schauspielerin machte, eingingen. Hätten Sie mit ihr konkurriert, hätten alle drei Spaß gehabt; alle drei wären interessant geworden und hätten die Beziehungen vertieft, die im Stück in hohem Maße auf Rivalität beruhen. Meistens ist es keine Absicht, wenn ein Schauspieler einem anderen beim Vorsprechen die Schau stiehlt; doch selbst wenn es das ist, können Sie es gewinnbringend nutzen.

Häufig erzählen mir Schauspieler, dass sie versuchen, in einer Szene »Wut« zu erzeugen. Wut entsteht, wenn sich jemand verletzt fühlt. Sie müssen die Verletzung erzeugen; erst dann können Sie feststellen, wie Sie darauf reagieren. Das kann Wut sein; Sie können aber auch mit Tränen reagieren, mit einem Hilfeschrei, mit Hysterie, Wahnsinn, Humor, mit Rätseln und Geheimnissen, mit Rivalität – die Handlungsmöglichkeiten sind unbegrenzt. Doch *Sie können nicht wütend werden, wenn Sie nicht verletzt wurden.* Andauernd sehe ich Schauspieler, die Wut herzustellen versuchen und sich wundern, wenn es ihnen misslingt. Sie haben die Kränkung nicht erzeugt, welche der Wut zugrunde liegt.

Denken Sie an das Image, das Sie erzeugen wollen, wenn Sie sich für das Vorsprechen ankleiden. Eine Kleinigkeit kann ausschlaggebend sein. Als ich mit Josh Logan an der Musical-Version von *The Corn is Green* arbeitete, waren wir beide über einen neuen Schauspieler namens Dorian Harewood ganz aus dem Häuschen. Doch an dem Tag, an dem Dorian für Bette Davis, den Star des Musicals, vorsprechen sollte, trug er elegante städtische Kleidung, in der er sehr gut und mondän aussah. Verständlicherweise fragte Miss Davis sich, wo der unwissende, analphabetische Feldarbeiter war, den sie unterrichten und für ein Stipendium an einer der besten Universitäten im Norden vorbereiten sollte. Da Dorian an seiner glanzvollen Erscheinung nichts änderte, kam ein anderer Schauspieler gefährlich nah an die Rolle heran. Es gelang mir, Josh zu überreden, Miss Davis und Dorian für ein Gespräch unter vier Augen zusammenzubringen. Nach dem Gespräch bekam Dorian die Rolle, für die er wie kein anderer geeignet war – Miss Davis [1908–1989, A. d. Red.] ist eine ausgesprochen scharfsichtige Dame.

Glauben Sie nicht das, was geschrieben steht. Aufgabe eines Schauspielers ist es, Dimensionen hinzuzufügen. Ein Beispiel: Der Vater in *Sommer und Rauch* ist ein engstirniger, bigotter Pfarrer, der von seiner Tochter und seiner Frau besiegt wird – keine von Tennessee Williams' vielschichtigsten Figuren. Doch wofür kämpft der Mann? Er will seiner Familie Zuneigung zeigen, doch es misslingt ihm stets. Er will ihnen ihre Auflehnung verzeihen, er will ihnen die Freiheit geben, doch er hat Angst, es mangelt ihm an Mut und Unabhängigkeit. Unterlassung führt Schauspieler oft in die Irre: Das, was wir zu tun unterlassen, ist oft genau das, was wir immer tun *wollten.* Die Tatsache, dass wir nicht kriegen, was wir wollen, ändert nichts an dem riesigen Bedürfnis in uns.

Warum wird die Mutter in *Sommer und Rauch* verrückt? Sie kann das, was ihr fehlt, weder von ihrer Tochter noch von ihrem Mann bekommen; sie kann nicht zu ihnen durchdringen, ihre Kommunikationsversuche bleiben unbeantwortet. Deshalb zieht sie sich in eine private, abgeschlossene Welt zurück. Verrücktsein drückt das Eingeständnis aus, dass jemand sich von der Welt, wie sie ist, besiegt fühlt. Die Mutter erschafft eine Welt, wie sie sein *sollte:* ihre ganz private Welt, die nur auf sie reagiert.

Beide Figuren sind lediglich skizziert; durch die Schauspieler, die sie verkörpern, können sie Vielschichtigkeit und Prägnanz erhalten.

Wenn Schauspieler Schwierigkeiten haben, in einer Szene Humor zu entdecken, liegt es meist daran, dass sie nicht wissen, was

Humor ist. Sie denken, Humor heißt Witze reißen, statt Humor als eine Art und Weise zu sehen, mit Problemen umzugehen. Sie hören mich, wenn ich sage: »Humor ist für uns eine Möglichkeit, mit Problemen umzugehen«, und denken dabei: »Hä? Was meint er damit? Ich dachte immer, Humor heißt, dass man keine Probleme hat.« Deshalb schlage ich ihnen vor, andere Leute zu beobachten. Es ist viel leichter zu sehen, wie Humor bei anderen funktioniert, als ihn in sich selbst zu erkennen. Achten Sie in der kommenden Woche darauf. Wenn im Leben ein Problem oder ein Konflikt auftaucht, ist es fast immer so, dass einer der Partner Humor einsetzt, um die Feindseligkeit des anderen zu überwinden, um sie zu besänftigen und annehmbar zu machen und den Partner dazu zu bringen, für das Problem nach einer Lösung zu suchen. Achten Sie darauf, wo das *Bedürfnis* nach Humor auftaucht. Denn der Punkt, an dem Sie das Bedürfnis nach Humor verspüren, um ein Problem angehen zu können, ist in jeder Szene, die Sie lesen, genau der Punkt, an dem Sie Humor hereinbringen können. Manchmal steckt der Humor in der geschriebenen Szene, was aber keineswegs so sein muss. Aus seinem eigenen Bedürfnis heraus muss der Schauspieler den Humor beisteuern.

Wenn ein Schauspieler sagt: »Aus dem Stand vorzusprechen fällt mir sehr schwer«, liegt das oft daran, dass er sich damit beschäftigt, was *sie* wollen, statt damit, wofür er in der Szene kämpft. Seine Entscheidungen sollten aus seiner eigenen Lebenserfahrung resultieren und nicht auf der Anstrengung, es den Auditoren recht zu machen, beruhen. Niemand kann wissen, was die Auditoren wollen! Ich verbringe oft den ganzen Tag mit ihnen, doch selbst ich weiß häufig nicht, was sie wollen, denn sie wissen es oft selbst nicht. Sie wissen es, sobald sie es sehen. Machen Sie Ihr eigenes Ding, und das ergibt sich aus den Umständen der Szene.

Es ist für einen Schauspieler schwer, darauf zu bauen, dass sein Partner beim Vorsprechen (ein anderer Schauspieler oder der Inspizient) ihm etwas gibt, was ihm hilft. Doch zu bekommen, was man »nichts« nennt, kann auch von Nutzen sein. Verwenden Sie es. Im Leben passiert es die ganze Zeit, dass wir in einer Beziehung »nichts« von dem bekommen, was wir wollen. Ist Ihr Bedürfnis stark genug, stimuliert uns auch ein »Nichts«, für das, was wir wollen, zu kämpfen.

Der Schauspieler muss immer mehr wissen als die Figur. Die Figur weiß nicht, was in ihrem Unterbewusstsein steckt, und ist dennoch stark von ihm beeinflusst; die Kräfte des Unbewussten liefern eine starke Motivation. Deshalb muss der Schauspieler Dinge wissen, deren sich die Figur nicht bewusst ist.

Eine der wichtigsten Fantasien: Das könnte *die* Beziehung sein. Diese Person könnte diejenige sein, die mein Leben verändert. Das könnte das sein, was ich immer gesucht habe. Träumen Sie ein wenig. Einen großen Traum.

Eine literarische Entscheidung ist nicht dramatisch. Treffen Sie Ihre Wahl anhand emotionaler Bedürfnisse, nicht anhand intellektuellen Begreifens.

Wenn Sie zu dem, was Sie sich wünschen, und der Handlung, die Sie in der Szene auszuführen beschließen, eine starke Beziehung empfinden, werden Sie offener für Entdeckungen sein. Entdeckungen bergen Risiken: Was werden Sie mit dieser neuen Information tun?

Wenn Sie wirklich gewinnen wollen und es um Leben und Tod geht (buchstäblich, nicht im übertragenen Sinne), werden Sie auch bedeutende Risiken eingehen.

Gute Freunde kränken einander. Sonst wären sie keine guten Freunde. Gute Freunde haben Kränkungen erfahren, doch sie haben einander verziehen. Verzeihen ist nicht das Gleiche wie vergessen; es ist ein viel tiefer gehendes Ereignis.

Freundschaft gehört zu den schwierigsten Beziehungen für einen Schauspieler. Zu leicht vergisst er den Schmerz, die Rivalität, das Aufrechnen: Wenn du das für mich tust, werde ich später für dich tun, was du willst.

Schweigen ist eine Form der Kommunikation, eine Alternative zur verbalen Kommunikation. Ein Schauspieler kann Schweigen nicht als Nichtkommunikation einsetzen. Es ist eine Art und Weise, etwas zu einem anderen *zu sagen. Schweigen ist stiller Dialog.*

Tote Punkte müssen vermieden werden. Es darf auf der Bühne keine toten Punkte geben. Alles muss kommunizieren. Jeder Augenblick, jede Bewegung, jedes Schweigen muss sprechen.

Die bloße Wirklichkeit ist nie genug. Noch ist es die Wahrheit. Es geht um betonte Wirklichkeit, selektive Wahrheit, die durch die Entscheidungen des Schauspielers dramatisch gemacht werden.

Wann immer eine Figur sagt, sie wolle schlafen gehen, ist das *nicht* die Handlung, die ein Schauspieler wählen sollte. Zu oft habe ich erlebt, wie ein Schauspieler auf der Bühne schlafen geht oder darum kämpft, schlafen gehen zu können. Heutzutage sage ich: »Na, dann gehen Sie eben schlafen! Ich jedenfalls gehe nach Hause und lese ein gutes Buch.«

Die Handlung, die der Schauspieler wählen sollte, ist die, zu *drohen,* dass er schlafen gehen wird: Sehen Sie, wie ich Sie bestrafe, weil Sie mir nicht gegeben haben, was ich wollte; aber wenn Sie mir geben, was ich will, werde ich sofort wieder hellwach. Gebt mir, was ich will.

Beim Vorsprechen auf der Bühne zu schlafen ist kein bisschen interessant.

Im Konflikt, nicht in der Kontemplation liegt dramatische Wahrheit. Sparen Sie sich die Kontemplation für eine philosophische Abhandlung oder wenn Sie allein auf dem Klo sitzen.

Worin liegt der Zweck des Sichverliebens? Wann interessiert diese Frage? Wen interessiert eine Larifari-Liebesaffäre, wenn der Mann nicht weiß, ob er verliebt ist, und die Frau keine Bedürfnisse hat. Wenn Sie sich fürs Verlieben entscheiden, tun Sie's richtig: Mit einem Knall, den man noch in Detroit hören kann. Setzen Sie alles auf eine Karte.

Setzen Sie alles auf eine Karte. Gehen Sie nicht in die Szene wie zu einer langwierigen Untersuchung: Es geht um eine Notoperation auf Leben und Tod.

Das Skript ist beim Vorlesen das beste Requisit. Halten Sie das verdammte Ding fest und arbeiten Sie damit, sonst wird es zu einer Szene über einen Schauspieler, der ein Skript sucht.

Frauen scheinen sich schwerer als Männer damit zu tun, zu begreifen, dass alle ihre Beziehungen zu anderen Frauen auf Rivalität beruhen. Sie leugnen diese Tatsache. Eine Schauspielerin tut gut daran, zu wissen, dass alle Frauen mit allen anderen konkurrieren. Die Tugendhafteste ist genauso Rivalin wie das durchtriebenste Biest. Rivalität ist das A und O aller Beziehungen. Schauspielerinnen: Akzeptiert Rivalität. Steigt in den Ring und konkurriert. Das Zeitalter des schwachen Geschlechts ist lange vorbei (wenn es jemals existierte).

Schauspieler neigen dazu, zu höflich zueinander zu sein. Seien Sie hinter der Bühne höflich, da bin ich hundertprozentig dafür! Doch auf der Bühne ist diese »Nach Ihnen, Alphonse. – Oh, nein, Sie gehen voran, Gaston!«-Einstellung der Tod jeder Rivalität und vertreibt damit jegliche lebendige Darstellung. Auf der Bühne müssen Sie bis zum Tod kämpfen, Sie dürfen nicht nachgeben.

Es verwirrt mich, zu sehen, wie gern Schauspieler mit den Haaren ihrer Partner spielen. Obwohl der Partner selten dagegen protestiert – ich würde –, lässt der Schauspieler oder die Schauspielerin selten echte Zuneigung erkennen. Was das für ein Streicheln und Glätten und Wiederverwirren ist! Im Leben habe ich Leute noch nie dabei beobachtet; es scheint sich um eine Aktivität zu handeln, die ausschließlich von Schauspielern betrieben wird. Ich nehme an, sie entspringt dem echten Bedürfnis, mit der anderen Person in der Szene in Kontakt zu treten, doch auf mich wirkt es immer völlig unecht. Ich befürchte, diese Aktivität lenkt die Auditoren ab, und sie richten ihre Aufmerksamkeit ausschließlich auf das Haarestreicheln, statt auf die Wirklichkeit, die der Schauspieler bemüht ist herzustellen. Statt Ihnen zuzuschauen, sitzen die Auditoren da und fühlen die Verlegenheit desjenigen, der auf der Bühne misshandelt wird, ständig fürchtend, dass eine Perücke vom Kopf rutscht, eine Narbe bloßgelegt wird oder sogar eine glatzköpfige Dame zum Vorschein kommt – irgendetwas Widriges, was allen schrecklich peinlich sein wird.

Schauspieler verlieren schnell den Glauben. Ich sage: Treffen Sie eine starke Entscheidung, und stehen Sie dazu. Zur Hölle damit, ob sie richtig oder falsch ist. Beim Vorsprechen geht es nicht um falsch oder richtig, es geht um Engagement. Schauspieler werden von der Angst, etwas falsch zu machen, aufgefressen. Verlieren Sie nicht den Glauben an Ihre Entscheidung; ziehen Sie es einfach durch. Treffen Sie eine starke Entscheidung, und *halten Sie sie stark.* Wenn Sie mit Gegensätzen operieren, die gleich intensiv sind, gehen Sie die richtige Art von Risiko ein.

Schauspieler müssen lernen, was bei einem Vorsprechen zu ihnen gesagt wird. Bei einem Vorsprechen für *Beute* mussten die Bewerber in den Kulissen einer anderen Show lesen, bei der sich die einzige Lichtquelle auf einer Plattform im Hintergrund der Bühne befand. Als die Schauspieler hereinkamen, erklärte ich jedem von ihnen, wo das Licht zu finden war. Siebenundachtzig Prozent von ihnen stellten sich vorn auf die Bühne, dicht an den Rand, und versuchten, im Dunkeln zu lesen. Liegt es daran, dass sie nicht zuhören oder dass sie nicht glauben, was sie hören? Oder sind sie der Überzeugung, dass ihr Vorlesen umso besser wird, je näher sie bei den Auditoren sind? Zeit zu begreifen, *dass Sie umso härter daran arbeiten, die Distanz zwischen sich und derjenigen Person, mit der Sie kommunizieren, zu überbrücken, je größer diese Distanz ist.*

Je mehr Fragen ich einem Schauspieler stelle, desto besser wird sein Vorsprechen. Wenn *ich* sie frage, wissen die meisten Schauspieler die richtigen Antworten – das zeigt, dass sie sich selbst nicht die richtigen Fragen gestellt haben. Also stellen Sie sich selbst die Fragen! Gehen Sie nicht zu schonend mit sich um. Suchen Sie die Antworten, bis diese zu neuen Fragen führen, die Sie in Aufruhr versetzen und Antworten aus den tiefsten Schichten Ihres Bewusstseins fordern. Spielen tut weh.

Die meisten Schauspieler fordern zu wenig von ihren Partnern. Fordern Sie das Maximum. Die meiste Liebe, die ausgeprägteste Reaktion, das meiste von dem, was immer Sie in diesem Moment wollen. Nur das meiste wird Ihnen zu einem vielschichtigen Vorsprechen verhelfen. Wenn Ihr Partner Ihnen das nicht gibt, was Sie wollen, fordern Sie mehr. Im Leben machen wir das dauernd.

Manche Schauspieler sind verrückt nach Requisiten. Können ohne sie nicht leben. Sie sind auf Requisiten fixiert und klammern sich an sie, jedes Mal, wenn sie die Bühne betreten. Die meisten Requisiten sind beim Vorsprechen nutzlos. Sie stehen nur im Wege. Wie können Sie wissen, wie die Requisiten einzusetzen sind, wenn Sie noch keine einzige Probe hinter sich haben.

Zudem können Sie Requisiten nicht sehr erfolgreich verwenden, da Sie in Ihren Händen ja da Skript halten. Mimen Sie alles, was Sie brauchen.

Die gemimten Requisiten sind ausschließlich für Sie da. Den Auditoren ist es egal; wenn Sie die Rolle bekommen, werden Sie mit richtigen Requisiten arbeiten; Ihre Fähigkeit im Mimen interessiert sie nicht. Sie sprechen nicht für Marcel Marceau vor. Also nur keine Hemmungen: Wenn Sie ein Cocktailglas brauchen, nehmen Sie eins; wenn Sie es nicht mehr brauchen, lassen Sie es verschwinden. Sie brauchen nicht nach dem richtigen Tisch zu suchen, um es abzustellen; lösen Sie es einfach in Luft auf. Ich finde es lächerlich, wenn ein Schauspieler durch eine ganze Lesung mit den Fingern in der Luft ein imaginäres Glas hält, nur weil sein Partner ihm anfangs eins gegeben hat. Das gemimte Glas ist nur für *Sie,* nicht für uns. Es ist nur für Ihren emotionalen Gebrauch da, nicht dazu, die Auditoren zu überzeugen, dass Sie im Gebrauch von Requisiten konsequent sind. Solche Dinge gehören ins Klassenzimmer, nicht in ein Vorsprechen.

Vertrauen Sie Ihrer »außersinnlichen Wahrnehmung«. Nicht alles muss laut gesagt werden. Wenn Sie sich ernsthaft konzentrieren und es versuchen, können Sie einem anderen etwas durch Telepathie mitteilen. Ich habe es im Leben gemacht, Sie mit Sicherheit auch. Manchmal mache ich in einem Kurs ein Experiment: Ich versuche während des Vorlesens durch den bloßen *Willen* eine Anweisung zu vermitteln, und wenn der Wille stark genug ist, wird der Schauspieler diese Anweisung befolgen. Ich wiederhole meine Botschaft im Stillen wieder und wieder und sende sie mit meinem geballten Willen zum Schauspieler: Gehen Sie nach links; Sie blockieren sich selbst, also gehen Sie nach links; gehen Sie weg von ihr; nach links, nach links; machen Sie eine starke Geste. Manchmal reagiert der Schauspieler tatsächlich.

Ich habe festgestellt, dass man Leute beeinflussen kann, wenn man sich ihrer stark genug bewusst ist. Eine negative Botschaft dringt nicht durch, doch einer »Tu's«-Botschaft gelingt es manchmal. Wenn man Energiewellen in Richtung seines Partners schickt, verändern sich die Luftwellen. Auch wenn Ihr Partner nicht reagiert, kann er davon beeinflusst werden.

Sie wissen ja, wie oft Sie im Leben neben jemandem sitzen, und Sie wenden sich mit einem Mal an ihn und sagen: »Was? Was denken Sie?« Sie haben gemerkt, wie der andere eine starke Botschaft aussendete, die er nicht laut aussprach.

Viel zu viel Zeit wird in der Vergangenheit verbracht; viel zu viel Zeit wird mit Analysieren verschwendet. Versuchen Sie Ihre Entscheidungen im *Jetzt* zu treffen; versuchen Sie, das, was Sie tun, heute zu tun, nicht gestern. Finden Sie die Unmittelbarkeit. Der Impetus, der Sie durch die Szene treibt, ist das, was Sie *jetzt* denken und fühlen.

Vorsprechen ist immer jetzt. Aus diesem Grund ist es wie eine Improvisation – eine einmalige Sache – und weniger wie eine Aufführung. Die Aufführung kommt später, nach den Proben. *Jetzt* ist Vorsprechen. Das Vorsprechen ist nur jetzt.

Ihr Alltagsleben ist kein Kriterium für das, was Sie sind. Ihr Fantasieleben ist das, was Sie sind. Jedermanns Fantasieleben ist reicher als die Wirklichkeit.

Die Vorstellungskraft ermöglicht es, lebendig zu sein.

Nicht immer heißt Liebe Romeo und Julia. Viele Schauspieler scheinen das zu denken: entweder die ideale Liebe – oder gar nichts.

Liebe ist nicht immer ideal. Sie kann die seltsamsten Formen annehmen. Seien Sie in Ihrer Vorstellung nicht so idealistisch. Sie übersehen sonst eine Menge merkwürdiger Orte, an denen Liebe vorkommt, eine Menge seltsamer, bizarrer Bilder, die der Liebe auch zugrunde liegen können. Der Junge in *Equus* liebt Pferde und zieht sie Mädchen vor. Der Junge in *Seid nett zu Mr. Sloane* liebt einen älteren Mann, eine ältere Frau, einen jungen Mann, beinahe alle in seiner Reichweite. Wer behauptet, es würde sich nicht um Liebe handeln?

Wenn es Liebe nur inklusive Romantik, Jugend und der Perfektion von Romeo und Julia gäbe, würden die meisten von uns niemals Liebe erfahren.

Schauspieler sind oft zu konventionell. Die Liebe kann sehr befremdlich sein.

Eine Schauspielerin spielte die letzte Schlussszene mit Treplew in *Die Möwe* – Schauspielerinnen lieben diese Szene. Es ist eine der schwierigsten (wenn nicht sowieso unmöglich) in der gesamten Theatergeschichte, doch jede Schauspielerin, die etwas taugt, besteht darauf, sich an dieser Szene zu messen. Ich fragte diese Schauspielerin, was ihre Vorstellung von einer Möwe sei. »Ein Vogel, der herabstößt und den Abfall aus dem Hafen fischt«, gab sie zur Antwort.

Kein Wunder, dass sie die romantische Vorstellung, eine Möwe sein zu wollen, nicht spielen konnte! Sah sie sich selbst als das

Schwein des Luftraums bei der Zeile »Ich bin eine Möwe!«? Wie können Sie Romantik erzeugen, wenn Sie sich selbst als fliegenden Müllschlucker sehen.

Es stellte sich heraus, dass sie noch nie eine Möwe gesehen hatte, die sich mit ausgespannten Flügeln anmutig in der Luft wiegt.

Wir brauchen mehr Sich-in-der-Luft-wiegen-Lassen und weniger Abfall in der Schauspielerei.

EPILOG

Jed Harris liebte es, ein Nickerchen zu machen. Dieser elegante und brillante amerikanische Regisseur erklärte mir, das Geheimnis des Lebens sei, mehrmals am Tag ein Zwölf-Minuten-Nickerchen zu halten, statt die ganze Nacht mit Schlafen zu vergeuden, wenn es so viel zu tun gebe. Mr. Harris jedenfalls würde nicht die ganze Nacht mit Schlafen vergeuden. Als er sehr jung war, in seinen frühen Zwanzigern, versetzte er die New Yorker Theaterwelt in Erstaunen, als er vier Erfolgsstücke gleichzeitig laufen hatte. Später fing der Erfolg an, Mr. Harris zu langweilen. Seine Schattenseite war genauso ausgeprägt wie seine kreative Seite und gewann allmählich die Oberhand. Er mochte Arbeit im Grunde nicht und tat alles, um sie zu vermeiden.

Bei der Inszenierung von Sartres *Die schmutzigen Hände* (das zum ersten Mal Charles Boyer auf den Broadway brachte), bei der er Regie führte, arbeitete ich als Produktionsassistent. Daniel Taradash bearbeitete das Stück, und er und Mr. Harris versuchten auf regelmäßig stattfindenden Treffen, ein amerikanisches Stück zu bekommen, von dem Mr. Harris das Gefühl hatte, er könnte es auf die Bühne bringen. Eines Tages verkündete Mr. Harris, er könne nicht mehr in New York arbeiten. Es herrschten die falschen Vibrationen. Er mietete einen Schlafwagen in einem Zug nach Boston, um uns von der Welt der Telefone und der Damen zu isolieren. Auf dem ganzen Weg nach Boston brachte er mir bei, wie man verkehrt herum schreibt. Das würde mir, sagte er, in Zukunft von großem Nutzen sein. (Ein anderes Mal, bei einer anderen Inszenierung, einem Stück des Romanciers Herman Wouk, quartierte uns Mr. Harris in das Half Moon Hotel auf Coney Island ein, mitten im schneereichen Winter, um weit weg von der Wärme und den Lichtern Manhattans an einem Skript zu arbeiten. Die Hälfte des ersten Tages verbrachten wir damit, mit dem Aufzug von Stockwerk zu Stockwerk zu fahren und vergeblich ein verträumtes kleines Zimmer zu suchen, in dem Mr. Harris vor fünfzehn Jahren mit einer wundervollen Frau ein wundervolles Wochenende verbracht hatte. Als ich am Samstag wie geplant nach New York zurückfahren wollte, um meinen Hund, der mit dem Zug in einem Käfig aus Virginia ankommen sollte, in Empfang zu nehmen, ließ Mr. Harris meine Schuhe, während ich schlief, im Hotelsafe einschließen. Ich ließ mich davon nicht abschrecken und lief in Strümpfen durch den Schnee, bis ich ein Taxi fand, das mich nach New York und zu meinem Hund brachte. Es könnte durchaus sein, dass meine Schuhe heute noch in jenem Hotelsafe eingeschlossen sind.)

In Boston angekommen, besuchten wir eine Vorstellung der Theatre Guild, um uns den Hauptdarsteller José Ferrer anzusehen. Das Stück schien in einem Altersheim stattzufinden, denn soweit ich mich erinnere, befanden sich Dutzende von sehr reifen Charakterdarstellern auf der Bühne. Jemand hatte Jed erzählt, in dem Stück wirke ein Schauspieler mit, der für *Die schmutzigen Hände* ideal wäre. Nach fünfundvierzig Minuten stellte Jed zu Recht fest, dass dem nicht so war; den Rest des Stücks verbrachten wir in der Bar nebenan, bis unser Zug zurück nach New York ging. Die Zugfahrt verbrachten wir mit Rommépielen. Als wir uns in der frühen Morgendämmerung trennten, hatten wir immer noch kein Wort über das Skript von *Die schmutzigen Hände* gewechselt. Am Ende hatten Dan und Jed dem Sartre-Stück ein Skript abgerungen, und *Die schmutzigen Hände* kam auf die Bühne. Mr. Boyer war ein Erfolg – das Stück war es nicht.

Mr. Harris liebte es, Szenen oder Dialogzeilen an mir zu testen. Eines Nachts fragte er mich, was ich von einem Dialog hielt, den er gerade vorgeschlagen hatte.

»Nicht viel«, sagte ich. Ich wollte meine ehrliche Meinung sagen. Ich hatte damals noch nicht begriffen, dass es besser ist, taktvoll zu sein, wenn man einem kreativen Menschen gegenüber ehrlich ist – und einen positiven Gegenvorschlag anzubieten. Sonst sollte man lieber den Mund halten.

»Nicht viel?«, fragte Mr. Harris ausdruckslos.

»Nicht viel«, wiederholte ich wie ein Narr.

»Wissen Sie«, sagte Mr. Harris verträumt und lehnte sich zurück und fuhr mit den Fingern die Jalousie auf und ab, »wir können Kids von der Straße hereinholen, die nicht so unverschämt sind wie Sie. Raus mit Ihnen.«

Ich packte meine alte Reisetasche und ging nach Hause. Ich hatte meine Lektion gelernt. Und nie wieder gab ich am Theater meine Meinung zum Besten, wenn ich nichts Konstruktives im Angebot hatte, etwas, was die Sache besser machen würde. Ich setzte mir ein Ziel: Nie würde ich ein Theaterstück als bloßer Zuschauer ansehen, sondern so, als wäre ich ein Teil der kreativen Mannschaft, die dieses Stück auf die Bühne brachte. Jeden Theaterbesuch nutzte ich als Lernerfahrung.

Dies ist etwas, was ich allen Schauspielern empfehle – und allen Regisseuren und Autoren und Bühnenbildnern. Niemals ein *passiver* Zuschauer sein. Das ist für die Theaterliebhaber. Ihre Aufgabe ist bei jedem Theaterbesuch, jedem Kinobesuch und jedem Fernsehabend, sich an die Stelle der Leute zu versetzen, die spielen, schreiben oder Regie führen. Versuchen Sie, Möglichkeiten zu entdecken, dazu beizutragen, das, was Sie sehen, besser zu machen.

Aus diesem Grund lasse ich den ganzen Kurs teilnehmen, wenn ich im Unterricht eine Szene vorstelle; ich zwinge die Zuschauenden, konstruktive Kritik zu äußern, dränge sie dazu, sich mit jedem Schauspieler, der auftritt, zu identifizieren. Wenn wir an einem Abend zehn Szenen durchnehmen, hat jeder Teilnehmer zehn Gelegenheiten, zu zeigen, was er kann – statt einer einzigen. Warum nur die eigene Szene nutzen, wenn Sie von den restlichen neun genauso viel lernen können?

Lernen Sie jeden Tag. Lernen Sie genug,
um gutes Theater zu machen.

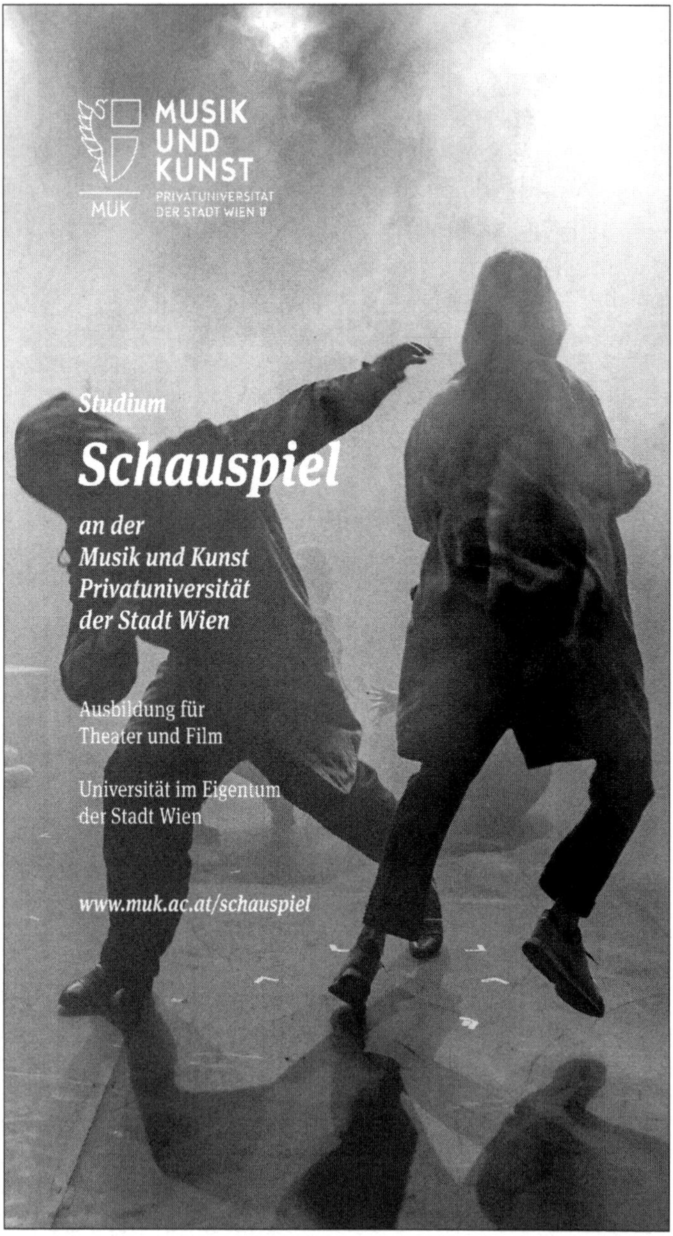
MUSIK
UND
KUNST
PRIVATUNIVERSITÄT
DER STADT WIEN
MUK
Studium
Schauspiel
an der
Musik und Kunst
Privatuniversität
der Stadt Wien
Ausbildung für
Theater und Film
Universität im Eigentum
der Stadt Wien
www.muk.ac.at/schauspiel

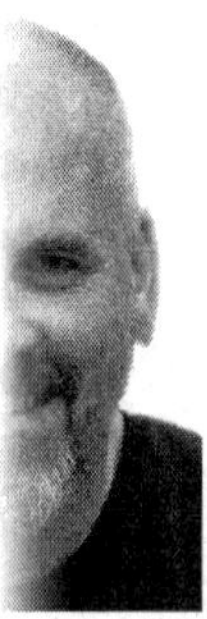

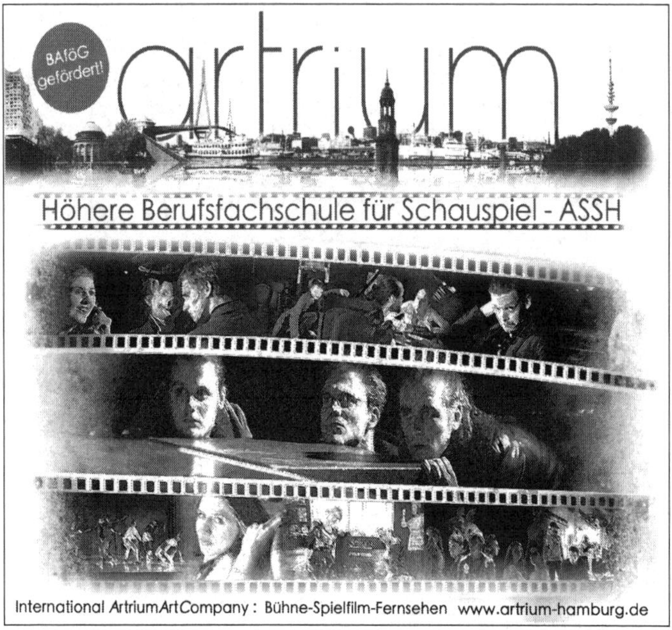
BAföG gefördert!
artrium
Höhere Berufsfachschule für Schauspiel - ASSH
International ArtriumArtCompany : Bühne-Spielfilm-Fernsehen www.artrium-hamburg.de

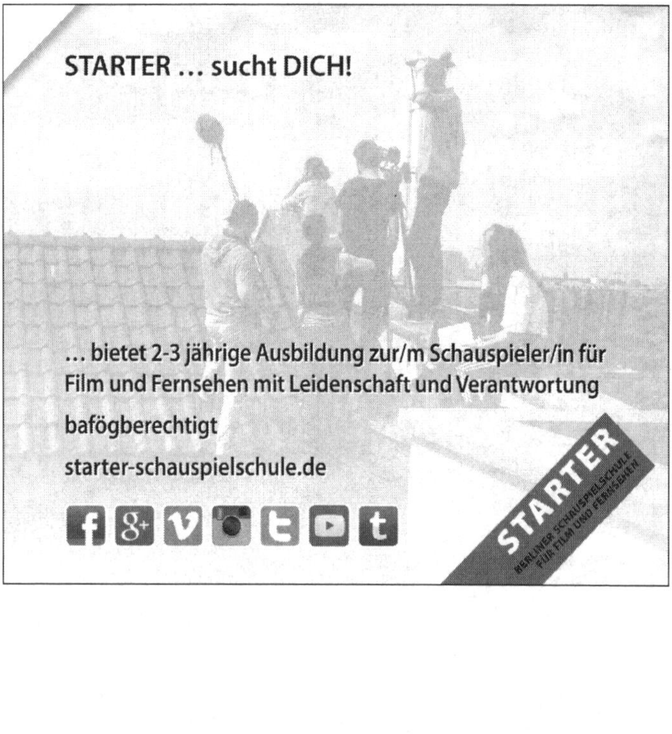
STARTER ... sucht DICH!
... bietet 2-3 jährige Ausbildung zur/m Schauspieler/in für
Film und Fernsehen mit Leidenschaft und Verantwortung
bafögberechtigt
starter-schauspielschule.de
STARTER
BERLINER SCHAUSPIELSCHULE FÜR FILM UND FERNSEHEN

THEATERBÜCHER
IM ALEXANDER VERLAG BERLIN

KEITH JOHNSTONE
Improvisation und Theater
▪
Theaterspiele
Spontaneität, Improvisation und Theatersport

WOLFGANG WERMELSKIRCH (HG.)
Texte für Vorsprechen und Acting-Training
110 Solo- und Duo-Szenen des 20. Jahrhunderts
▪
Neue Texte für Vorsprechen und Acting-Training – Band II
110 Solo- und Duo-Szenen des 20. Jahrhunderts
(Mit einer praktischen Trainingseinheit)

MICHAEL CAINE
Weniger ist mehr
Kleines Handbuch für Filmschauspieler

SANFORD MEISNER/DENNIS LONGWELL
Schauspielen – Die Sanford-Meisner-Methode
Mit einem Vorwort von Sydney Pollack

IVANA CHUBBUCK
Die Chubbuck-Technik. The Power of the Actor
Ein Schauspiel-Lehrbuch

SUSAN BATSON
TRUTH. Wahrhaftigkeit im Schauspiel
Ein Lehrbuch
Mit Beiträgen von Juliette Binoche,
Michael Haneke und Nicole Kidman

DAVID MAMET
Richtig und Falsch
Kleines Ketzerbrevier für Schauspieler

ALAN AYCKBOURN
Theaterhandwerk
101 selbstverständliche Regeln
zum Schreiben und Inszenieren

RICHARD BLANK
Schauspielkunst in Theater und Film
Über Strasberg, Stanislawski und Brecht

DECLAN DONNELLAN
Der Schauspieler und das Ziel
Ängste und Blockaden überwinden

PETER BROOK
Der leere Raum
▪
Das offene Geheimnis
Gedanken über Schauspielerei und Theater

LEE STRASBERG
Schauspielen & Das Training des Schauspielers

NIKOLAI GORTSCHAKOW
Die Wachtangow-Methode
Die Wiederentdeckung der Improvisation für das Theater

JENS ROSELT (HG.)
Seelen mit Methode
Schauspieltheorien